Griechisch für den Urlaub

humboldt
Sprachen

**Wenn Sie dieses Buch
durchgearbeitet haben, werden Sie
sich auf Ihrer Urlaubsreise nach Griechenland
in vielen Alltagssituationen sprachlich zurechtfinden.**

Wie komme ich nach (zum, zur, bis) ...?
pós θa páo ja (ston, stin, os)
Πώς θα πάω για (στον, στην,, ως) ...;

Wie heißt dieser (diese, dieses) ...?
pós léjete aftós (aftí, aftó)
Πώς λέγεται αυτός (αυτή, αυτό) ...;

Sagen Sie mir bitte, wann (wie, wo) ...?
péste mu parakaló póte (pos, pu)
Πέστε μου, παρακαλώ, πότε (πώς, πού) ...;

    Ich hätte gern eine Auskunft.
    θa íθela mía pliroforía
    Θα ήθελα μία πληροφορία.

    Bringen Sie mir bitte ...
    férte mu parakaló
    Φέρτε μου, παρακαλώ ...

    Was kostet das?
    póso stichísi aftó
    Πόσο στοιχίζει αυτό;

0	miδén	μηδέν	**Guten Morgen!**
1	éna	ένα	kaliméra
2	δío	δύο	Καλημέρα!
3	tría	τρία	
4	tésera	τέσσερα	**Guten Tag!**
5	pénde	πέντε	kaliméra
6	éxi	έξι	Καλημέρα!
7	eftá	εφτά	
8	ochtó	οχτώ	**Guten Abend!**
9	enjá	εννιά	kalispéra
10	δéka	δέκα	Καλησπέρα!
11	éndeka	ένδεκα	
12	δóδeka	δώδεκα	
13	δekatría	δεκατρία	
14	δekatésera	δεκατέσσερα	
15	δekapénde	δεκαπέντε	
16	δekaéxi	δεκαέξι	
17	δekaeftá	δεκαεφτά	
18	δekaochtó	δεκαοχτώ	
19	δekaenjá	δεκαεννιά	
20	íkosi	είκοσι	

Griechisch für den Urlaub

Von Gerhard Rebhan

humboldt-taschenbuch 373
Umschlagfoto: Internationales Bildarchiv
Horst von Irmer, München
Umschlaggestaltung: Christa Manner
Zeichnungen: Herbert Horn

> Bitte lesen Sie, ehe Sie mit den Lektionen beginnen, die Einführung auf Seite 9! Sie finden dort wichtige Benutzerhinweise.

Abkürzungen:

Nom.	Nominativ
Gen.	Genitiv
Dat.	Dativ
Akk.	Akkusativ
Sing./Sg.	Singular
Plur./Pl.	Plural
m.	männlich
w.	weiblich
s.	sächlich
Pers.	Person
Ver.	Vergangenheit
Präp.	Präposition

© 1980, 1988 by Humboldt-Taschenbuchverlag Jacobi KG,
München
Druck: Presse-Druck Augsburg
Printed in Germany
ISBN 3-581-66373-2

Inhalt

Einführung 9

Das griechische Alphabet 11

Erklärung der Lautschrift 12

Grammatische Fachausdrücke und
ihre Bedeutung 14

Lektion 1: Guten Tag Griechenland! 17
Artikel 19 – Substantiv 20

Lektion 2: Die Reise 23
Adjektiv 26 – Verb im Präsens 28

Lektion 3: Grüß dich, Akropolis! 30
Der einfache Satz 33 – Verneinung 34 – Prädikative Anwendung des Adjektivs 34 – Antwort auf die Frage „Wo?" oder „Wohin?" 34

Lektion 4: In der Stadt 38
Einteilung der Verben 41 – Kurzwörter der 1. Verbgruppe 42 – Bedeutung von »na« 42 – Futur von „sein" und „haben" 43

Lektion 5: Auf dem Markt 45
Adverb 48 – Akkusativ bei Zeitangaben 49 – Höflichkeitsform 49 – Imperativ (Befehlsform) 50 – Endbetonte Verben (2. Verbgruppe) 50 – Das Kurzwort ακούω: ich höre 51

Lektion 6: Im Restaurant 52
Unpersönliche Ausdrücke 55 – Das unpersönliche Verb πρέπει 56 – Grundzahlen von eins bis zehn 56 – Datum und Uhrzeit 57

Lektion 7: Guten Appetit! 59
Genitiv 63 – Das Possessivpronomen (besitzanzeigendes Fürwort) 65 – Der Genitiv des Personalpronomens bei unpersönlichen Ausdrücken 65 – Übersicht über die Formen des Personalpronomens 66

Lektion 8: Wir haben gut gegessen 67
Demonstrativpronomen (hinweisendes Fürwort) 71 – Das Verb im Imperfekt (Vergangenheit) 72 – Plural auf -αðes, -έðes, -ύðes 73

Lektion 9: In unserem Hotel 75
Fragewörter 80 – Grundzahlen bis tausend 81 – Plural-Endung der weiblichen Substantive auf -η 82 – Vokativ (Anredeform) 83

Lektion 10: Ein Ausflug 84
Die Verneinung im Satz 87 – Die Uhrzeit 88 – Einfache Präpositionen 90 – Ableitung auf iá 91

Lektion 11: Was machen wir morgen? 92
Haupt- und Nebenform des griechischen Verbs 95 – „Na" + Nebenform des Zeitworts 96 – Die Nebenform des Zeitworts als Befehlsform 97 – Futur 97 – Verneinung der Befehlsform 98

Lektion 12: Ein Brief nach Deutschland . . . 99
Die Nebenform des Verbs 104 – Die Bildung des Aorists aus der Nebenform 105 – Die Bildung des Aorists bei zweisilbigen Verben 106

Lektion 13: Viel Vergnügen! 107
Übersicht über die Aorist-Formen 114 – Steigerung des Adjektivs 115 – Steigerung des Adverbs 116 – Gleichheit oder Ungleichheit von Eigenschaften 117

Lektion 14: Haben Sie gut geschlafen? 118
Allgemeine Form mit „man" 124 – Reflexivform 124 – Übersichtstafel Reflexiv/Medium 125

Lektion 15: Wie heißt das? 127
Die Gruppe der Reflexiv-Verben auf -iéme 132 – Von der Reflexivform zur Passivform 133 – Griechische Schrift und Aussprache 134

Lektion 16: Auf dem Schiff 136
Haupt- und Nebenform im Reflexiv-Verb 141 – Futur des Reflexiv-Verbs 142 – Wunsch + Möglichkeit 143 – Befehl und Verbot beim Reflexiv-Verb 143

Lektion 17: Gute Besserung! 145
Aorist der Reflexiv-Verben 152 – Übersicht über die wichtigsten Reflexiv-Verben in Hauptform, Nebenform und Aorist 153

Lektion 18: Sie fahren ans Meer 155
Hauptform + Vergangenheitsendung = Imperfekt 160 – Regelmäßige und unregelmäßige Neutra 162

Lektion 19: Alles Gute!. 164
Von der Reflexiv-Form zur Passiv-Nebenform 172 – Futur Passiv 172 – Der Aorist des Passivs 173 – Das Verbal-Adjektiv auf -ménos, -méni, -méno und -tós, -tí, tó 173 – Intransitiver Gebrauch von aktiven Verben 174

Lektion 20:
Ein Telefonanruf nach Deutschland 176
Zusammenstellung der wichtigsten Verbformen und -zeiten 182 – Übersicht über die unregelmäßigen Verben 183

Lektion 21: Welche Arbeit machst du? 187
Der Konditionalsatz in der Wirklichkeit (Wenn-Satz) 193 – Der Konditionalsatz in der Unwirklichkeit (irrealer Wenn-Satz) 194 – Die wichtigsten Suffixe 195

Lektion 22: Wir haben den Paß verloren . . . 198
Hauptpräpositionen 204 – Nebenpräpositionen 205

Lektion 23: Das Auto ist kaputt! 207
Die Bildung des Nebensatzes 215 – Konjunktionen (Bindewörter) im Hauptsatz 217

Lektion 24: Ein Märchen 218
Besonderheiten beim Relativsatz 222 – Das Perfekt 223 – Unterschied zwischen „na" und „pos/pu/óti" 225 – Zahlen über tausend und allgemeine Zeitangaben 226 – Monatsnamen 227 – Die wichtigsten Feste in Griechenland 227

Schlüssel zu den Übungen 228

Verzeichnis zur Sprachlehre 231

Einführung

Dieser Sprachkurs ist zum Selbststudium gedacht; er will Ihnen auf amüsante und möglichst unkomplizierte Art die Grundlagen der modernen griechischen Umgangssprache vermitteln. Begleiten Sie das Urlauberpaar Helga und Gerd auf seiner vierundzwanzigtägigen Griechenlandreise, und lernen Sie dabei, wie man sich in den verschiedensten typischen Urlaubssituationen sprachlich zurechtfindet.

Aufbau

Jede der 24 Lektionen enthält
   a) Lesestück;
   b) Wortschatz;
   c) Erläuterungen zur Grammatik, auf das Lesestück bezogen.

Einige der Lektionen bieten Ihnen zusätzlich nützliche Redewendungen. Die ersten vier Lektionen enthalten einfache Übungen. Zur Kontrolle finden Sie zu diesen auf Seite 228 ff. am Schluß des Buches einen Schlüssel.

Bei den Lesestücken steht jeweils in der linken Spalte der Text in griechischen Schriftzeichen, rechts davon die Transkription in einer vereinfachten Lautschrift. Diese Lautschrift können Sie, anhand der Erklärung auf Seite 12, ohne Probleme verständlich aussprechen.

Jedem Lesestück ist eine deutsche Übersetzung beigegeben. Sehen Sie jedoch nicht sofort in der Übersetzung nach, um den griechischen Text zu verstehen! Versuchen Sie vielmehr, ihn sich mit Hilfe des Wortschatzes selbst zu erschließen. Erst dann ziehen Sie zur Kontrolle die Übersetzung zu Rate.

Griechisches Alphabet und Lautschrift

Vielleicht erscheint Ihnen das griechische Alphabet recht schwierig und verwirrend. Keine Angst: Sie können diesen

Sprachkurs benutzen, auch ohne sich auf die griechische Schrift einzulassen, denn hier steht durchaus der mündliche Aspekt im Vordergrund. Deshalb hat der Verfasser starkes Gewicht auf die Wiedergabe in der vereinfachten Lautschrift gelegt. Wenn Sie sich jedoch auf Ihrer Griechenlandreise nicht nur mündlich verständigen, sondern ab und zu auch eine Schrift entziffern möchten, werden Sie auf das Erlernen der griechischen Schriftzeichen nicht ganz verzichten können. Diese finden Sie auf Seite 11 aufgeführt. Vergleichen Sie hierzu bitte auch Lektion 15, Seite 134.

Akzente und Hauchzeichen

Die Betonung eines neugriechischen Wortes wird in der Schrift durch ein auf dem betonten Vokal stehendes Zeichen zum Ausdruck gebracht. In der neugriechischen Schriftsprache kann eines von drei verschiedenen Tonzeichen über einem Vokal stehen: Akut ('), Gravis (`) oder Zirkumflex (˜). Die Form des Tonzeichens wirkt sich auf die Art der Betonung jedoch nicht aus; daß es drei verschiedene Tonzeichen gibt, ist im Grunde genommen nur noch von sprachgeschichtlichem Interesse. Im Sinne eines möglichst schnellen Lernfortschrittes hat der Verfasser daher im vorliegenden Buch nur den Akut verwendet, um anzugeben, welcher Vokal betont ist — auch dann, wenn von Rechts wegen ein Gravis oder Zirkumflex auf diesem Vokal stehen müßte.

Aus dem gleichen Grund wurde außerdem auf die Hauchzeichen *spiritus asper* (') und *spiritus lenis* (') verzichtet, denn auch sie sind für die Aussprache des Neugriechischen ohne Bedeutung.

Laut Beschluß des griechischen Parlaments wurden nun die unterschiedlichen Akzente abgeschafft. Künftig findet nur noch *ein* Akzent (zur Kennzeichnung der jeweils betonten Silbe eines Wortes) Verwendung. Einsilbige Wörter erhalten – mit wenigen Ausnahmen – keinen Akzent mehr.

Zur Terminologie

Gebräuchlich und gleichberechtigt sind heute im Deutschen sowohl lateinische als auch deutsche Bezeichnungen der

Wortarten. Wir haben im vorliegenden Band meistens die lateinischen Bezeichnungen verwendet (z.B. „Substantiv" für „Hauptwort"). Sie finden sie auf Seite 14 erklärt.

Viel Spaß beim Lernen und beim Erproben Ihrer neuerworbenen Kenntnisse auf Ihrem nächsten Griechenlandurlaub!

Das griechische Alphabet*

A	α	álfa	[a]	N	ν	ni	[n]
B	β	wíta	[w]	Ξ	ξ	xi	[x]
Γ	γ	gáma	[g; j]	O	ο	ómikron	[o]
Δ	δ	ðélta	[ð]	Π	π	pi	[p]
E	ε	épsilon	[e]	P	ρ	ro	[r]
Z	ζ	síta	[s]	Σ	σς	ßíghma	[s]
H	η	íta	[i]	T	τ	taf	[t]
Θ	θ	θíta	[θ]	Υ	υ	ípsilon	[i]
I	ι	jóta	[i]	Φ	φ	fi	[f]
K	κ	kápa	[k]	X	χ	chi	[ch]
Λ	λ	lámda	[l]	Ψ	ψ	psi	[ps]
M	μ	mi	[m]	Ω	ω	oméga	[o]

In Klammern ist die Aussprache angegeben, vgl. dazu S. 26 und S. 134

---

* Vergleichen Sie bitte auch mit Lektion 15, S. 127 ff.!

Erklärung der Lautschrift

Betonung

Die Betonung wird jeweils durch einen Akzent (') über dem betreffenden Vokal angegeben.

Vokale (Selbstlaute)

Vokale heißen offen, wenn sie breit, mit weiter Mundöffnung (wie *offen, denken*) und geschlossen, wenn sie mit geringer Mundöffnung (wie *Ofen, dehnen*) gesprochen werden. Im Neugriechischen sind die betonten Vokale mittellang, die unbetonten kurz.

- [a]   kurzes mittleres **a** wie in Akademie
- [e]   offenes **ä (e)** wie in Bäcker, emsig
- [i]   geschlossenes **i** wie in Minute
- [o]   offenes **o** wie in Sonne
- [u]   geschlossenes **u**, etwa wie in Universität

Konsonanten (Mitlaute)

b, d, f, g, j, l, m, n lauten wie im Deutschen;

k, p, t wie im Deutschen, jedoch ohne Behauchung

- [ch] vor **e** und **i** wie in ich, Becher; vor **a, o, u** und allen Konsonanten wie in noch, Dach
- [ð]   stimmhaftes **th** wie in engl. the, that
- [ng] wie in singen, doch mit hörbarem **g**
- [ps] wie in Psychologie
- [r]   Zungenspitzen-**r** wie im Italienischen; vgl. prego
- [s]   wie in schließen, reißen; vor stimmhaften Konsonanten jedoch wie in singen, reisen. Man beachte aber, daß das griechische **s** mit einer leichten Tendenz zum **sch** (*Schule*) hin gesprochen wird.
- [sch] als getrennte Laute auszusprechen, nicht wie in Schule, sondern als scharfes **ß + ch**, siehe oben [ch], jedoch mit einer Tendenz zum **k**

[θ] wie das stimmlose **th** in englisch **th**ing
[w] wie in **W**asser
[x] wie in Ta**x**i
[z] wie in **Z**iel, **Z**unge

Ausspracheregeln

Aus der griechischen Rechtschreibung ergeben sich folgende Ausspracheregeln:

η, υ, ει, οι = [i]
αι = [e];
αυ = [aw], [af];
ευ = [ew], [ef];
ου = [u]
γ   = [g] vor [a], [o], [u],
      aber [j] vor [e], [i]
χ   = [ch wie in Da**ch**] vor [a], [o], [u],
      aber [ch wie in i**ch**] vor [e], [i]
γγ = [ng];
γκ = [g], [ng]
μπ = [b], [mb];
ντ = [d], [nd]

Anmerkung zur Lautschrift
Die in diesem Band verwendete stark vereinfachende Lautschrift wurde als Aussprachehilfe für den Sprachanfänger im Neugriechischen erarbeitet. Dabei wurde u. a. bewußt auf eine phonetische Unterscheidung zwischen stimmlosem s [σ, s] wie in „Wasser" und stimmhaftem s [ζ] wie in „Rose" verzichtet, da dies für den Lernenden eine erhebliche Erleichterung bedeutet, ohne die Verständlichkeit in der konkreten Sprechsituation wesentlich zu beeinträchtigen.

Grammatische Fachausdrücke und ihre Bedeutung

Adjektiv	Eigenschaftswort: der *bunte* Papagei
adjektivisch	als Eigenschaftswort gebraucht
Adverb	Umstandswort: er spricht *richtig*
Akkusativ	4. Fall, Wenfall: Er pflückt *den* Apfel für *seinen* Bruder
Aktiv	Tätigkeitsform: Der Mann *öffnet* die Tür
Aorist	Zeitform der Vergangenheit, die eine vollendete oder punktartig ausgeführte Handlung beschreibt.
Artikel	Geschlechtswort: *der* Mann, *die* Frau, *das* Kind
Augment	Wortbildungsteil vor dem Verbstamm
Dativ	3. Fall, Wemfall: Er verspricht *ihr* goldene Berge
Deklination	das Beugen von Substantiven, Adjektiven, Artikeln oder Pronomen: ein*es* jung*en* Mann*es*
Demonstrativpronomen	hinweisendes Fürwort: *dieser, jener, solcher*
Diphtong	Zwielaut: *au, ei, eu, äu*
Femininum	weibliche Form eines Substantivs: *die* Frau, *die* Mauer
Futur	Zukunft(sform): ich *werde kommen*
Genitiv	2. Fall, Wesfall: die Erzeugnisse *des Landes*
Genus	das grammatische Geschlecht der Substantive: *der, die* oder *das*
Imperativ	Befehlsform: *geh(e)!*
Imperfekt	unvollendete Form der Vergangenheit des Zeitwortes: ich fragte
Indikativ	Wirklichkeitsform eines Verbs: *er geht* (im Gegensatz zur Möglichkeitsform *er gehe, er ginge*)
Infinitiv	Nennform, Grundform: *backen, arbeiten*
intransitiv	vom Zeitwort: kein Objekt bei sich habend, z.B.: *grübeln, gehen*
Irrealis	grammatische Form zum Ausdruck einer als unwirklich hingestellten Annahme: wenn ich gegangen *wäre*, dann ...
Komparativ	1. Steigerungsstufe: schön*er*, größ*er*
Konditional	Bedingungsform: Unter Umständen *würden* wir es *versuchen*

Konjugation	Beugung des Zeitwortes: *ich* gehe, *du* geh*st* ... usw.
konjugieren	die Beugung des Zeitwortes durchführen
Konjunktion	Bindewort: Er ist unglücklich, *weil* er keine Post bekommt
Konjunktiv	im Deutschen: Möglichkeitsform: er *sei gekommen*
Konsonant	Mitlaut: *b, d, s* usw.
Maskulinum	männliche Form eines Substantivs: *der* Mann, *der* Turm
Neutrum	sächliche Form eines Substantivs: *das* Pferd, *das* Haus
Nominativ	I. Fall, Werfall: *Der Mann* kauft ein Buch
Objekt	Satzergänzung: Der Mann öffnet *die Tür*
Orthographie	Rechtschreibung
Partikel	„Füllwörter", die sich weder den Adverbien, noch den Konjunktionen zuordnen lassen: hat er das *denn wohl* getan?
Partizip	Mittelwort: *gebacken, backend*
Passiv	Leideform: Die Tür *wird* von dem Mann *geschlossen*
Perfekt	Vollendung in der Gegenwart: ich *bin weggegangen*
Personalpronomen	persönliches Fürwort: *er, sie, wir* usw.
Plural	Mehrzahl: *die* Kirsch*en*
Plusquamperfekt	Vorvergangenheit: ich *hatte* den Brief *geschrieben*
Possessivpronomen	besitzanzeigendes Fürwort: *mein, dein, euer* usw.
Präposition	Verhältniswort: *auf, gegen, mit* usw.
Präsens	Gegenwart: *ich gehe*
Pronomen	Fürwort: *er, sie, es* usw.
reflexiv	rückbezüglich: *er* wäscht *sich*
Reflexivpronomen	rückbezügliches Fürwort: *mich, dich, sich* usw.
Relativpronomen	bezügliches Fürwort: Wo ist das Buch, *das* ich gekauft habe?
Singular	Einzahl: *die, eine* Kirsche
Subjekt	Satzgegenstand: *Das Kind* spielt mit der Katze
Substantiv	Hauptwort: *der Tisch*

substantiviert	zum Hauptwort gemacht
Superlativ	Höchststufe bei der Steigerung des Eigenschaftswortes: *am* schön*sten*, *am* schmutzig*sten*
transitiv	vom Zeitwort, das den 4. Fall bei sich hat: *den Schüler* loben, *das Geheimnis* verraten
Verb(um)	Zeitwort: *gehen, kommen*
Vokal	Selbstlaut: *a, e, i, o, u, ä, ö, ü*
Vokativ	Ruf-, Anredeform: *„Herr Schaffner!"*

Lektion 1

Sonntag, 1. August
Guten Tag, Griechenland!

Κυριακή,
πρώτη Αυγούστου.

Καλημέρα, Ελλάδα!

Εγώ είμαι η Έλγκα.
Μένω στο Μόναχο.
Κάνω ένα ταξίδι στην Ελλάδα.
Παίρνω το αεροπλάνο από το
Μόναχο μέχρι την Αθήνα.
Η πτήση είναι πολύ ωραία.
Κοιτάζω τα βουνά και τα
ποτάμια.
Κοιτάζω τη θάλασσα και την
Ελλάδα.
Ο ήλιος λάμπει.
Είναι καλοκαίρι.
Ο καιρός είναι καλός.

Kiriakí,
próti Awgústu.

Kaliméra, Elláda!

Egó íme i 'Elga.
Méno sto Mónacho.
Káno éna taxídi stin Elláda.
Pérno to aeropláno apó to
Mónacho méchri tin Athína.
I ptísi íne polí oréa.
Kitáso ta wuná ke ta
potámia.
Kitáso ti thálassa, ke tin
Elláda.
O ílios lámbi.
'Ine kalokéri.
O kerós íne kalós.

Μου αρέσει πολύ.   Mu arési polí.
Να, η Αθήνα!   Na, i Athína!
Να, το αεροδρόμιο!   Na, to aerodrómio!
Φτάνω στην Ελλάδα.   Ftáno stin Elláda.

Unser Wortschatz

η Κυριακή	i Kiriakí	der Sonntag
πρώτος, -η, -ο	prótos, -i, -o	(der, die, das) erste
ο Αύγουστος	o 'Awgustos	der August
(του) Αυγούστου	(tu) Awgústu	des Augusts
Καλημέρα!	Kaliméra!	Guten Tag! Guten Morgen!
η Ελλάδα	i Elláda	(„die") Griechenland
εγώ	egó	ich
είμαι	íme	bin
μένω	méno	(ich) wohne; bleibe
στο	sto	in (dem)
το Μόναχο	to Mónacho	(„das") München
στο Μόναχο	sto Mónacho	in (dem) München
κάνω	káno	(ich) mache, tue
ένας, ένα	énas, éna	ein
ένα ταξίδι	éna taxídi	eine Reise
το ταξίδι	to taxídi	die Reise
στη(ν)	sti(n)	in (der)
στην Ελλάδα	stín Elláda	in Griechenland, Hellas
η Ελλάδα	i Elláda	Griechenland, Hellas
παίρνω	pérno	(ich) nehme
το αεροπλάνο	to aeropláno	das Flugzeug
από	apó	von (Präposition)
από το Μόναχο	apó to Mónacho	von (dem) München
μέχρι	méchri	bis (nach) (Präposition)
μέχρι την Αθήνα	méchri tin Athína	bis nach Athen
η πτήση	i ptísi	der Flug
είναι	íne	ist
πολύ	polí	sehr („viel")
ωραία	oréa	schön (Adverb)
ωραίος, -α, -ο	oréos, -a, -o	schön (Adjektiv)
κοιτάζω	kitáso	(ich) sehe, schaue an
τα βουνά	ta wuná	die Berge
το βουνό	to wunó	der Berg
και	ke	und; auch(!)
τα ποτάμια	ta potámia	die Flüsse

το ποτάμι	to potámi	der Fluß
τη θάλασσα	ti thálassa	das Meer (Akkusativ)
η θάλασσα	i thálassa	das Meer (Nominativ)
την Ελλάδα	tin Elláda	Griechenland (Akkusativ)
ο ήλιος	o ílios	die Sonne
λάμπει	lámbi	scheint, strahlt.
το καλοκαίρι	to kalokéri	der Sommer; im Sommer(!)
ο καιρός	o kerós	das Wetter; die Zeit
καλός, -ή, -ό	kalós, -í, -ó	guter, -e, -es
μου	mu	mir; von mir; mein
αρέσει	arési	(es) gefällt
Να!	Na!	Sieh, hier ist ...
η Αθήνα	i Athína	(„die") Athen
το αεροδρόμιο	to aerodrómio	der Flughafen
φτάνω, -εις, -ει	ftáno, -is, -i	komme (kommst, kommt) an

Sonntag, erster August

Guten Tag, Griechenland!

Ich bin die Helga. (Ich) wohne in München. (Ich) mache eine Reise nach Griechenland. (Ich) nehme das Flugzeug von (dem) München bis Athen. Der Flug ist sehr schön. (Ich) sehe die Berge und die Flüsse. (Ich) sehe das Meer, und (das) Griechenland. Die Sonne scheint. (Es) ist Sommer. Das Wetter ist gut. Mir gefällt (es) sehr. (Schau), da (ist) Athen! Da (ist) der Flughafen! (Ich) komme an in Griechenland.

Erläuterungen

Der Artikel (Geschlechtswort)

Der griechische Artikel hat wie der deutsche drei Geschlechter: männlich, weiblich, sächlich (der, die, das). Der **bestimmte** Artikel lautet:

	Einzahl				Mehrzahl	
männlich:	ο	o	der	οι	i	die
weiblich:	η	i	die	οι	i	die
sächlich:	το	to	das	τα	ta	die

Aussprache:

Die Vokale i und o werden kurz gesprochen; η und οι sind zwei Zeichen für denselben I-Laut.

Der **unbestimmte** Artikel (einer, eine, ein) lautet:

männlich	weiblich	sächlich
ένας énas ein	μία bzw. μια mía bzw. miá eine	ένα éna ein

Der unbestimmte Artikel ist wie im Deutschen mit dem Zahlwort „ein(s)" gleich.

Das Substantiv (Hauptwort)

Jedes Substantiv hat ein Geschlecht: männlich, weiblich, oder sächlich. Das Geschlecht erkennt man an der Endung des Wortes. Die wichtigsten Endungen lauten:

männlich	weiblich	sächlich
-os -ος	-i -η	-o -o
-as -ας	-a -α	-i -ι
-is -ης		

Beachte: Die maskulinen Substantive enden auf -s.

Auch in der Mehrzahl erkennt man das Geschlecht der Substantive an der Endung.

	Einzahlendung		Mehrzahlendung	
männlich:	-os	-ος	-i	-οι
	-as	-ας	-es	-ες
	-is	-ης	-es	-ες
weiblich:	-a	-α	-es	-ες
	-i	-η	-es	-ες, -εις
sächlich	-o	-o	-a	-α
	-i	-ι	-ia	-ια

Beispiele:

männlich:	**Einzahl**		**Mehrzahl**	
der Freund	o fílos	ο φίλος	i fíli	οι φίλοι
der Vater	o patéras	ο πατέρας	i patéres	οι πατέρες
der Schüler	o maθitís	ο μαθητής	i maθités	οι μαθητές

weiblich:

| die Freundin | i fíli | η φίλη | i fíles | οι φίλες |
| die Frau | i jinéka | η γυναίκα | i jinékes | οι γυναίκες |

sächlich:

| das Wasser | to neró | το νερό | ta nerá | τα νερά |
| das Kind | to peðí | το παιδί | ta peðiá | τα παιδιά |

Beachte: Bei diesen griechischen Wörtern stimmt das Geschlecht mit dem der deutschen Wörter überein.

Es gibt aber auch viele Wörter, bei denen das Geschlecht vom Deutschen abweicht. Deshalb soll man von Anfang an das jeweilige Geschlecht zusammen mit dem Geschlechtswort lernen. Beispiele:

o ílios **die** Sonne ο ήλιος **i** Kiriakí **der** Sonntag η Κυριακή
o kerós **das** Wetter ο καιρός **i** Elláða Griechenl. η Ελλάδα
to wunó **der** Berg το βουνό **to** potámi **der** Fluß το ποτάμι

Merke besonders:

Alle griechischen Personen- und Eigennamen brauchen den bestimmten Artikel. Es heißt also: **der** Gerd, **die** Helga, **der** Georg usw. Ebenso ist es mit Ländernamen: **die** Griechenland (i Elláða) und Städtenamen: (i Athína / **die** Athen).

Redewendungen

Guten Tag!	Kaliméra!	Καλημέρα!
Guten Morgen!		
Guten Abend!	Kalispéra!	Καλησπέρα!
Gute Nacht!	Kliníchta!	Καληνύχτα!
Gute Reise!	Kaló taxíði!	Καλό ταξίδι!
Auf Wiedersehen!	Chérete!	Χαίρετε!
Wie geht es Ihnen?	Ti kánete?	Τί κάνετε;
Wie geht es dir?	Ti kánis?	Τί κάνεις;
Bitte!	Parakaló!	Παρακαλώ!
Danke!	Efcharistó!	Ευχαριστώ!
Ja! – Nein!	Ne! – 'Ochi!	Ναί! – 'Οχι!
Sehr gut!	Polí kalá!	Πολύ καλά!
In Ordnung!	Endáxi!	Εντάξει!

Übungen

1. Setzen Sie den **bestimmten Artikel** vor die Substantive: Kiriakí, 'Awgustos, níchta (Nacht), Elláða, Mónacho, taxíði, aeropláno, Aθína, ptísi, wunó, potámi, θálassa, ílios, kalokéri, kerós, aeroðrómio.

2. Setzen Sie den **unbestimmten Artikel** (énas, miá, éna) vor diese Substantive: kiriakí, níchta, taxíði, aeropláno, aeroðrómio, ptísi, potámi, θálassa, kalokéri, kerós („Zeit").

3. Setzen Sie **in die Mehrzahl** (mit bestimmtem Artikel): i kiriakí, i níchta, to taxíði, to aeropláno, to wunó, to potámi, i θálassa, to aeroðrómio.

4. Übersetzen Sie: Ine kiriakí. Káno éna taxíði sto Mónacho. Méno stin Aθína. Ti kánete? Efcharistó, polí kalá. Ti kánis? Efcharistó, kalá. Kaló taxíði! Kaliníchta, 'Elga! Kaliméra, Gerd! Kalispéra, Jórjos. Na, to Mónacho! Na, to potámi! Na, i θálassa! I θálassa íne polí oréa. Mu arési i θálassa. Mu arési i Aθína.

5. Lesen Sie die griechischen Wörter (im Wortschatz)!

6. Übersetzen Sie ins Griechische: Die Sonne scheint. Es ist Sommer. Das Wetter ist gut. Mir gefällt es in Athen. Ich sehe das Meer. Ich nehme das Flugzeug. Ich wohne in München. Ich mache eine Reise nach Athen.

Lektion 2

Die Reise
Montag, 2. August

Δευτέρα,
δύο Αυγούστου.

δeftéra,
δío Awgústu.

Το ταξίδι

Με λένε Γκερντ.
Είμαι ο φίλος τής 'Ελγκας.
Είμαι δάσκαλος σ'ένα σχολείο.
Τώρα έχω άδεια.
Κάνω ένα ταξίδι στην Ελλάδα.
Αλλά δεν παίρνω το αεροπλάνο.
Φοβάμαι το αεροπλάνο.
Ταξιδεύω με το τραίνο.
Μετά από δύο μέρες θα είμαι εκεί.
'Έχω πολύ καιρό και κοιτάζω
πολλά ... δέντρα, βουνά,
ποτάμια, χωριά, χωράφια ...
Μα το ταξίδι με κουράζει.

Tó taxíδi

Me léne Gerd.
'Ime o fílos tis 'Elgas.
'Ime δáskalos s'éna scholío.
Tóra écho áδia.
Káno éna taxíδi stin Elláδa.
Allá δen pérno to aeropláno.
Fowáme to aeropláno.
Taxiδéwo me to tréno.
Metá apó δío méres θa íme ekí.
'Echo polí keró ke kitáso
pollá ... δéndra, wuná,
potámia, choriá, choráfia ...
Ma to taxíδi me kurási.

Είμαι πολύ κουρασμένος.   'Íme polí kurasménos.
Κάνει ζέστη στο τραίνο και   Káni sésti sto tréno ke
ο αέρας δεν είναι καλός.   o aéras ðen íne kalós.
Πολύς κόσμος. Πολλοί ξένοι.   Polís kósmos. Pollí xéni.
Νά, ο σταθμός!   Na, o staθmós!
Το τραίνο φτάνει.   To tréno ftáni.

Unser Wortschatz

η Δευτέρα	i ðeftéra	der Montag
δεύτερος, -η, -ο	ðéfteros, -i, -o	der (die, das) zweite
δύο	ðío	zwei
με	me	mich (Fürwort)
λένε	léne	sie nennen; man nennt
με λένε	me léne	ich heiße; „man nennt mich"
λέω, λές, λέει	léo, les, lé-i	(ich) sage, sagst, sagt
λέμε, λέτε, λένε	léme, léte, léne	(wir) sagen, sagt, sagen
ο φίλος	o fílos	der Freund
ο δάσκαλος	o ðáskalos	der Lehrer
η δασκάλα	i ðaskála	die Lehrerin
το σχολείο	to scholío	die Schule
ένα σχολείο	éna scholío	eine Schule
στο σχολείο	sto scholío	in der Schule
τώρα	tóra	jetzt
η ώρα	i óra	die Stunde („Zeit")
η άδεια	i áðia	der Urlaub
αλλά	allá	aber, sondern, doch
δε(ν)	ðe(n)	nicht (Verneinung)
παίρνω, -εις, -ει	pérno, -is, -i	nehme, nimmst, nimmt
φοβάμαι	fowáme	(ich) habe Angst vor
ταξιδεύω, -εις, -ει	taxiðéwo, -is, -i	(ich) reise, reist, reist
με	me	mit (Präposition)
το τραίνο	to tréno	der Zug
με το τραίνο	me to tréno	mit dem Zug
μετά, μετά από	metá, metá apó	nach (bei Zeitangaben)
μετά	metá	nachher, danach (Adv.)
μετά από δύο μέρες	metá apó ðío méres	nach zwei Tagen
η μέρα	i méra	der Tag
θα	θa	Futurpartikel („bald")
θα είμαι	θa íme	ich bin (futurisch), ich werde sein
εκεί	ekí	dort
εδώ	eðó	da, hier

έχω, -εις, -ει	écho, -is, -i	(ich) habe, hast, hat
πολύς καιρός	polís kerós	viel Zeit (Nominativ)
πολύ καιρό	polí keró	viel Zeit (Akkusativ)
πολλά	pollá	viele, vieles (Plural)
(τα) δέντρα	(ta) δéndra	(die) Bäume
το δέντρο	to δéndro	der Baum
(τα) βουνά	(ta) wuná	(die) Berge
(τα) ποτάμια	(ta) potámia	(die) Flüsse
(τα) χωριά	(ta) choriá	(die) Dörfer
το χωριό	(to) chorió	das Dorf
(τα) χωράφια	(ta) choráfia	(die) Felder
το χωράφι	to choráfi	das Feld
μα	ma	aber, doch
με κουράζει	me kurási	mich ermüdet
κουράζω	kuráso	ich ermüde (jemanden)
κουρασμένος, -η, -ο	kurasménos, -i, -o	müde, ermüdet
κάνει	káni	(es) macht
η ζέστη	i sésti	die Hitze
κάνει ζέστη	káni sésti	es ist heiß
στο τραίνο	sto tréno	im Zug
ο αέρας	o aéras	die Luft; Wind
δεν είναι	δen íne	(es) ist nicht
πολύς κόσμος	polís kósmos	viele Leute
ο κόσμος	o kósmos	Welt; „Leute"
πολύς, πολλή, πολύ	polís, pollí, polí	viel(!)
πολλοί ξένοι	pollí xéni	viele Fremde
ο ξένος	o xénos	der Fremde; Gast
η ξένη	i xéni	die Fremde (weiblich)
ο σταθμός	o staθmós	der Bahnhof

Montag, zweiter August.

Die Reise

Ich heiße Gerd. Ich bin der Freund von Helga. Ich bin Lehrer an einer Schule. Jetzt habe ich Urlaub. Ich mache eine Reise nach Griechenland. Aber ich nehme nicht das Flugzeug. Ich habe Angst vor dem Flugzeug. Ich reise mit dem Zug. Nach zwei Tagen bin ich dort. Ich habe viel Zeit und sehe vieles ... Bäume, Berge, Flüsse, Dörfer, Felder ... Aber die Reise ermüdet mich. Ich bin sehr müde. Es ist heiß im Zug und die Luft ist nicht gut. Viele Leute. Viele Fremde. Da ist der Bahnhof! Der Zug kommt an.

Zur Aussprache:

Beachten Sie bitte, daß alle Konsonanten im Griechischen viel weicher ausgesprochen werden als im Deutschen!

So werden die „harten" Konsonanten fast zu „weichen" (p, t, k); und die weichen Konsonanten (b, d, g) werden zu Reibelauten (w, ð, gh)!

Beachten Sie auch stets das Betonungszeichen! Betonen Sie genau auf der richtigen Silbe (ki-tá-so)!

Erläuterungen

Das Adjektiv hat wie das Substantiv drei verschiedene Geschlechter. Es ist männlich, weiblich oder sächlich.

Die Mehrzahl der Adjektive hat folgende Endungen:

männlich	weiblich	sächlich
-os -ος	-η -i	-o -o
	-α -a (nach Vokal)	

Beispiele:

gut:	kalós/καλός	kalí/καλή	kaló/καλό
schön:	oréos/ωραίος	oré-a/ωραία	oréo/ωραίο
fremd:	xénos/ξένος	xéni/ξένη	xéno/ξένο

Das Adjektiv wird durch Vorsetzen des Artikels zum Substantiv:

| der Gute: o kalós | die Gute: i kalí | das Gute: to kaló |
| der Schöne: o oréos | die Schöne: i oréa | das Schöne to oréo |

Das Adjektiv muß nach Geschlecht, Zahl und Fall mit dem zugehörigen Substantiv übereinstimmen.

Einzahl:

männlich/männlich: o kalós fílos der gute Freund
weiblich/weiblich: i kalí fíli die gute Freundin
sächlich/sächlich: to kaló neró das gute Wasser
männl./männl.: i kalí fíli die guten Freunde
weibl./weibl.: i kalés fíles die guten Freundinnen
sächl./sächl.: ta kalá nerá die guten Wasser

Beachte: Wenn das weibliche Adjektiv auf -a endet, heißt es: i oré-a fíli die schöne Freundin.
Ebenso heißt es bei peðí: to kaló peðí das gute Kind.

Übersicht

Einzahl: o kalós fílos   der gute Freund
Mehrzahl: i kalí fíli   die guten Freunde

Einzahl: o kalós patéras   der gute Vater
Mehrzahl: i kalí patéres   die guten Väter

Einzahl: o kalós maθitís   der gute Schüler
Mehrzahl: i kalí maθités   die guten Schüler

Einzahl: i kalí fíli   die gute Freundin
Mehrzahl: i kalés fíles   die guten Freundinnen

Einzahl: i kalí jinéka   die gute Frau
Mehrzahl: i kalés jinékes   die guten Frauen

Einzahl: to kaló neró   das gute Wasser
Mehrzahl: ta kalá nerá   die guten Wasser

Einzahl: to kaló peðí   das gute Kind
Mehrzahl: ta kalá peðiá   die guten Kinder

Ausnahme: i oréa fíli   die schöne Freundin
            i orées fíles   die schönen Freundinnen

Der **unbestimmte Artikel** + Adjektiv + Substantiv:

Einzahl: énas kalós fílos   ein guter Freund
Mehrzahl: —   kalí fíli   —   gute Freunde

Einzahl: miá kalí fíli   eine gute Freundin
Mehrzahl: —   kalés fíles   —   gute Freundinnen

Einzahl: éna kaló peðí   ein gutes Kind
Mehrzahl: —   kalá peðiá — gute Kinder

Das Präsens von íme (ich bin) εἶμαι

íme	εἶμαι	ich bin	ímaste	εἴμαστε	wir sind
íse	εἶσαι	du bist	íste	εἶστε	ihr seid
íne	εἶναι	er ist	íne	εἶναι	sie sind

Beachte: Im Griechischen braucht man im Normalfall kein „ich, du, er, sie, es, wir, ihr, sie" (persönliches Fürwort). Es ist in der Endung des Zeitworts bereits enthalten. Dies ähnelt unserem „Telegrammstil": „Bin gesund, komme bald ..." Nur bei besonderer Betonung wird das Fürwort gesetzt.

Das Verb im Präsens

Wie das Hilfszeitwort „sein" benötigt auch das Zeitwort kein Fürwort.

Die Personen erkennt man an den Endungen.

Beispiel: ftáno   ich komme an   φτάνω

ftán-o	φτάνω	komme an	ftán-ume* φτάνουμε	(wir) kommen an
ftán-is	φτάνεις	kommst an	ftán-ete φτάνετε	(ihr) kommt an
ftán-i	φτάνει	kommt an	ftán-un** φτάνουν	(sie) kommen an

*auch: ftánome   **auch: ftánune

Beispiel: écho   (ich) habe   ἔχω

éch-o	ἔχω	(ich) habe	éch-ume*	ἔχουμε	(wir) haben
éch-is	ἔχεις	(du) hast	éch-ete	ἔχετε	(ihr) habt
éch-i	ἔχει	(er) hat	éch-un**	ἔχουν	(sie) haben

*auch: échome   **auch: échune

Übungen

1. I oréa θálassa, das schöne Meer. Bilden Sie ähnliche **Ausdrücke** mit oréos, oréa, oréo: kiriakí, Elláða, Mónacho, taxíði, aeropláno, Aθína, ptísi, wunó, potámi, ílios, kerós, kalokéri, aeroðrómio ...

2. Machen Sie daraus **kleine Sätze:** i θálassa íne oréa. (Verwenden Sie die obigen Wörter).

3. Setzen Sie die Ausdrücke von 1. in die **Mehrzahl**, soweit möglich: also, i orées θálasses ...

4. **Übersetzen Sie:** Der Lehrer ist gut. Die Lehrerin ist schön. Die Schule ist hier. Ich bin in der Schule. Ich habe Urlaub. Ich bin im Zug. Ein schöner Tag. Da sind Bäume, Berge, Flüsse, Dörfer, Felder. Da ist München! Da ist Athen! Ich

bin müde. Da sind viele Leute (polis kósmos). Da ist ein Fremder (Ausländer).
5. **Verstehen Sie?** Símera (heute) íne kiriakí. Me léne Jórjo. Pu (wo?) íne o ðáskalos. I ðaskála íne polí oréa. 'Echume áðia. To tréno ftáni stin Aθína. To chorió échi pollá ðéndra. To potámi íne oréo. To taxíði me kurási.
6. Lesen Sie „Die Reise" in griechischer Schrift!

Redewendungen

Pos sas léne?	Wie heißen Sie?	Πώς σας λένε;
Pos se léne?	Wie heißt du?	Πώς σε λένε;
Me léne ...	Ich heiße ...	Με λένε ...
Kaliméra, kírie!	Guten Tag, mein Herr!	Καλημέρα, κύριε!
Kaliméra, kiría!	Guten Tag, meine Dame!	Καλημέρα, κυρία!
Chéro polí!	Sehr erfreut! Angenehm!	Χαίρω πολύ!
Pos íse?	Wie geht's dir?	Πώς είσαι;
'Ime polí kalá!	Es geht mir sehr gut!	Είμαι πολύ καλά.
'Iste o kírios ...?	Sind Sie Herr ...?	Είστε ο κύριος ...;
Signómi!	Verzeihung!	Συγνώμη!
Signómi, parakaló!	Verzeihung, bitte!	Συγνώμη, παρακαλώ!
ðen birási!	Macht nichts!	Δεν πειράζει!
Pu íne ...?	Wo ist ...?	Πού είναι ...;
Pu íne o staθmós?	Wo ist der Bahnhof?	Πού είναι ο σταθμός;

Lektion 3

Dienstag, 3. August
Grüß dich, Akropolis!

Τρίτη,
τρεις Αυγούστου.

Tríti,
trís Awgústu.

Γεια σου, Ακρόπολη!

Ja su, Akrópoli!

Τώρα είμαστε στην Αθήνα.
Μένουμε σ'ένα ωραίο και μεγάλο ξενοδοχείο.
Είναι στο κέντρο.
Έχει πολλά δωμάτια.
Έχει πολλούς ξένους.
Είναι ένα καλό ξενοδοχείο.
Είναι πρωί. Το πρωινό μάς αρέσει πάρα πολύ.
Πίνουμε τσάι με λεμόνι και τρώμε ψωμί με βούτυρο.
Στο δωμάτιο έχει κρύο και ζεστό νερό.

Tóra ímaste stin Athína.
Ménume s'éna oréo ke megálo xenoðochío.
'Ine sto kéndro.
'Echi pollá ðomátia.
'Echi pollús xénus.
'Ine éna kaló xenoðochío.
'Ine proí. To proinó mas arési pára polí.
Pínume tsái me lemóni ke tróme psomí me wútiro.
Sto ðomátio échi krío ke sestó neró.

Πού είναι η τουαλέττα;	Pu íne i tualétta?	
Είναι έξω; Ναι, είναι έξω.	'Ine éxo? Ne, íne éxo.	
Από το παράθυρο βλέπω την Ακρόπολη.	Apó to paráθiro wlépo tin Akrópoli.	
Λέω: Γεια σου, Ακρόπολη!	Léo: Ja su, Akrópoli!	
Πάμε στην Ακρόπολη;	Páme stin Akrópoli?	
Ναι, αν θέλεις, πάμε.	Ne, an θélis, páme.	
Είναι μακριά;	'Ine makriá?	
'Οχι πολύ μακριά από δω.	'Ochi polí makriá apó ðo.	
Περίπου δέκα λεπτά.	Perípu ðéka leptá.	
Εντάξει, πάμε τώρα.	Endáxi, páme tóra.	

Unser Wortschatz

η Τρίτη	i Tríti	Dienstag
τρίτος, -η, -ο	trítos, -i, -o	der (die, das) dritte
τρεις (μέρες)	tris (méres)	drei (Tage)
τρία (δέντρα)	tría (ðéndra)	drei (Bäume)
η υγεία	i ijía	die Gesundheit
Γεια!	Ja!	Gesundheit! Zum Wohl!
Γεια σου!	Ja su!	Grüß dich!
Γεια σας!	Ja sas!	Grüß Sie!
Γεια μας!	Ja mas!	Auf unser Wohl! Prost!
η Ακρόπολις	i Akrópolis	die Akropolis (in Athen)
σε, σ'	se, s'	in (Präposition)
σ'ένα	s'éna	in einem ...
σε μία (μια)	se mía (miá)	in einer ...
μεγάλος, -η, -ο	megálos, -i, -o	groß; alt, erwachsen
το ξενοδοχείο	to xenoðochío	das Hotel („Fremdenheim")
στο κέντρο	sto kéndro	im Zentrum
το κέντρο	to kéndro	das Zentrum; Lokal
έχει	échi	es hat, es gibt
το δωμάτιο	to ðomátio	das Zimmer
τα δωμάτια	ta ðomátia	die Zimmer
πολλά δωμάτια	pollá ðomátia	viele Zimmer
οι ξένοι	i xéni	die Gäste („Fremden")
τους ξένους	tus xénus	die Gäste (Akkusativ)
πολλούς ξένους	pollús xénus	viele Gäste (Akk.)
πρωί	proí	früh
το πρωί	to proí	der Morgen; am Morgen (!)
το πρωινό	to proinó	das Frühstück

μας αρέσει	mas arési	uns gefällt; uns schmeckt
πάρα πολύ	pára polí	sehr (gut), überaus
πίνω, -εις, -ει	píno, -is, -i	(ich) trinke, trinkst, trinkt
πίνουμε, -ετε, -ουν	pínume, -ete, -un	trinken, trinkt, trinken
το τσάι	to tsái	der Tee
το λεμόνι	to lemóni	die Zitrone
τσάι με λεμόνι	tsái me lemóni	Tee mit Zitrone
τρώω, τρώς, τρώει	tróo, tros, trói	(ich) esse, ißt, ißt
τρώμε, τρώτε, τρώνε	tróme, tróte, tróne	essen, eßt, essen
το ψωμί	to psomí	das Brot
το βούτυρο	to wútiro	die Butter
ψωμί με βούτυρο	psomí me wútiro	Brot mit Butter
στο δωμάτιο	sto ðomátio	im Zimmer
κρύος, -α, -ο	kríos, -a, -o	kalt
ζεστός, -ή, -ό	sestós, -í, -ó	warm, heiß
κρύο νερό	krío neró	kaltes Wasser
ζεστό νερό	sestó neró	heißes Wasser
το νερό	to neró	das Wasser
Πού;	Pu?	wo?
Πού είναι ...;	Pu íne ...?	wo ist ...?
η τουαλέττα	i tualétta	die Toilette
έξω	éxo	draußen
ναι	ne	ja
Μάλιστα!	Málista!	Ja! Jawohl!
το παράθυρο	to paráθiro	das Fenster
από το παράθυρο	apó to paráθiro	vom Fenster (aus)
βλέπω, -εις, -ει	wlépo, -is, -i	(ich) sehe, siehst, sieht
η ακρόπολη	i akrópoli	die Burg
η πόλη	i póli	die Stadt
λέω, λές, λέει	léo, les, lé-i	(ich) sage, sagst, sagt
αν	an	wenn (Konjunktion)
θέλω, -εις, -ει	θélo, -is, -i	(ich) will, willst, will
αν θέλεις	an θélis	wenn du willst
πάμε	páme	wir gehn; gehn wir!
πάω, πας, πάει	páo, pas, pái	(ich) gehe, gehst, geht
πάμε, πάτε, πάνε	páme, páte, páne	gehen, geht, gehen
μακριά	makriá	weit (weg)
κοντά	kondá	nah, in der Nähe
όχι	óchi	nein
δε(ν)	ðe(n)	nicht ...
πολύ μακριά	polí makriá	sehr weit (weg)

όχι πολύ μακριά	óchi polí makriá	nicht sehr weit
από δω	apó ðo	von hier, von da
από κει	apó ki	von dort
εδώ – εκεί	eðó – ekí	da – dort
περίπου	perípu	ungefähr
δέκα	ðéka	zehn
το λεπτό	to leptó	die Minute
τα λεπτά	ta leptá	die Minuten
δέκα λεπτά	ðéka leptá	zehn Minuten
εντάξει	endáxi	in Ordnung
η τάξη	i táxi	die Ordnung; Klasse

Dienstag, dritter August

Grüß dich, Akropolis!

Jetzt sind wir in Athen. Wir wohnen in einem schönen und großen Hotel. Es ist im Zentrum. Es hat viele Zimmer. Es hat viele Gäste. Es ist ein gutes Hotel. Es ist Morgen. Das Frühstück schmeckt uns sehr gut. Wir trinken Tee mit Zitrone und essen Brot mit Butter. Im Zimmer gibt es kaltes und warmes Wasser. Wo ist die Toilette? Ist sie draußen? Ja, sie ist draußen. Vom Fenster aus sehe ich die Akropolis. Ich sage: Grüß dich, Akropolis! Gehn wir zur Akropolis? Ja, wenn du willst, gehn wir. Ist es weit? Nicht sehr weit von hier. Ungefähr zehn Minuten. In Ordnung, gehn wir jetzt!

Erläuterungen

Der einfache Satz

Der einfache Satz wird ähnlich wie im Deutschen gebildet:
　　　　Subjekt — Prädikat — Objekt (SPO)

Beispiel: O kírios pérni to aeropláno.
　　　　　　Der Herr nimmt das Flugzeug.

O ðáskalos íne sto scholío.　　Pu íne o ðáskalos?
Der Lehrer ist in der Schule.　Wo ist der Lehrer?

Tóra ímaste stin Aθína.　　　Pu íne to kéndro?
Nun sind wir in Athen.　　　Wo ist das Zentrum?

Beachte: Auch die Wortstellung im Fragesatz ist ähnlich wie im Deutschen.

Die Verneinung

Der Satz wird verneint, indem vor das Verb (Zeitwort) **ðen** gesetzt wird.

Beispiel: O kírios **ðen pérni** to aeropláno.
  der Herr **nicht** nimmt das Flugzeug.

O ðáskalos **ðen** ine sto scholío.   **ðen íne** eðó.
Der Lehrer **nicht** ist in der Schule.   Er ist nicht da.

ðen ímaste akóma stin Athína.   **ðen ímaste** sto kéndro?
Wir sind noch nicht in Athen.   Sind wir nicht im Zentrum?

Beachte: ðen ímaste sto kéndro.   = **Aussagesatz**
Wir sind nicht im Zentrum.

ðen ímaste sto kéndro?   = **Fragesatz**
Sind wir nicht im Zentrum?

Also: Der Fragesatz wird nur durch die Fragebetonung vom Aussagesatz unterschieden. Hier ist es einfacher als im Deutschen!

Prädikative Anwendung des Adjektivs

Das Adjektiv muß sich auch dann in Numerus (Zahl), Genus (Geschlecht) und Kasus (Fall) nach dem Substantiv richten, wenn es prädikativ gebraucht ist, d. h. wenn es zum Prädikat gehört.

Beispiele:

O fílos íne kalós. Der Freund ist gut.
I fíli íne kalí. Die Freunde sind gut.
I fíli íne kalí. Die Freundin ist gut.
i fíles ine kalés. Die Freundinnen sind gut.
To peðí íne kaló. Das Kind ist gut.
Ta peðiá ine kalá. Die Kinder sind gut.

Antwort auf die Frage „Wo?" oder „Wohin?"

Im Griechischen wird kein Unterschied gemacht zwischen der Frage „Wo?" und „Wohin?". Es wird nicht nach der Bewegung, sondern nur nach dem **Ort** gefragt:

                 Pu?   Wo?   Πού;
                       Wohin?

Beispiel: Pu íne?   Pu taxiδéwi?
           Wo ist er?   Wohin reist er?

Entsprechend ist es mit der Antwort auf „wo" und „wohin":

'Ime sto Mónacho.	Ich bin in München.
Páo sto Mónacho.	Ich fahre nach München.
'Ime stin Aθína.	Ich bin in Athen.
Páo stin Aθína.	Ich fahre nach Athen.
'Ime sti θálassa.	Ich bin (am) im Meer.
Páo sti θálassa.	Ich gehe ins (ans) Meer.
'Ime sta wuná.	Ich bin in (auf) den Bergen.
Páo sta wuná.	Ich fahre in die Berge.

Ergebnis: Die kürzeste Präposition heißt im Griechischen „s" (σ) und ist eine Abkürzung der Präposition „se" (σε). Sie bedeutet: **in, nach, auf, zu, hin, an.**

Sie hat deshalb soviele Bedeutungen, weil sie einfach den Ort im allgemeinen ausdrückt.

„Se" (σε) wird in Verbindung mit dem bestimmten Artikel, der im Akkusativ stehen muß, zu „s" (σ).

Der Akkusativ des bestimmten Artikels lautet:

	Einzahl			Mehrzahl		
männlich:	to(n)*	den	το(ν)	tus	die	τους
weiblich:	ti(n)*	die	τη(ν)	tis	die	τις
sächlich:	to	das	το	ta	die	τα

*ton, tin wird zumeist vor Vokalanlaut gesetzt: tin Aθína.

Aus der Verbindung mit der Präposition „s" (σ') ergibt sich:

	Einzahl			Mehrzahl		
männlich:	sto(n)	an den	στο(ν)	stus	an die	στους
weiblich:	sti(n)	an die	στη(ν)	stis	an die	στις
sächlich:	sto	an das	στο	sta	an die	στα

In Verbindung mit einem Substantiv ergeben sich dann folgende Möglichkeiten mit „s" (σ'):

o fílos	der Freund	o patéras	der Vater
to fílo	den Freund	ton patéra	den Vater
sto fílo	an den Freund	ston patéra	an den Vater

i fíli	die Freunde	i patéres	die Väter
tus fílus	die Freunde	tus patéres	die Väter
stus fílus	an die Freunde	stus patéres	an die Väter
i fíli	die Freundin	i jinéka	die Frau
ti fíli	die Freundin	ti jinéka	die Frau
sti fíli	an die Freundin	sti jinéka	an die Frau
i fíles	die Freundinnen	i jinékes	die Frauen
tis fíles	die Freundinnen	tis jinékes	die Frauen (Akk.)
stis fíles	an die Freundinnen	stis jinékes	an die Frauen
to neró	das Wasser	to peðí	das Kind
to neró	das Wasser	to peðí	das Kind (Akk.)
sto neró	in das Wasser	sto peðí	an das Kind
ta nerá	die Wasser	ta peðiá	die Kinder
ta nerá	die Wasser	ta peðiá	die Kinder
sta nerá	in die Wasser	sta peðiá	an die Kinder

Bedeutung:

sto fílo	an den Freund	ston patéra	an den Vater
στο φίλο	zu dem Freund	στον πατέρα	zu dem Vater
	= **dem Freund** (Dativ)		= **dem Vater** (Dativ)
	bei dem Freund		bei dem Vater
sto nero	am Wasser	sta peðiá	an die Kinder
	zum Wasser		zu den Kindern
στο νερό	beim Wasser	στα παιδιά	in die Kinder
	ins Wasser		bei den Kindern
	im Wasser		= **den Kindern**
	ans Wasser		
	aufs Wasser		
	= **dem Wasser**		

Ergebnis: Die Kurzpräposition „s" bewirkt eine Reihe von Bedeutungen. Sie haben alle eine örtliche Sinnrichtung.

Besonders wichtig: Durch Umschreibung mit „s" + Artikel im Akkusativ (vierter Fall) wird der Dativ (dritter Fall) gebildet, z. B.:

sto fílo	= dem Freund	ston	patéra	= dem Vater
stus fílus	= den Freunden	stus	patéres	= den Vätern

Redewendungen

Pu íne to xenoðochío?	Wo ist das Hotel?
Pu échi neró?	Wo gibt es Wasser?
Pu íne i stási?	Wo ist die Haltestelle?
'Ine makriá?	Ist es weit?
Pos páo stin Akrópoli?	Wie komme ich zur Akropolis?
Póso kostísi ...?	Wieviel kostet ...?
Póso káni éna kiló?	Was macht ein Kilo ...?
'Echi éna kaló ðomátio?	Gibt es ein gutes Zimmer?
Se pió ðrómo íne ...?	In welcher Straße ist ...?
Ekí! ðexiá! Aristerá!	Dort! Nach rechts! Links!
θélo éna taxí!	Ich will ein Taxi!
Pu íne éna estiatório?	Wo ist ein Restaurant?

Übungen

1. **Wo sind wir?** Antworten Sie: 'Imaste stin Aθína — kéndro, ðomátio, xenoðochío, tualétta, paráθiro, akrópoli, póli, leoforío (Bus), Elláða, Mónacho, aeropláno, wunó, potámi, θálassa, aeroðrómio, scholío, tréno, ðéndro, chorió, choráfi.

2. **Wo sind die Leute?** Antworten Sie im **Plural**: íne sta kéndra ... (nehmen Sie die Wörter von oben, soweit möglich).

3. Setzen Sie in die **Mehrzahl**: o fílos íne kalós. To potámi íne oréo. To tréno íne kaló. To peðí íne oréo.

4. **Verneinen** Sie den Satz: 'Imaste sti póli. Méno sto xenoðochío. I póli íne megáli. 'Echi pollá ðomátia. 'Ine éna kaló xenoðochío. To proinó mu arési. Píno tsái me lemóni. Eðó íne i tualétta. Páo stin Akrópoli. 'Ine polí makriá.

5. Bilden Sie den **Dativ**: dem Lehrer (sto ðáskalo), dem Vater, dem Schüler, dem Freund, der Freundin, dem Kind.

6. Bilden Sie den **Dativ Mehrzahl** zu den Beispielen von 5.

Lektion 4

In der Stadt
Mittwoch, 4. August

Τετάρτη,
τέσσερεις Αυγούστου.

Tetárti,
tésseris Awgústu.

Στην πόλη

Stin póli

Είμαστε στο δρόμο.
Έχει πολλή κίνηση εδώ.
Στην Αθήνα έχει πολύ κόσμο
και δυστυχώς έχει πάρα πολλά
αυτοκίνητα.
Τι κρίμα! Συγνώμη, παρακαλώ,
πού είναι ο δρόμος για την
Ακρόπολη;
Εκεί απάνω είναι η Ακρόπολη,
δεν τη βλέπετε;
Μάλιστα, μα πώς πάω εκεί;
Πολύ εύκολα. Πρώτα πάτε
ευθεία ... μετά δεξιά, όχι

'Imaste sto ðrómo.
'Echi pollí kínisi eðó.
Stin Aθína échi polí kósmo
ke ðistichós échi pára pollá
aftokínita.
Ti kríma! Signómi parakaló,
pu íne o ðrómos ja tin
Akrópoli?
Ekí ápano íne i Akrópoli,
ðen ti wlépete?
Málista, ma pos páo ekí?
Polí éfkola. Próta páte
efθía ... metá ðexiá, óchi

αριστερά, και θα είστε εκεί.	aristerá, ke θa íste ekí.	
Ευχαριστώ πολύ, χαίρετε!	Efcharistó polí, chérete!	
Θα πάμε με τα πόδια;	θa páme me ta pódia?	
Εντάξει, δεν είναι μακριά.	Endáxi, ðen íne makriá.	
'Ετσι μπορώ να κοιτάζω όλα τα μικρά μαγαζιά ...	'Etsi boró na kitáso óla ta mikrá magasiá ...	
Θέλω να αγοράσω κάτι.	θélo na agoráso káti.	
Τι θέλεις (να αγοράσεις);	Ti θélis (na agorásis)?	
Παπούτσια, ρούχα, ενθύμια ...	Papútsia, rúcha, enθímia ...	
Τα παπούτσια είναι φτηνά.	Ta papútsia íne ftiná.	
Αλήθεια; Βέβαια!	Aliθia? Wéwea!	

Unser Wortschatz

η Τετάρτη	i Tetárti	der Mittwoch („Vierter")
ο τέταρτος, -η, -ο	o tétartos, -i, -o	der (die, das) vierte
τέσσερεις (μέρες)	tésseris (méres)	vier (Tage)
στις τέσσερεις	stis tésseris	um vier (Uhr)
τέσσερα (δέντρα)	téssera (ðéndra)	vier (Bäume)
η πόλη	i póli	die Stadt
στην πόλη	stin póli	in der Stadt
ο δρόμος	o ðrómos	die Straße; Weg
στο δρόμο	sto ðrómo	auf der Straße
η κίνηση	i kínisi	Bewegung; Verkehr
πολλή κίνηση	pollí kínisi	viel Verkehr
έχει πολύ κόσμο	échi polí kósmo	es gibt viele Leute
δυστυχώς	ðistichós	leider
το αυτοκίνητο	to aftokínito	das Auto
τα αυτοκίνητα	ta aftokínita	die Autos
πάρα πολλά ...	pára pollá	sehr viele ...
Τι κρίμα!	Ti kríma!	Wie schade!
Συγνώμη!	Signómi!	Verzeihung!
Παρακαλώ!	Parakaló!	Bitte!
Πού είναι ...;	Pu íne ...?	Wo ist ...?
για	ja	für; nach; wegen (Präp.)
για την Ακρόπολη	ja tin Akrópoli	zur Akropolis
απάνω	apáno	oben
τη(ν)	ti(n)	die; sie (unbetont)
τη βλέπετε;	ti wlépete?	Sehen Sie sie? Seht ihr sie?
δέν τη βλέπετε;	ðen ti wlépete?	Sehen Sie sie nicht?
Μάλιστα!	Málista!	Jawohl! Freilich!

Πώς;	Pos?	Wie?
Μα πώς πάω εκεί;	Ma pos páo ekí?	Aber wie komme ich dorthin?
πολύ εύκολα	polí éfkola	sehr leicht
δύσκολα	δískola	schwer, schwierig
εύκολα – δύσκολα	éfkola – δískola	leicht – schwer (zu tun)
πρώτα	próta	zuerst
πάτε	páte	gehen Sie
ευθεία	efθía	geradeaus
κατ'ευθείαν	kat' efθían	geradeaus, direkt
μετά	metá	danach, dann; nach (Zeit)
δεξιά	δexiá	(nach) rechts
αριστερά	aristerá	(nach) links
όχι αριστερά	óchi aristerá	nicht (nach) links
θα είστε	θa íste	Sie sind (gleich) ...
Ευχαριστώ (πολύ)!	Efcharistó (polí)!	Danke schön!
Χαίρετε!	Chérete!	Auf Wiedersehen!
θα πάμε	θa páme	wir gehen (gleich)
το πόδι, τα πόδια	to póδi, ta póδia	der Fuß, die Füße
με τα πόδια	me ta póδia	zu Fuß („mit den Füßen")
Εντάξει	Endáxi!	In Ordnung! O.K!
δεν είναι μακριά	δen íne makriá	es ist nicht weit
έτσι	étsi	so (beim Verb)
μπορώ	boró	ich kann
να	na	daß
να κοιτάζω	na kitáso	daß ich sehe ...
μπορώ να κοιτάζω	boró na kitáso	ich kann ... sehen
όλος, -η, -ο	ólos, -i, -o	ganz, all
όλος ο κόσμος	ólos o kósmos	alle Welt; alle Leute
μικρός, -ή, -ό	mikrós, -í, -ó	klein
το μαγαζί	to magasí	der Laden, das Geschäft
τα μαγαζιά	ta magasiá	die Läden, Geschäfte
τα μικρά μαγαζιά	ta mikrá magasiá	die kleinen Läden
όλα τα μικρά ...	óla **ta** mikrá ...	all **die** kleinen ...
θέλω	θélo	(ich) will, möchte
θέλω να ...	θélo na ...	ich will ... („daß")
αγοράζω	agoráso	(ich) kaufe
θέλω να αγοράσω	θélo na agoráso	ich will kaufen
κάτι	káti	(irgend) etwas
Τι;	Ti?	Was?

Τί θέλεις;	Ti θélis?	Was willst du?
Τί θέλεις νά αγοράσεις;	Ti θélis na agorasis?	Was willst du kaufen?
το παπούτσι	to papútsi	der Schuh
τα παπούτσια	ta papútsia	die Schuhe
τα ρούχα	ta rúcha	die Kleider, Wäsche
το ενθύμιο	to enθímio	das Andenken
τα ενθύμια	ta enθímia	die Andenken
φτηνός, -ή, -ό	ftinós, -í, -ó	billig
η αλήθεια	i alíθia	die Wahrheit
Αλήθεια;	Alíθia?	Wirklich (wahr)?
βέβαια, βεβαίως	wéwea, wewéos	gewiß, sicher, wirklich

Mittwoch, vierter August

In der Stadt

Wir sind auf der Straße. Es gibt viel Verkehr hier. In Athen gibt es viele Leute und, leider, gibt es sehr viele Autos. Wie schade! Verzeihung bitte, wo ist die Straße zur Akropolis? Dort oben ist die Akropolis, sehen Sie sie nicht? Ja, aber wie gehe ich dorthin? Sehr einfach. Zuerst gehen Sie immer geradeaus ... dann rechts, nicht links, und Sie sind schon dort. Vielen Dank, auf Wiedersehen. Gehen wir zu Fuß? In Ordnung, es ist nicht weit. So kann ich anschauen alle die kleinen Läden ... Ich will etwas kaufen. Was willst du (kaufen)? Schuhe, Kleider, Andenken ... Die Schuhe sind billig. Wirklich? Sicher!

Erläuterungen

Einteilung der Verben (Zeitwörter)

Da es im Griechischen keinen Infinitiv (haben, gehen, essen) gibt, teilt man die Zeitwörter nach der 1. Person Singular ein: (ich) habe, (ich) gehe, (ich) esse usw.

Man unterscheidet **zwei Verbgruppen:**

1. Verben, die auf der **vorletzten Silbe** betont werden; Beispiele: méno, écho, pérno, káno, kitáso, ftáno, θélo ...

2. Verben, die auf der **letzten Silbe** betont werden; Beispiele: efcharistó (ich danke), parakaló (ich bitte).

Alle Wörter der 1. Verbgruppe gehen nach dem Muster von ftáno (ich) komme an, und écho (ich) habe:

ftáno: ftánis, ftáni; ftánume, ftánete, ftánun.
écho: échis, échi; échume, échete, échun.
méno (wohne): ménis, méni; ménume, ménete, ménun.
káno (mache): kánis, káni; kánume, kánete, kánun.
pérno (nehme): pérnis, pérni; pérnume, pernete, pérnun.
kitáso (schaue): kitásis, kitási; kitásume, kitásete, kitásun.
píno (trinke): pínis, píni; pínume, pínete, pínun.
θélo (will): θélis, θeli; θélume, θélete, θélun.

Kurzwörter der 1. Verbgruppe:

léo (ich sage), páo (ich gehe, fahre) und tróo (ich esse) sind durch den häufigen Sprachgebrauch so verkürzt worden:

	léo	λέω	páo	πάω	tró-o	τρώω
1. Sg.	léo	λέω	páo	πάω	tró-o	τρώω
2. Sg.	les	λες	pas	πάς	tros	τρως
3. Sg.	lé-i	λέει	pái	πάει	tró-i	τρώει
1. Pl.	léme	λέμε	páme	πάμε	tróme	τρώμε
2. Pl.	léte	λέτε	páte	πάτε	tróte	τρώτε
3. Pl.	léne	λένε	páne	πάνε	tróne	τρώνε

Ersatz des Infinitivs durch „daß" (na): να

Der Grieche denkt nicht: Ich will gehen / fahren.
Er denkt vielmehr so: Ich will, daß ich gehe.

Das Zeitwort steht also zweimal in derselben Person. Dazwischen tritt die kurze Partikel „na" (να), die neben „daß" auch andere Bedeutungen im Satz haben kann.

Die Bedeutung von na (να)

Bei Verben des Wollens und Könnens wird ein anderes Verbum durch na (να) angeschlossen, das in derselben Person steht.

Beispiel:

θélo **na** páo. Ich will, (daß) ich gehe.
              Ich will gehen.
θélo **na** agoráso. Ich will, (daß) ich kaufe.
                 Ich will kaufen.

Ti θélis **na** agorásis? Was willst du, daß du kaufst?
Was willst du kaufen?

Boró **na** kitáso. Ich kann, (daß) ich sehe.
Ich kann sehen.

Übersicht:

θélo na écho.	θέλω **να** έχω	Ich will haben.
θélis **na** échis.	θέλεις **να** έχεις	Du willst haben.
θéli **na** échi.	θέλει **να** έχει	Er will haben.
θélume **na** échume.	θέλουμε **να** έχουμε	Wir wollen haben.
θélete **na** échete.	θέλετε **να** έχετε	Ihr wollt haben.
θélun **na** échun.	θέλουν **να** έχουν	Sie wollen haben.

Das Futur von „sein" und „haben"

Das Futur wird durch die Partikel „θa" (θα) ausgedrückt. Sie bedeutet, daß etwas eintreten soll und **wird.** Der Sinn ist also: **„Bald"** habe ich. **„Bald"** bin ich. Das Zeitwort bleibt bei diesen Verben unverändert in seiner Form.

Beispiel:

„ich werde sein" / bald bin ich; „ich werde haben" / bald habe ich.

θa íme	θα είμαι	θa écho	θα έχω
θa íse	θα είσαι	θa échis	θα έχεις
θa íne	θα είναι	θa échi	θα έχει
θa ímaste	θα είμαστε	θa échume	θα έχουμε
θa íste	θα είστε	θa échete	θα έχετε
θa íne	θα είναι	θa échun	θα έχουν

Übungen

1. Konjugieren Sie: écho, -is, -i ...; wlépo, páo, kitáso, taxiðéwo, ftáno, léo, tróo.

2. Bilden Sie die Form: „Ich will ... sehen usw. mit obigen Zeitwörtern! (θélo na wlépo).

3. Verneinen Sie die obigen Sätze mit der Partikel „ðen" ðen θélo na wlépo ...

4. Bilden Sie das „Futur" mit θa! Verwenden Sie die obigen Zeitwörter! (θa wlépo).

5. Sprechen Sie und übersetzen Sie: Símera íne Kiriakí (ðewtéra, Tríti, Tetárti). Símera íne (trís, tésseris) Awgústu. I póli íne oréa. I póli ðen íne mikrí, i póli íne megáli. θélete na páte stin Akrópoli? 'Ochi símera (heute), áwrio (morgen) θa páme ekí. Pu íne i akrópoli (Burg)? ðen tin wlépis? I akrópoli íne apáno (oben) sto wunó! Páme apáno? 'Ochi, ðen écho órexi (Lust, Appetit)! Ja-su, fíle!

6. Übersetzen Sie, ohne abzulesen, das Lesestück dieses Tages zurück ins Griechische!

Lektion 5

Donnerstag, 5. August
Auf dem Markt

Πέμπτη,
πέντε Αυγούστου.

Στην αγορά

Συγνώμη, κύριε, πού είναι η
αγορά;
Δεν ξέρω.
Και εγώ είμαι ξένος.
Έρχομαι από την Κρήτη.
Αλλά πρέπει να είναι εδώ κοντά.
Τι θέλετε;
Θέλω να αγοράσω φρούτα.
Τι φρούτα θέλετε, κυρία μου;
Θέλω πορτοκάλια!
Τώρα δεν έχει πορτοκάλια, είναι
καλοκαίρι.
Το καλοκαίρι έχει πεπόνια,

Pémpti,
pénde Awgústu.

Stin agorá

Signómi, kírie, pu íne i
agorá?
ðen xéro.
Ke egó íme xénos.
'Erchome apó tin Kríti.
Allá prépi na íne édó kondá.
Ti θélete?
θélo na agoráso frúta.
Ti frúta θélete, kiría mu?
θélo portokália!
Tóra ðen échi portokália,
íne kalokéri.
To kalokéri échi pepónia,

αχλάδια, σύκα, καρπούζια, και
ωραία, νόστιμα σταφύλια.
Τι να κάνω; Τότε θα πάρω
άσπρα και μαύρα σταφύλια ...
Τώρα θυμάμαι που είναι η αγορά:
εκεί στη μεγάλη πλατεία, πίσω
απ'το σπίτι.
Σας ευχαριστώ πολύ, κύριε ...
Μπράβο! Μιλάτε ελληνικά.
Λίγο. Μαθαίνω ελληνικά, αλλά
είναι πολύ δύσκολα.
Όχι, καθόλου. Μιλάτε ωραία.
Αντίο σας, στο καλό. Γεια!

achládia, síka, karpúsia, ke
oréa, nóstima stafília.
Ti na káno? Tóte θa páro
áspra ke máwra stafília ...
Tṓra θimáme pu íne i agorá:
ekí sti megáli platía, píso
ap' to spíti.
Sas efcharistó polí, kírie ...
Bráwo! Miláte eliniká.
Lígo. Maθéno elliniká, allá
íne polí ðískola.
'Ochi, kaθólu. Miláte oréa.
Addío sas, sto kaló. Ja!

Unser Wortschatz

η Πέμπτη	i Pémpti	der Donnerstag
ο πέμπτος, -η, -ο	o pémptos, -i, -o	der (die, das) fünfte
πέντε	pénde	fünf
πενήντα	penínda	fünfzig
στις πέντε	stis pénde	um fünf (Uhr); am Fünften
η αγορά	i agorá	der Markt
στην αγορά	stin agorá	auf dem Markt
ξέρω	xéro	ich weiß, kenne
δεν ξέρω	ðen xéro	ich weiß nicht
και εγώ	ke egó	auch ich
ξένος, -η, -ο	xénos, -i, -o	fremd; Fremder; Gast
έρχομαι	érchome	ich komme (Reflexivverb)
η Κρήτη	i Kríti	(,,die") Kreta
από την Κρήτη	apó tin Kríti	von (aus) Kreta
πρέπει να ...	prépi na ...	es ist nötig, daß ...
πρέπει να είναι	prépi na íne	es muß sein
εδώ κοντά	eðó kondá	hier in der Nähe
Τι θέλετε;	Ti θélete?	Was wünschen Sie?
θέλω να ...	θélo na ...	ich will daß ...
τα φρούτα	ta frúta	das Obst, die Früchte
Τι φρούτα ...;	Ti frúta?	Was für Obst?
η κυρία	i kiría	die Dame, Frau
οι κυρίες	i kiríes	die Damen, Frauen
Κυρία μου!	Kiría mu!	Gnädige Frau!
το πορτοκάλι	to portokáli	die Orange

τα πορτοκάλια	ta portokália	die Orangen
το καλοκαίρι	to kalokéri	**im Sommer; der Sommer**
το πεπόνι	to pepóni	die Zuckermelone
τα πεπόνια	ta pepónia	die Zuckermelonen
το αχλάδι	to achládi	die Birne
τα αχλάδια	ta achládia	die Birnen
το σύκο, τα σύκα	to síko, ta síka	die Feige, die Feigen
το καρπούζι	to karpúsi	die Wassermelone
τα καρπούζια	ta karpúsia	die Wassermelonen
νόστιμος, -η, -ο	nóstimos, -i, -o	köstlich, schmackhaft
το σταφύλι	to stafíli	die Weintraube
τα σταφύλια	ta stafília	die Weintrauben
νόστιμα σταφύλια	nóstima stafília	köstliche Weintrauben
να κάνω	na káno	(daß) ich mache
Τι να κάνω;	Ti na káno?	Was mache ich denn?
τότε	tóte	dann; damals
θα πάρω	θa páro	(ich) nehme (futurisch)
άσπρος, -η, -ο	áspros, -i, -o	weiß
μαύρος, -η, -ο	máwros, -i, -o	schwarz („rot")
θυμάμαι	θimáme	ich erinnere mich
πού	pu	wo
η πλατεία	i platía	der Platz
στην πλατεία	stin platía	am Platz
πίσω	píso	hinten; hinter
πίσω μου	píso mu	hinter mir
πίσω από ...	píso apó	hinter (Präpos.)
το σπίτι	to spíti	das Haus
τα σπίτια	ta spítia	die Häuser
πίσω απ'το σπίτι	píso ap'to spíti	hinter dem Haus
σας ευχαριστώ (πολύ)	sas efcharistó (polí)	ich danke Ihnen (sehr)
ο κύριος	o kírios	der Herr
οι κύριοι	i kírii	die Herren
Κύριε!	Kírie!	(oh Herr! Mein Herr!
Μπράβο!	Bráwo!	Bravo! Gut so!
μιλάτε	miláte	Sie sprechen (A-Verb)
μιλάω, μιλάς, μιλά(ει)	miláo, milás, milá(i)	(ich) spreche, sprichst, spricht
μιλάμε, μιλάτε, μιλάνε	miláme, miláte, miláne	wir sprechen, ihr sprecht, sie sprechen
ελληνικός, -ή, -ό	ellinikós, -í, -ó	griechisch
ελληνικά	elliniká	griechisch (Adverb)
στα ελληνικά	sta elliniká	im Griechischen
Μιλάτε ελληνικά;	Miláte elliniká?	Sprechen Sie Griechisch?

λίγο	lígo	ein wenig, ein bißchen
λίγος, -η, -ο	lígos, -i, -o	wenig
λιγάκι	ligáki	ein klein wenig
μαθαίνω, -εις, -ει	maθéno, -is, -i	ich lerne, du lernst ...
μαθαίνω ελληνικά	maθéno elliniká	ich lerne griechisch
ο μαθητής	o maθitís	der Schüler
η μαθήτρια	i maθítria	die Schülerin
το μάθημα	to máθima	die Lektion, Stunde
πολύ δύσκολα	polí δískola	sehr schwierig
πολύ εύκολα	polí éfkola	sehr leicht, einfach
καθόλου	kaθólu	überhaupt nicht
ωραία	oréa	schön (Adverb)
μιλάτε ωραία	miláte oréa	Sie sprechen gut (schön)
Αντίο (σας)!	addío (sas)!	Adieu! Tschüß! Auf Wiedersehen!
Στο καλό!	Sto kaló!	Alles Gute! Mach's gut!
Γεια (σου, σας)!	Ja (su, sas)!	Servus! Mach's gut!

Auf dem Markt   Donnerstag, fünfter August

Verzeihung, mein Herr, wo ist der Markt? Ich weiß nicht. Auch ich bin ein Fremder. Ich komme aus Kreta. Aber er muß hier in der Nähe sein. Was wollen Sie? Ich will Obst kaufen. Was für Obst wollen Sie, gnädige Frau? Ich möchte Orangen. Jetzt gibt es keine Orangen, es ist Sommer. Im Sommer gibt es Zuckermelonen, Birnen, Feigen, Wassermelonen, und schöne, köstliche Trauben. Was soll ich tun? Dann nehme ich weiße und schwarze Trauben ... Ah, jetzt erinnere ich mich, wo der Markt ist: dort bei dem großen Platz, hinter dem Haus. Ich danke Ihnen vielmals, mein Herr ... Bravo! Sie sprechen Griechisch. Ein bißchen. Ich lerne Griechisch, aber es ist sehr schwer. Nein, gar nicht. Sie sprechen schön. Auf Wiedersehen, alles Gute! Viel Glück!

Erläuterungen

Das Adverb

Das Adverb kennzeichnet die näheren Umstände einer Handlung oder eines Vorgangs:

Ich esse schnell: tróo grígora.
Es geht mir gut: Ime kalá.

Während im Deutschen als Adverb die Grundform des Adjektivs steht (schnell, gut, schön, langsam, hoch, tief usw.), wird im Griechischen das Adverb mit der **Endung -a** gebildet.

Ausnahmen sind:

eftichós ευτυχώς glücklich(erweise), zum Glück
ðistichós δυστυχώς leider (unglücklicherweise)

Unterscheide:

Ime kalá.	είμαι καλά	Es geht mir gut (Adverb)
Ime kalós.	είμαι καλός	Ich bin gut (Adjektiv)

Akkusativ bei Zeitangaben

Im Griechischen sagt man nicht: „im" Sommer, „im" Frühling usw., sondern einfach „den Sommer", „den" Winter ...

Die wichtigsten Zeitangaben lauten:

ti méra	am Tag, bei Tag	τη μέρα
ti níchta	in der Nacht	τη νύχτα
to proí	am Morgen	το πρωί
to wráði	am Abend, abends	το βράδυ
tin ánixi	im Frühling	την άνοιξη
to kalokéri	im Sommer	το καλοκαίρι
to fθinóporo	im Herbst	το φθινόπωρο
to chimóna	im Winter	το χειμώνα

tin Kiriakí	am Sonntag (= Herrentag)	την Κυριακή
ti ðeftéra	am Montag (= 2. Tag)	τη Δευτέρα
tin Tríti	am Dienstag (= 3. Tag)	την Τρίτη
tin Tetárti	am Mittwoch (= 4. Tag)	την Τετάρτη
tin Pémpti	am Donnerstag (= 5. Tag)	την Πέμπτη

símera to proí	heute morgen	σήμερα το πρωί
áwrio to wráði	morgen abend	αύριο το βράδυ
xtés to mesiméri	gestern mittag	χτες το μεσημέρι

Die Höflichkeitsform

Im Griechischen verwendet man die 2. Person Plural als Höflichkeitsform: Wollt Ihr? Geht Ihr? Habt Ihr?

θέλετε?   Πάτε?   'Εχετε?
Wollen Sie? Gehen Sie? Haben Sie?

Beispiel:

Pínete krasí.	**Ihr** trinkt Wein.
	‚Sie' trinken Wein.
Pínete krasí?	Trinken ‚Sie' Wein?
	Trinkt ihr Wein?
Ti frúta θélete?	Was für Früchte (Obst) wollen ‚Sie'?
	Was für Früchte (Obst) wollt ihr?
θélete tsái?	Wollen Sie Tee?
Pínete kafé?	Trinken Sie Kaffee?

Imperativ (Befehlsform)

Die 2. Person Plural ist zugleich Befehlsform. Es heißt also:

Pínete tsái!	Trinkt Tee!	
	Trinken Sie Tee!	Πίνετε τσάι!
Páte (auch:	Geht nach rechts!	
Pijénete) ðexiá!	Gehen Sie nach rechts!	Πάτε (Πηγαίνετε) δεξιά!
Tróte psomí!	Eßt Brot!	
	Essen Sie Brot!	Τρώτε ψωμί!

Endbetonte Verben (2. Verbgruppe)

Die endbetonten Verben teilt man in die **A-Verben und I-Verben** ein (nach -a oder -i in der Endung). Miláo / „ich spreche" ist ein A-Verb; boró / „ich kann" ist ein I-Verb:

1. Sg.	miláo*	μιλάω	boró	μπορώ
2. Sg.	milás	μιλάς	borís	μπορείς
3. Sg.	milá-i	μιλάει	borí	μπορεί
1. Pl.	miláme	μιλάμε	borúme	μπορούμε
2. Pl.	miláte	μιλάτε	**boríte**	μπορείτε
3. Pl.	miláne	μιλάνε	borún	μπορούν(ε)

* auch: miló möglich

Beachte: Die Verben der I-Gruppe sind bis auf die 2. Person Plural **(boríte / ihr könnt)** identisch mit den Verben der 1. Verbgruppe (écho, échis, échi ...). Nur die Betonung liegt auf der letzten Silbe: efcharistó / ich danke (im Singular). efcharistó, efcharistís, efcharistí; efcharistúme, efcharist**í**te ...

Das Kurzwort „akúo" ακούω: ich höre

1. Sg: akúo ακούω
2. Sg: akús ακούς
3. Sg: akúi ακούει

1. Pl: akúme ακούμε
2. Pl: akúte ακούτε
3. Pl: akúne ακούνε

Befehlsform: áku! άκου! höre! akúte! ακούτε! hört! hören Sie!

Das Imperfekt von „íme" ich bin: ímun ήμουν ich war

Gegenwart (Präsens)		Vergangenheit (Imperfekt)		
1. Sg.	íme	ich bin	ímun	ich war	ήμουν
2. Sg.	íse	du bist	ísun	du warst	ήσουν
3. Sg.	íne	er ist	ítan	er war	ήταν
1. Pl.	ímaste	wir sind	ímaste	wir waren	ήμαστε
2. Pl.	íste	ihr seid	ísaste	ihr waret	ήσαστε
3. Pl.	íne	sie sind	ítan	sie waren	ήταν(ε)

Merke: ímaste: 1. wir sind 2. wir waren (gleichlautend)

Diáfora frúta: Verschiedenes Obst

to kerási	Kirsche	to kástano	Kastanie
to mílo	Apfel	to pepóni	Zuckermelone
to portokáli	Orange	to karpúsi	Wassermelone
to síko	Feige	to stafíli	Weintraube
to karíði	Nuß	to amígðalo	Mandel

Lektion 6

Im Restaurant
Freitag, 6. August

Παρασκευή,	Paraskewí,
έξι Αυγούστου.	éxi Awgústu.

Στο εστιατόριο
Sto estiatório

Αχ, πεινάω πολύ.	Ach, pináo polí.
Και εγώ πεινάω.	Ke egó pináo.
Η ζέστη με κουράζει.	I sésti me kurási.
Έχω όρεξη. Διψώ.	'Echo órexi. ðipsó.
Καημένε μου Γκερντ, ας πάμε σ'ένα εστιατόριο.	Kaiméne mu Gerd, as páme s'éna estiatório.
Εντάξει. Συμφωνώ.	Endáxi. Simfonó.
Κοίτα, αγάπη μου, εκεί στη γωνία έχει ένα ωραίο εστιατόριο.	Kíta, agápi mu, ekí sti gonía échi éna oréo estiatório.
Πώς το λένε;	Pos to léne?
Διαβάζω το όνομά του:	ðiawáso to ónoma tu:
«Τάνταλος». Αυτό μου αρέσει.	„Tándalos". Aftó mu arési.
Λοιπόν, πάμε στον «Τάνταλο».	Lipón, páme ston „Tándalo".

Ορίστε, κύριοι, ελάτε μέσα.	Oríste, kírii, eláte mésa.	
Τι θέλετε για φαγητό;	Ti θélete ja fajitó?	
Έχει ένα κατάλογο, κύριε;	'Echi éna katálogo, kírie?	
Μάλιστα. Ορίστε παρακαλώ!	Málista. Oríste parakaló!	
Όχι τον ελληνικό.	'Ochi ton ellinikó.	
Δε μπορώ να διαβάσω καλά τα ελληνικά γράμματα.	ðe boró na ðiawáso kalá ta elliniká grámmata.	
Έχετε και ένα κατάλογο στα γερμανικά ή στα αγγλικά;	'Echete ke éna katálogo sta jermaniká i sta angliká?	
Μάλιστα, σας φέρνω αμέσως τον αγγλικό, τον ιταλικό, και το γερμανικό κατάλογο.	Málista, sas férno amésos ton angliko, ton italikó, ke to jermanikó katálogo.	
Είστε πολύ ευγενικός, κύριε.	'Iste polí ewjenikós, kírie.	
Τίποτα. Δεν πειράζει ...	Típota. ðen pirási ...	

Unser Wortschatz

η Παρασκευή	i Paraskewí	der Freitag
έξι	éxi	sechs
στις έξι	stis éxi	um sechs (Uhr); am Sechsten
στις έξι Αυγούστου	stis éxi Awgústu	am 6. August
το εστιατόριο	to estiatório	das Restaurant
στο εστιατόριο	sto estiatório	im Restaurant
πεινάω, -άς, -ά(ει)	pináo, -ás, -á(i)	ich habe Hunger
πεινάω πολύ	pináo polí	ich bin sehr hungrig
και εγώ πεινάω	ke egó pináo	auch ich bin hungrig
η ζέστη	i sésti	die Hitze
με κουράζει	me kurási	ermüdet mich
η όρεξη	i órexi	der Appetit, die Lust
καλή όρεξη!	kalí órexi!	guten Appetit!
διψώ, -άς, -ά(ει)	ðipsó, -ás, -á(i)	ich habe Durst
καημένος, -η, -ο	kaiménos, -i, -o	arm, bedauernswert
καημένε μου!	kaiméne mu!	Du Ärmster!
καημένη μου!	kaiméni mu!	Du Ärmste!
Ας πάμε!	As páme!	Komm, gehn wir!
σ'ένα εστιατόριο	s'éna estiatório	in ein(em) Restaurant
συμφωνώ	simfonó	ich bin einverstanden
Κοίτα!	kíta!	Schau! Schau mal!
στη γωνία	sti gonía	an der Ecke
πώς το λένε;	pos to léne?	Wie heißt es?
πώς σε λένε;	pos se léne?	Wie heißt du?
πώς σας λένε;	pos sas léne?	Wie heißen Sie?
πώς τη λένε;	pos ti léne?	Wie heißt sie?

το λένε ...	to léne ...	es heißt ...
τη λένε ...	ti léne ...	sie heißt ...
με λένε ...	me léne ...	ich heiße ...
διαβάζω, -εις, -ει	ðiawáso, -is, -i	(ich) lese, liest ...
το όνομα	to ónoma	der Name
το όνομά του	to ónoma tu	sein Name
το όνομά μου	to ónoma mu	mein Name
ο Τάνταλος	o Tándalos	Tantalos (Sagengestalt)
μου αρέσει ...	mu arési ...	mir gefällt
αυτό μου αρέσει	aftó mu arési	das gefällt mir
δε μου αρέσει	ðe mu arési	es gefällt mir nicht
λοιπόν!	lipón!	also!
Ορίστε!	Oríste!	Bitte sehr!
Κύριοι!	Kírii!	(meine) Herren! Herrschaften!
Ελάτε!	Eláte!	Kommt! Kommen Sie!
Ελάτε μέσα!	Eláte mésa!	Kommen Sie herein!
μέσα	mésa	drinnen, herein, hinein
μέσα στο σπίτι	mésa sto spíti	(drinnen) im/ins Haus
για	ja	für, wegen, nach (Präp.)
για φαγητό	ja fajitó	als Essen, zum Essen
το φαγητό	to fajitó	das Essen
τα φαγητά	ta fajitá	die Speisen, Gerichte
ο κατάλογος	o katálogos	die Speisekarte; Katalog
Ορίστε παρακαλώ!	Oríste parakaló!	hier, bitte sehr!
δεν μπορώ να ...	ðen boró na ...	ich kann nicht ...
να διαβάσω καλά	na ðiawáso kalá	... gut lesen
το γράμμα	to grámma	Buchstabe; Brief
τα γράμματα	ta grámmata	die Buchstaben; Briefe
και ένα	ke éna	auch einen
στα γερμανικά	sta jermaniká	auf deutsch, in deutsch
γερμανικός, -ή, -ό	jermanikós, -í, -ó	deutsch
ο Γερμανός	o Jermanós	der Deutsche
η Γερμανία	i Jermanía	(„die") Deutschland
η Γερμανίδα	i Jermanída	die Deutsche
στα αγγλικά	sta angliká	auf (in) Englisch
αγγλικός, -ή, -ό	anglikós, -í, -ó	englisch
ο Άγγλος	o Anglos	der Engländer
η Αγγλίδα	i Anglíða	die Engländerin
η Αγγλία	i Anglía	(„die") England
ή	i	oder

φέρνω, -εις, -ει	férno, -is, -i	(ich) bringe, bringst ...
σας φέρνω	sas férno	ich bringe Ihnen
αμέσως	amésos	sofort (Adverb)
ιταλικός, -ή, -ό	italikós, -í, -ó	italienisch
στα ιταλικά	sta italiká	in Italienisch
ο Ιταλός	o Italós	der Italiener
η Ιταλίδα	i Italíða	die Italienerin
η Ιταλία	i Italía	(„die") Italien
ευγενικός, -ή, -ό	ewjenikós, -í, -ó	höflich, nett
τίποτα	típota	etwas; nichts
		Hier: Keine Ursache!
δεν πειράζει!	ðen pirási!	(es) macht nichts!

Freitag, sechster August

Im Restaurant

Ach, ich bin sehr hungrig. Auch ich habe Hunger. Die Hitze macht mich müde. Ich habe Appetit. Ich habe Durst. Mein armer Gerd, komm gehn wir in ein Restaurant! In Ordnung. Einverstanden. Schau mal, meine Liebste, dort an der Ecke gibt es ein schönes Restaurant! Wie heißt es? Ich lese seinen Namen: „Tantalos". Das gefällt mir. Also, gehn wir zum „Tantalos"! Bitte sehr, meine Herrschaften, kommen Sie herein! Was wünschen Sie zu essen? Gibt es eine Speisekarte, Herr Ober? Jawohl. Bitte sehr, hier! Nein, nicht die griechische! Ich kann nicht gut lesen die griechischen Buchstaben. Haben Sie auch eine Speisekarte auf Deutsch oder auf Englisch? Gewiß, ich bringe Ihnen sofort die englische, die italienische und die deutsche Speisekarte. Sie sind sehr nett, mein Herr. Keine Ursache. Macht nichts ...

Erläuterungen

Unpersönliche Ausdrücke

Es gibt auch im Griechischen unpersönliche Ausdrücke, wie z. B. échi/es gibt, es hat:

'Echi fajitó?	Έχει φαγητό;	Gibt es Essen?
Ne, échi fajitó.		Ja, es gibt Essen.
ðen échi fajitó?	Δεν έχει φαγητό.	Gibt es kein Essen?
'Ochi, ðen échi fajitó.		Nein, es gibt kein Essen.

Ipárchi neró?	Υπάρχει νερό;	Gibt es Wasser?		
Ne, ipárchi nero.		Ja, es gibt Wasser.		
ðen ipárchi nero?	Δεν υπάρχει νερό;	Gibt es kein Wasser?		
ðen ipárchi neró.		Es gibt kein Wasser.		

Beachte: „Kein Essen" wird mit der Verneinung „ðen" ausgedrückt und bedeutet: nicht Essen.

ðen échi míla.   Es gibt **keine** Äpfel.

Das unpersönliche Verb „prépi"

„Ich muß" wird im Griechischen durch das unpersönliche Verb „prépi" πρέπει + na ausgedrückt und bedeutet: Es ist nötig, daß ...

Beispiel:

Prépi **na** páo.	Es ist nötig, daß ich gehe.
	= Ich muß gehen.
Πρέπει να πάω.	Es muß sein, daß ich gehe.
Prépi **na** páte ðexiá.	Πρέπει να πάτε δεξιά.
Es muß sein, daß Sie rechts gehen.	
= Sie müssen rechts gehen.	
ðen prépi **na** pás.	Du mußt nicht gehen.
Δεν πρέπει να πας.	= Du darfst nicht gehen.
	Du sollst nicht gehen.
ðe prépi **na** pas?	Mußt du nicht gehen?

Die Grundzahlen von 1-10

éna	eins	ένα		éxi	sechs	έξι
ðío	zwei	δύο		eftá	sieben	εφτά
tría	drei	τρία		ochtó	acht	οχτώ
téssera	vier	τέσσερα		enniá	neun	εννιά
pénde	fünf	πέντε		ðéka	zehn	δέκα

Beachte aber: trís fíli   drei Freunde   τρεις ... (männl.).
                 trís fíles drei Freundinnen τρεις ... (weibl.).

tesseris fíli   vier Freunde   τέσσερεις ... (männl.)
tésseris fíles vier Freundinnen τέσσερεις ... (weibl.)

tría peðiá   drei Kinder   τρία παιδιά   (sächlich)
téssera peðiá vier Kinder   τέσσερα ...   (sächlich)

Merke: miá ðrachmí   μια δραχμή   eine Drachme
       dío ðrachmés   δύο δραχμές   zwei Drachmen
       trís ðrachmés τρείς δραχμές   drei Drachmen
       tésseris ðrachmés τέσσερεις δραχμές vier Drachmen
pénde, éxi, eftá, ochtó, enniá, ðéka ðrachmés.
Die Zahlwörter eins, drei und vier werden dekliniert.

Datum und Uhrzeit

Mit den Grundzahlen wird sowohl das Monatsdatum als auch die Uhrzeit gebildet.

Frage nach der Uhrzeit: Ti óra íne? Wieviel Uhr ist es?

Antwort: íne mía.	Es ist eins.	είναι μία.
íne ðío	Es ist zwei.	είναι δύο.
íne trís.	Es ist drei.	είναι τρεις.
íne tésseris.	Es ist vier.	είναι τέσσερεις.
íne pénde.	Es ist fünf.	είναι πέντε.
íne éxi.	Es ist sechs.	είναι έξι.
íne eftá.	Es ist sieben.	είναι εφτά.
íne ochtó.	Es ist acht.	είναι οχτώ.
íne enniá.	Es ist neun.	είναι εννιά.
íne ðéka.	Es ist zehn.	είναι δέκα.

Beachte: Es ist im Griechischen nicht nötig, das Wort „Uhr" / óra hinzuzufügen. Es werden einfach die Grundzahlen durchgezählt. Es heißt aber: mía (eine), trís (drei) und tésseris (vier), weil man óra (weiblich) dazudenkt (Stunde, Uhr). Um auszudrücken: „um" eins, „um" zwei, „um" drei usw., braucht man die Kurzpräposition „s" + ti = sti / stis:

sti mía	um eins	στη μία
stis ðío	um zwei	στις δύο
stis trís	um drei	στις τρεις
stis tésseris	um vier	στις τέσσερεις
stis pénde ...	um fünf ...	στις πέντε

Beim Datum wird genauso gezählt:

Frage: Ti imerominía íne símera?   Τι ημερομηνία είναι
Welches Datum ist heute?   σήμερα;

Antwort: Símera íne ðío Awgústu.   Σήμερα είναι
Heute ist „zwei" des Augusts.   δύο Αυγούστου.

Símera íne trís Julíu.   Σήμερα είναι τρεις Ιουλίου.
Heute ist der dritte Juli.

Will man sagen: „am" zehnten Juni, so ist es genauso wie bei der Uhrzeit:

stis ðío Juníu.	Am zweiten Juni.	στις δύο Ιουνίου
stis tris Julíu.	Am dritten Juli.	στις τρεις Ιουλίου
stis tésseris Maíu.	Am vierten Mai.	στις τέσσερεις Μαΐου
stis pénde Awgústu.	Am fünften August.	στις πέντε Αυγούστου
stis éxi Septemwríu.	Am sechsten Sept.	στις έξι Σεπτεμβρίου
stis eftá Oktowríu.	Am 7. Oktober	στις εφτά Οκτωβρίου
stis ochtó Noemwríu.	Am 8. November.	στις οχτώ Νοεμβρίου
stis déka ðekemwríu.	Am 10. Dezember.	στις δέκα Δεκεμβρίου

Ausnahme: Tin próti Awgústu.   I próti Awgústu.
Am ersten August.   Der erste August.
Την πρώτη Αυγούστου   Η πρώτη Αυγούστου

Redewendungen

Ipárchi eðó éna kaló estiatório?	Gibt es hier ein gutes Lokal?
'Ine aftó to trapési eléfθero?	Ist dieser Tisch frei?
Garsón! Kírie! ðespinís!	Kellner! Herr! Fräulein!
θélo na fáo káti!	Ich will etwas essen!
θélume na piúme káti!	Wir wollen etwas trinken!
Ton katálogo, parakaló!	Die Speisekarte, bitte!
'Echete éna kaló fajitó?	Haben Sie ein gutes Essen?
Ti boríte na mas férete?	Was können Sie uns bringen?
Férte mas mía meríða ...!	Bringen Sie uns eine Portion ...!
'Ena potíri, éna bukáli	Ein Glas, eine Flasche
Kalí órexi!	Guten Appetit!
Efcharistó, epísis!	Danke, gleichfalls!
θélete akóma lígo?	Möchten Sie noch etwas?
Ne, parakaló. Efcharístos!	Ja, bitte! Gerne!

Lektion 7

Samstag, 7. August
Guten Appetit!

Σάββατο,
εφτά Αυγούστου.

Καλή όρεξη!

Καθόμαστε στο εστιατόριο
«Τάνταλος». Είναι απλό, αλλά
όμορφο και καθαρό.
Το τραπέζι είναι μικρό.
Το εστιατόριο είναι μέσα στην
Πλάκα, κάτω απ'την
Ακρόπολη.
Διαβάζω τον κατάλογο, μα δεν
τον καταλαβαίνω.
Λέω: Συγνώμη, μπορώ να πάω
στην κουζίνα, για να κοιτάξω
τα φαγητά;
Βεβαίως, κυρία μου, ελάτε μαζί

Sáwwato,
eftá Awgústu.

Kalí órexi!

Kaθómaste sto estiatório
„Tándalos". 'Ine apló, allá
ómorfo ke kaθaró.
To trapési íne mikró.
To estiatório íne mésa stin
Pláka, káto ap'tin
Akrópoli.
ðiawáso ton katálogo, ma ðen
ton katalawéno.
Léo: Signómi, boró na páo
stin kusína, ja na kitáxo
ta fajitá?
Wewéos, kiría mu, eláte masí

μου. Κοιτάξτε!	mu. Kitáxte!	
Εκεί έχει όλα τα φαγητά.	Ekí échi óla ta fajitá.	
Έτσι δεν πρέπει να διαβάσετε τον κατάλογο. Μπορείτε να τα διαλέξετε με τα μάτια σας.	'Etsi ðen prépi na ðiawásete ton katálogo. Boríte na ta ðialéxete me ta mátia sas.	
Ευχαρίστως. Ω, μυρίζει ωραία!	Efcharístos. O, mirísi oreá!	
Τι είναι αυτό; Κρέας;	Ti íne aftó? Kréas?	
Αυτό είναι αρνάκι, αυτό είναι μοσχάρι ψητό, αυτό είναι χοιρινό, εδώ είναι κεφτέδες και μουσακάς.	Aftó íne arnáki, aftó íne moschári psitó, aftó íne chirinó, eðó íne keftéðes ke musakás.	
Έχουμε απ'όλα, ακόμα και μπριζόλες και σουβλάκια. Διαλέξτε!	'Echume ap'óla, akóma ke brisóles ke suwlákia. ðialéxte!	
Τι να φάω τώρα; Έχω όρεξη για όλα ...	Ti na fáo tóra? 'Echo órexi ja óla ...	

Unser Wortschatz

το Σάββατο	to Sáwwato	der Samstag; am Samstag
η όρεξη	i órexi	der Appetit, die Lust
Καλή όρεξη!	Kalí órexi!	guten Appetit!
κάθομαι, -εσαι, -εται	káθome, -ese, -ete	(ich) setze mich; sitze
απλός, -ή, -ό	aplós, -í, -ó	einfach
όμορφος, -η, -ο	ómorfos, -i, -o	hübsch, schön
καθαρός, -ή, -ό	kaθarós, -í, -ó	sauber, rein
το τραπέζι	to trapési	der Tisch
στο τραπέζι	sto trapési	auf dem Tisch; am Tisch; bei ...
μικρός, -ή, -ό	mikrós, -í, -ó	klein
μέσα στο ...	mésa sto ...	(mitten) im ...
μέσα στη(ν)	mésa sti(n)	(drinnen) in der ...
η Πλάκα	i Pláka	die Plaka (Athener Altstadt)
κάτω	káto	unten, drunten
κάτω από ...	káto apó	unter, unterhalb von (Präp.)
κάτω απ'την Ακρόπολη	káto ap'tin Akrópoli	unterhalb von Akrópolis
καταλαβαίνω, -εις, -ει	katalawéno, -is, -i	(ich) verstehe
Συγνώμη!	Signómi!	Verzeihung!

μπορώ να πάω	boró na páo	ich kann gehen / kann ich gehen?
η κουζίνα	i kusína	die Küche
στην κουζίνα	stin kusína	in die (der) Küche
για να κοιτάξω	ja na kitáxo	um zu sehen; ich will mal sehen!
Βεβαίως!	Wewéos!	gewiß, freilich!
μαζί μου	masí mu	mit mir
Ελάτε μαζί μου!	Eláte masí mu!	Kommen Sie mit mir!
Κοιτάξτε!	Kitáxte!	Schaut! Schauen Sie!
δεν πρέπει να ...	ðen prépi na ...	es ist nicht nötig, daß ...
διαβάσετε	ðiawásete	... daß Sie lesen
μπορείτε να	boríte na ...	Sie können ...
διαλέξετε	ðialéxete	... daß Sie wählen
διαλέγω, -εις, -ει	ðialégo, -is, -i	ich wähle
το μάτι	to máti	das Auge
τα μάτια	ta mátia	die Augen
με τα μάτια σας	me ta mátia sas	mit Ihren Augen
Ευχαρίστως!	Efcharístos!	Gerne! Mit Vergnügen!
μυρίζει	mirísi	es riecht, duftet; stinkt
τι είναι αυτό;	ti íne aftó?	Was ist das?
το κρέας	to kréas	das Fleisch
αυτό είναι ...	aftó íne ...	das ist ...
το αρνάκι	to arnáki	Lamm(fleisch)
το αρνί	to arní	der Hammel; Lamm
το μοσχάρι	to moschári	das Kalb
ψητός, -ή, -ό	psitós, -í, -ó	gebraten
τηγανιτός, -ή, -ό	tiganitós, -í, -ó	gebacken (in der Pfanne)
βραστός, -ή, -ό	wrastós, -í, -ó	gekocht, gedünstet
το χοιρινό	to chirinó	Schweinefleisch
εδώ είναι ...	eðó íne ...	hier ist ...
οι κεφτέδες	i keftéðes	Fleischklöße (Hackfleisch)
ο μουσακάς	o musakás	Musaká (Fleischgebäck)
απ'όλα	ap'óla	von allem
ακόμα, ακόμη	akóma, akómi	noch
η μπριζόλα	i brisóla	das Kotelett
το σουβλάκι	to suwláki	Suwláki (Fleischspießchen)
τα σουβλάκια	ta suwlákia	die Spießchen
τι να φάω;	ti na fáo?	Was soll ich essen?
όρεξη για όλα	órexi ja óla	Appetit auf alles

Samstag, siebter August

Guten Appetit!

Wir setzen uns ins Restaurant „Tantalos". Es ist einfach, aber hübsch und sauber. Der Tisch ist klein. Das Restaurant ist (mitten) in der „Plaka", unterhalb der Akropolis. Ich lese die Speisekarte, aber ich verstehe sie nicht. Ich sage: Verzeihung, kann ich in die Küche gehen, um mir die Speisen anzuschauen? Freilich, gnädige Frau, kommen Sie mit mir! Schauen Sie! Dort sind alle Gerichte. So müssen sie nicht lesen die Speisekarte. Sie können sie mit den Augen aussuchen. Sehr gern! Oh, es riecht gut! Was ist das? Fleisch? Das ist Lammfleisch, das da ist Kalbsbraten, das ist Schweinebraten, da sind Fleischklöße und Musaká. Wir haben von allem noch, auch noch Koteletten und Spießchen. Wählen Sie! Was soll ich nun essen? Ich habe Appetit auf alles ...

Aus einer griechischen Speisekarte

θélo (mía merída) kréas!		Ich will eine Portion Fleisch!
θélo mía (merída) ...:		Ich will eine Portion ...:
arnáki psitó	αρνάκι ψητό	Lammbraten (to arnáki Lamm)
arnáki wrastó	βραστό	gekochtes Lammfleisch
arní psitó	αρνί ψητό	Hammelbraten (arní Lamm, Hammel)
chirinó	χοιρινό	Schwein (to chirinó)
keftéðes	κεφτέδες	Fleischklößchen (i keftédes)
katsikáki	κατσικάκι	Zicklein (to katsikáki)
kimá	κιμά	Hackfleisch (o kimás)
musaká	μουσακά	Fleischgebäck (o musakás)
biftéki	μπιφτέκι	Beefsteak (to biftéki)
brisóla	μπριζόλα	Kotelett (i brisóla)
éna kotópulo	κοτόπουλο	ein Hähnchen
makarónia	Nudeln	dolmaðákia Fleischröllchen
miá súpa	Suppe	psarósupa Fischsuppe
psári	Fisch	garíða Garnele, Krabbe
barbúni	Barbe	supiá Tintenfisch
chortariká	Gemüse	patátes Kartoffeln

melitsánes	Auberginen	choriátiki saláta	Bauernsalat
fasólia	Bohnen	angúri	Gurke
tomátes	Tomaten	eliés	Oliven
spanáki	Spinat	kremíðia	Zwiebeln
piperiés	Paprikaschoten		

to skórðo	σκόρδο	der Knoblauch	
to láði	λάδι	das Öl	
to wútiro	βούτυρο	die Butter	
to xíði	ξύδι	der Essig	
to pipéri	πιπέρι	der Pfeffer	
to aláti	αλάτι	das Salz	

i rígani		das Oregano
i eliá		die Olive
i ðáfni		das Lorbeerblatt
ta chórta		die Kräuter

ta orektiká	Vorspeisen	ορεκτικά	
garíðes	Krabben	γαρίδες	
o mesés	Vorspeise		
to meseðáki	Appetithappen		

awgá Eier / éna awgó wrastó   ein gekochtes Ei
awgá me tirí   Eier mit Käse / awgá mátia   Spiegeleier („Augeneier")
i omelétta Rühreier, Omelett/omelétta me tirí Käse-Omelett

to tirí der Käse / miá féta (tirí) eine Scheibe Schafskäse

Erläuterungen

Der Genitiv

To spíti **tu** fílu   Το σπίτι τού φίλου
Das Haus des Freundes
Ta spítia **ton** fílon   Τα σπίτια των φίλων
Die Häuser der Freunde

Bei den Substantiven auf -os: Gen. Sg. -u

To spíti **tu** patéra   Το σπίτι τού πατέρα
Das Haus des Vaters
Ta spítia **ton** patéron   Τα σπίτια των πατέρων
Die Häuser der Väter

Bei den Substantiven auf -as: Genitiv Sg. -a

To spíti **tis** fílis   Το σπίτι τής φίλης
Das Haus der Freundin
Ta spítia **ton** fil**ón**   Τα σπίτια των φιλών
Die Häuser der Freundinnen

Bei den Substantiven auf -i: Genitiv Sg. -is
Bei den Substantiven auf -a: Genitiv Sg. -as
To spíti **tu** peδ**iú**   Το σπίτι τού παιδιού
Das Haus des Kindes
Ta spítia **ton** peδión   Τα σπίτια των παιδιών
Die Häuser der Kinder

Bei den sächlichen Substantiven Genitiv Sg. -ú.

Beachte: Der Genitiv Plural endet **immer** auf: **-on**.

Übersicht

männlich	Singular		Plural	
des Freundes	tu fílu	φίλου	ton fílon	των φίλων
des Vaters	tu patéra	πατέρα	ton patéron	πατέρων
des Schülers	tu maθití	μαθητή	ton maθitón	μαθητών

weiblich

der Freundin	tis fílis	φίλης	ton filón	φιλών
der Frau	tis jinékas	γυναίκας	ton jinekón	γυναικών

sächlich

des Wassers	tu nerú	νερού	ton nerón	νερών
des Kindes	tu peδiú	παιδιού	ton peδión	παιδιών

Beachte: Auch hier stimmen Artikel und Substantiv in den Endungen weitgehend überein!

Der **Genitiv des bestimmten Artikels** lautet:

	Singular			Plural	
männlich:	tu	des	του	ton	der	των
weiblich:	tis	der	της	ton	der	των
sächlich:	tu	des	του	ton	der	των

Beachte: Der Artikel ton / der / των wird zwar genauso gesprochen wie ton / den / τον, aber in der Schreibung unterschieden.

Der **Genitiv des unbestimmten Artikels** lautet:

männlich:	enós fílu	eines Freundes	ενός φίλου
weiblich:	miás fílis	einer Freundin	μιας φίλης
sächlich:	enós peðiú	eines Kindes	ενός παιδιού

Das Possessivpronomen (besitzanzeigendes Fürwort)

Der Grieche sagt nicht „mein Haus", sondern: „das Haus von mir".

To spíti **mu**. Das Haus „von mir" / mein Haus. το σπίτι μου
To spíti **su**. Das Haus „von dir" / dein Haus. το σπίτι σου
To spíti **tu**. Das Haus „dessen" = sein Haus.

το σπίτι του
To spíti **tis**. Das Haus „deren" / ihr Haus. το σπίτι της
To spíti **mas**. Das Haus „von uns" / unser Haus. το σπίτι μας
To spíti **sas**. Das Haus „von euch" / euer Haus. το σπίτι σας
To spíti **tus**. Das Haus „derer" / ihr Haus. το σπίτι τους

Beachte: Diese Kurzform des Personalpronomens (persönlichen Fürworts) steht immer hinter dem Substantiv und verbindet sich in der Aussprache sehr eng mit ihm: To spítimu.

Beispiele:

To spíti tu fílu mu. Das Haus des Freundes „von mir".
To spíti tis fílis su. Das Haus der Freundin „von dir".
To spíti tis jinékas tu. Das Haus der Frau „von ihm".
Ta spítia ton fílon mas. Die Häuser der Freunde „von uns".
Ta spítia ton fílon sas. Die Häuser der Freundinnen „von euch".
Ta spítia ton peðión tus. Die Häuser der Kinder „von ihnen".

Der Genitiv des Personalpronomens bei unpersönlichen Ausdrücken:

Mu arési.	Mir gefällt.	Mir schmeckt.	μου αρέσει
Su arési.	Dir gefällt.	Dir schmeckt.	σου αρέσει
Tu arési.	Ihm gefällt.	Ihm schmeckt.	του αρέσει
Tis arési.	Ihr gefällt.	Ihr schmeckt.	της αρέσει
Mas arési.	Uns gefällt.	Uns schmeckt.	μας αρέσει
Sas arési.	Euch gefällt.	Euch schmeckt.	σας αρέσει
Tus arési.	Ihnen gefällt.	Ihnen schmeckt.	τους αρέσει

Übersicht über die Formen des Personalpronomens

	Nominativ (stark)		Gen./Dativ (schwach)			Akk. (schwach)	
1. Sg.	egó	ich	εγώ	mu	mir	μου	me	με
2. Sg.	esí	du	εσύ	su	dir	σου	se	σε
3. Sg.	aftós	er	αυτός	tu	ihm	του	ton	τον
	aftí	sie	αυτή	tis	ihr	της	ti(n)	τη(ν)
	aftó	es	αυτό	tu	ihm	του	to	το
1. Pl.	emís	wir	εμείς	mas		μας	mas	μας
2. Pl.	esís	ihr	εσείς	sas		σας	sas	σας
3. Pl.	aftí	sie	αυτοί	tus		τους	tus	τους
	aftés	sie	αυτές	tus			tis	τις
	aftá	sie	αυτά	tus			ta	τα

Das Personalpronomen hat zwei Formen: eine starke, die länger ist, und eine schwache, die kürzer ist.

Beispiele:

Su δíni.	Dir gibt er.	Se wlépi.	Dich sieht er.
Tu δíni.	Ihm gibt er.	Ton wlépi.	Ihn sieht er.
Tis δíni.	Ihr gibt er.	Ti wlépi.	Sie sieht er.
Mas δíni.	Uns gibt er.	Mas wlépi.	Uns sieht er.
Sas δíni.	Euch gibt er.	Sas wlépi.	Euch sieht er.
Tus δíni.	Ihnen gibt er.	Tus wlépi.	Sie sieht er.

Beachte: Die kurze Form steht immer **vor dem Verb!** Es verbindet sich im Sprechen zu einer Einheit: me-wlépi.

Anmerkung:

Es gibt auch einige **Präpositionen,** die mit den Kurzpronomina „mu, su, tu .." verbunden werden:

masí mu	mit mir	μαζί μου	δípla mu	neben mir	δίπλα μου
masí su	mit dir		δípla su	neben dir	
masí tu	mit ihm		δípla tu	neben ihm	

brostá mu	vor mir	μπροστά	píso mu	hinter mir	πίσω μου
brostá su	vor dir	μου	píso su	hinter dir	
brostá tu	vor ihm		píso tu	hinter ihm	

mésa mu	in mir	μέσα μου	kondá mu	bei mir	κοντά μου
mésa su	in dir		kondá su	bei dir (nah)	
mésa tu	in ihm		kondá tu	bei ihm	

Lektion 8

Sonntag, 8. August
Wir haben gut gegessen...

Κυριακή,
οχτώ Αυγούστου.

Φάγαμε καλά ...

Μας άρεσε πάρα πολύ στο
εστιατόριο «Τάνταλος».
Όλα ήταν εντάξει. Περίφημα.
Ο Γκερντ έφαγε αρνί ψητό με
πατάτες. Εγώ έφαγα μια
μπριζόλα με πατάτες τηγανιτές
και σαλάτα.
Ήθελα να δοκιμάσω και το
μοσχάρι ψητό, το κοτόπουλο,
τις ντομάτες γεμιστές, και το
νόστιμο ψάρι που είχε.
Το στομάχι μου όμως είναι
μικρό. Θα τα δοκιμάσω αύριο

Kiriakí,
ochtó Awgústu.

Fágame kalá ...

Mas árese pára polí sto
estiatório „Tándalos".
'Ola ítan endáxi. Perífima.
O Gerd éfaje arní psitó me
patátes. Egó éfaga miá
brisóla me patátes tiganités
ke saláta.
'Ithela na ðokimáso ke to
moschári psitó, to kotópulo,
tis tomátes jemistés, ke to
nóstimo psári pu íche.
To stomáchi mu ómos íne
mikró. Θa ta ðokimáso áwrio

ή μεθαύριο. Τώρα χόρτασα.
Άλλη φορά θέλω να δοκιμάσω και
μια σούπα, το παστίτσιο, το
στιφάδο, το φιλέτο ...
Δε μου λες, έφαγες και μια
χωριάτικη σαλάτα με αγγούρι,
ντομάτες, ελιές, τυρί, πιπεριές;
Ασφαλώς, εγώ την προτιμώ.
Ήπιες και κρασί; Ή ένα ούζο;
Πως! Ήπιαμε ένα κιλό κρασί.
Άσπρο κρασί ή κόκκινο κρασί;
Εγώ ήθελα άσπρο κρασί, αλλά
ο Γκερντ παράγγειλε το κόκκινο.
Έτσι έπρεπε να πιω και εγώ το
κόκκινο κρασί. Στο τέλος, όταν
ήμαστε σχεδόν μεθυσμένοι,
μου άρεσε το κόκκινο.

i meθáwrio. Tóra chórtasa.
'Alli forá θélo na δokimáso ke
miá súpa, to pastítsio, to
stifáδo, to filéto ...
δe mu les, éfajes ke miá
choriátiki saláta me angúri,
domátes, eliés, tirí, piperiés?
Asfalós, egó tin protimó.
'Ipies ke krasí? I éna úso?
Pos! 'Ipiame éna kiló krasí.
'Aspro krasí i kókkino krasí?
Egó íθela áspro krasí, allá
o Gerd parángile to kókkino.
'Etsi éprepe na pió ke egó to
kókkino krasí. Sto télos, ótan
ímaste scheδón meθismáni,
mu árese to kókkino.

Unser Wortschatz

φάγαμε	fágame	wir aßen, haben gegessen
μας άρεσε	mas árese	es gefiel (schmeckte) uns
μου άρεσε	mu árese	mir gefiel, schmeckte
ήταν	ítan	er (sie, es) war
περίφημα	perífima	ausgezeichnet (Adverb)
έφαγε	éfaje	er (sie, es) aß
αρνί ψητό	arní psitó	Hammelbraten, Lammbraten
οι πατάτες	i patátes	die Kartoffeln
τηγανιτές	tiganités	gebratene („Pommes frites")
έφαγα	éfaga	ich aß, habe gegessen
η σαλάτα	i saláta	der Salat
ήθελα ...	íθela	ich wollte ...
... να δοκιμάσω	na δokimáso	... probieren, kosten
δοκιμάζω, -εις, -ει	δokimáso, -is, -i	probieren, kosten
μοσχάρι ψητό	moschári psitó	Kalbsbraten
το κοτόπουλο	to kotópulo	das Hähnchen
η ντομάτα	i domáta	die Tomate
γεμιστός, -ή, -ό	jemistós, -í, -ó	gefüllt
οι ντομάτες	i domátes	die Tomaten
ντομάτες γεμιστές	domátes jemistés	gefüllte Tomaten
το ψάρι	to psári	der Fisch

τα ψάρια	ta psária	die Fische
το νόστιμο ψάρι	to nóstimo psári	der köstliche Fisch
που είχε	pu íche	den es gab
το στομάχι μου	to stomáchi mu	mein Magen
όμως	ómos	aber, jedoch
θα τα δοκιμάσω	θa ta ðokimáso	ich werde sie probieren
αύριο	áwrio	morgen
μεθαύριο	meθáwrio	übermorgen
χόρτασα, -ες, -ε	chórtasa, -es, -e	ich wurde satt (du, er)
χορταίνω	chorténo	ich werde satt
άλλος, -η, -ο	állos, -i, -o	ein anderer, eine andere
άλλη φορά	álli forá	ein andermal
η φορά	i forá	das Mal
μια φορά	miá forá	einmal
δύο φορές	ðío forés	zweimal
θέλω να δοκιμάσω	θélo na ðokimáso	ich will probieren
η σούπα	i súpa	die Suppe
και μια σούπα	ke miá súpa	auch (und) eine Suppe
το παστίτσιο	to pastítsio	Makkaroniauflauf „Pasticcio"
το στιφάδο	to stifáðo	Rindfleisch mit Zwiebeln
το φιλέτο	to filéto	das Filet
δε μου λες, ...	ðe mu les	sag mal, ...
έφαγες	éfajes	du hast gegessen
η χώρα	i chóra	das Land
χωριάτικος, -η, -ο	choriátikos, -i, -o	ländlich, bäuerlich
η χωριάτικη σαλάτα	i choriátiki saláta	Bauernsalat
το αγγούρι	to angúri	die Gurke
τα αγγούρια	ta angúria	die Gurken
η ελιά	i eliá	die Olive
οι ελιές	i eliés	die Oliven
το τυρί	to tirí	der Käse
η πιπεριά	i piperiá	der Paprika, die Pfefferschote
οι πιπεριές	i piperiés	die Paprika-, oder Pfefferschoten
Ασφαλώς!	Asfalós!	Sicher! Bestimmt!
η ασφάλεια	i asfália	Sicherheit
προτιμώ, -άς, -ά(ει)	protimó, -ás, -á(i)	ich bevorzuge
την προτιμώ	tin protimó	ich bevorzuge sie
ήπιες	ípies	du trankst, hast getrunken

το κρασί	to krasí	der Wein
τα κρασιά	ta krasiá	die Weine
ή	i	oder
ή – ή	i – i	entweder – oder
το ούζο	to úso	der Ouzo (Anis-Schnaps)
το ουζάκι	to usáki	ein Gläschen Ouzo
Πως!	Pos!	Sicher! – Doch!
ήπιαμε	ípiame	wir tranken, haben getrunken
και κρασί	ke krasí	auch Wein
το κιλό	to kiló	das Kilo; der Liter
ένα κιλό κρασί	éna kiló krasí	einen Liter Wein
παράγγειλε	parángile	er bestellte
άσπρος – κόκκινος	áspros – kókkinos	weiß – rot
άσπρο κρασί	áspro krasí	Weißwein
κόκκινο κρασί	kókkino krasí	Rotwein
έτσι	étsi	so (beim Verb)
έπρεπε να πιω	éprepe na pió	ich mußte trinken
να πιω	na pió	daß ich trinke
θα πιω	θa pió	ich werde trinken
το τέλος	to télos	das Ende
στο τέλος	sto télos	am Ende
όταν	ótan	als; wenn (zeitlich)
ήμαστε	ímaste	wir waren
σχεδόν	schedon	beinahe, fast
μεθυσμένος, -η, -ο	meθisménos, -i, -o	betrunken
η μέθη	i méθi	Trunkenheit, Rausch

Sonntag, achter August

Wir haben gut gegessen ...

Es gefiel uns sehr gut im Restaurant „Tantalos". Alles war in Ordnung. Ausgezeichnet. Gerd aß Hammelbraten mit Kartoffeln. Ich aß ein Kotelett mit Pommes frites und Salat. Ich wollte gerne auch probieren den Kalbsbraten, das Hähnchen, die gefüllten Tomaten und den köstlichen Fisch, den es gab. Mein Magen aber ist zu klein. Ich werde es morgen probieren, oder übermorgen. Jetzt bin ich satt. Ein andermal will ich probieren auch eine Suppe, den Makkaroniauflauf, das Rindfleisch mit Zwiebeln, das Filet ... Sag mal, hast du auch schon einen Bauernsalat gegessen: mit Gurke, Tomaten, Oliven, Käse und Paprika? Sicher, ich bevorzuge ihn! Hast du auch Wein getrunken? Oder einen Ouzo?

Sicher! Wir tranken einen Liter Wein. Weißen oder roten (schwarzen) Wein? Ich wollte Weißwein, aber Gerd bestellte den roten. So mußte auch ich trinken den Rotwein. Am Ende, als wir beinahe betrunken waren, schmeckte mir der Rote.

Erläuterungen

Das Demonstrativpronomen (hinweisendes Fürwort)

Wie auch im Deutschen das Wort „er" einen hinweisenden Charakter annehmen kann („er da!"), so verhält es sich mit dem griechischen Wort **„aftós"** / er, der

aftós íne o fílos mu.	Αυτός είναι ο φίλος μου.
Der ist mein Freund.	
Aftí íne kalí.	Αυτή είναι καλή.
Die ist gut.	
Aftó mu arési.	Αυτό μου αρέσει.
Das gefällt mir.	

Beachte: Wird aftós, aftí, aftó mit einem Substantiv verbunden, so tritt vor das Substantiv noch der bestimmte Artikel:

Aftós o kírios íne kalós.	Αυτός ο κύριος είναι καλός.
Dieser Herr ist gut.	
Aftí i jinéka íne kalí.	Αυτή η γυναίκα είναι καλή.
Diese Frau ist gut.	
Aftó to peðí íne kaló.	Αυτό το παιδί είναι καλό.
Dieses Kind ist gut.	

Folgende Stellung: Fürwort + Artikel + Substantiv
aftós   o   kírios

oder das Fürwort tritt an das Ende:

Artikel + Substantiv + Fürwort
o   kírios   aftós

Beispiele:

Aftá ta spítia íne oréa.	Diese Häuser sind schön.
Ta spítia aftá íne oréa.	Die Häuser, diese sind schön.
Aftés i jinékes íne orées.	Diese Frauen sind hübsch.
I jinékes aftés íne orées.	Die Frauen, diese sind schön.

Aftí i kírii íne kalí. Diese Herren sind gut.
I kírii aftí íne kalí. Die Herren, diese sind gut.

Dieselbe Stellungsregel gilt bei **ekínos, ekíni, ekíno „jener"** und bei **ólos, óli, ólo „all, ganz"**:

ekínos o fílos	εκείνος ο φίλος	ólos o kósmos	όλος ο κόσμος
jener Freund		„all die Welt"	= alle Welt
o fílos ekínos	ο φίλος εκείνος		= alle Leute
ekíni i fíli	εκείνη η φίλη	óli i Elláda	όλη η Ελλάδα
jene Freundin		ganz Griechenland	
ekíno to peðí	εκείνο το παιδί	ólo to tréno	όλο το τραίνο
jenes Kind		der ganze Zug	
ekíni i fíli mu	εκείνοι οι φίλοι	óli i fíli mu	όλοι οι φίλοι
jene Freunde von mir	μου	all meine Freunde	μου

Das Verb in der Vergangenheit (Imperfekt)

Ähnlich wie im Deutschen hat auch das griechische Zeitwort in der Vergangenheit andere Endungen als in der Gegenwart. Außerdem verändert es häufig seinen Stamm.

Präsens (Gegenwart) und Imperfekt (Vergangenheit) von écho / έχω / haben:

	Präsens		Imperfekt	
1. Sg.	éch-o	έχω	ích-a	είχα
2. Sg.	éch-is	έχεις	ích-es	είχες
3. Sg.	éch-i	έχει	ích-e	είχε
1. Pl.	éch-ume	έχουμε	ích-ame	είχαμε
2. Pl.	éch-ete	έχετε	ích-ate	είχατε
3. Pl.	éch-un(e)	έχουν(ε)	ích-an(e)	είχαν(ε)

Beachte: In den Endungen der Vergangenheit erscheint überwiegend ein a-Laut.

Beispiel: káno / κάνω / mache – ékana / machte / έκανα

	Präsens		Imperfekt	
1. Sg.	káno	κάνω	é-kana	έκανα
2. Sg.	kan-is	κάνεις	é-kan-es	έκανες
3. Sg.	kan-i	κάνει	é-kan-e	έκανε
1. Pl.	kánume	κάνουμε	káname	κάναμε
2. Pl.	kánete	κάνετε	kánate	κάνατε
3. Pl.	kánun(e)	κάνουν(ε)	kánane*	κάνανε

*auch: ékanan

Beachte: Im Singular erscheint regelmäßig das „Vergangenheitszeichen" (Augment) e-, während es in der 1. und 2. Person Plural wegfällt.

Weitere Beispiele:

Mu arési.	Es gefällt mir.	Μου αρέσει.
Mu árese.	Es gefiel mir.	Μου άρεσε.
Thélo na agoráso.	Ich will kaufen.	Θέλω να αγοράσω.
'Ithela na agoráso.	Ich wollte kaufen.	'Ήθελα να αγοράσω.
Píno éna krasí.	Ich trinke Wein.	Πίνω ένα κρασί.
'Ipia éna krasí.	Ich trank Wein.	'Ήπια ένα κρασί.

Ein ganz anderer Stamm erscheint bei tróo / ich esse:

Tróo patátes.	Ich esse Kartoffeln.	Τρώω πατάτες.
'Efaga patátes.	Ich aß Kartoffeln.	'Έφαγα πατάτες.

Tróo (éfaga) gehört zu den sogenannten unregelmäßigen Verben.

Plural auf -ádes, -édes, -údes

Eine Gruppe von zumeist endbetonten Substantiven erfährt im Plural eine Erweiterung der Endung.

o papás	der Priester	i papádes	οι παπάδες
o wasiliás	der König	i wasiliádes	οι βασιλιάδες
o psarás	der Fischer	i psarádes	οι ψαράδες
o musakás	„Musakás"	i musakádes	οι μουσακάδες
o kafés	der Kaffee	i kafédes	οι καφέδες
o keftés	das Klößchen	i keftédes	οι κεφτέδες
o kanapés	das Kanape	i kanapédes	οι καναπέδες
o kafedzís	der Café-Wirt	i kafedzídes	οι καφετζήδες
o tawerniáris	der Wirt	i tawerniárides	οι ταβερνιάρηδες
o pappús	der Opa	i pappúdes	οι παππούδες
i alepú	der Fuchs („die")	i alepúdes	οι αλεπούδες
i maimú	der Affe („die")	i maimúdes	οι μαϊμούδες
i jajá	die Oma	i jajádes	οι γιαγιάδες

Beachte: Diese Endungen sind jedoch viel seltener als die Normalendungen auf -és (i fíles Freundinnen).

Redewendungen: „Im Restaurant"

Θélo na pliróso!	Ich will zahlen.
To logariasmó, parakaló!	Die Rechnung bitte!
Θa ta pliróso óla masí.	Ich zahle alles zusammen.
Plirónume choristá!	Wir bezahlen getrennt.
Addío sas! Chérete!	Aufwiedersehen! Guten Tag
'Ora kalí!	Alles Gute!
Kalí ðiaskéðasi!	Viel Vergnügen!

Lektion 9

Montag, 9. August
In unserem Hotel

Δευτέρα,
εννέα Αυγούστου.

Στο ξενοδοχείο μας

Βρισκόμαστε ακόμα στο ίδιο
ξενοδοχείο.
Λέγεται «Απόλλων» και είναι
μέσα στο κέντρο τής πόλης.
Ωστόσο υπάρχει ησυχία.
Το δωμάτιο μας είναι καλό,
μεγάλο και τα έχει όλα: κρύο
και ζεστό νερό, δύο άνετα
κρεβάτια με άσπρα σεντόνια και
καθαρές κουβέρτες, μαξιλάρια,
μια ντουλάπα, τρεις καρέκλες,
μια πολυθρόνα, θέρμανση
για το χειμώνα, ένα τασάκι, δύο

δewtéra,
ennéa Awgústu.

Sto xenoðochío mas

Wriskómaste akóma sto íðio
xenoðochío.
Léjete „Apóllon" ke íne
mésa sto kéndro tis pólis.
Ostóso ipárchi isichía.
To ðomátio mas íne kaló,
megálo ke ta échi óla: krío
ke sestó neró, ðío áneta
krewátia me áspra sendónia ke
kaθarés kuwértes, maxilária,
miá dulápa, trís karékles,
miá poliθróna, θérmansi
ja to chimóna, éna tasáki, ðío

πετσέτες, δύο σαπούνια, ένα κουδούνι για την καμεριέρα, και ένα τηλέφωνο με κατάλογο. Η τουαλέττα και το μπάνιο είναι έξω, δίπλα στο δωμάτιο. Μα το ντούς είναι μέσα. Το ξενοδοχείο ανήκει στη δευτέρη κατηγορία, όχι στην τρίτη. Η τιμή είναι τριακόσιες δραχμές τή μέρα. Αρκετά φτηνά. Το χτίριο έχει τέσσερα πατώματα. Εμείς καθόμαστε στο τρίτο πάτωμα. Στο πρώτο πάτωμα έχει το εστιατόριο και το σαλόνι. Με το ασσανσέρ ανεβαίνουμε απάνω. Μια καμαριέρα καθαρίζει το δωμάτιό μας, και της δίνουμε ένα μικρό φιλοδώρημα. Γελάει χαρούμενα και μας φιλάει. Μας είπε πως έρχεται από ένα νησί – δε θυμάμαι το όνομα – και είναι πολύ φτωχή. Ο θυρωρός και ο διευθυντής είναι πάντα εδώ και μας βοηθάνε πολύ. Τι άλλο θέλουμε; Είμαστε ευχαριστημένοι με όλα. Από δω μπορούμε να πάμε παντού με τα πόδια μας. Δε χρειαζόμαστε ούτε ταξί ούτε λεωφορείο. Είμαστε κοντά στην Ομόνοια, στο Σύνταγμα, στην Βουλή, στον Εθνικό κήπο, στον μουσείο, στον Πανεπιστήμιο, και ακριβώς κάτω απ'τήν Ακρόπολη. Μόνο η μπρίζα για την ξυριστική μηχανή είναι χαλασμένη, το φώς δεν ανάβει, το τηλέφωνο δε λειτουργεί, η λάμπα χάλασε,	petsétes, ðío sapúnia, éna kuðúni ja ti kameriéra, ke éna tiléfono me katálogo. I tualétta ke to bánio íne éxo, ðípla sto ðomátio. Ma to dús íne mésa. To xenoðochío aníki sti ðewtéri katigoría, óchi stin tríti. I timí íne triakósies ðrachmés ti méra. Arketá ftiná. To chtírio échi téssera patómata. Emís kaθómaste sto tríto pátoma. Sto próto pátoma échi to estiatório ke to salóni. Me to assansér anewénume ápano. Miá kamariéra kaθarísi to ðomátió mas, ke tis ðínume éna mikró filoðórima. Jelái charúmena ke mas filái. Mas ípe pos érchete apó éna nisí – ðe θimáme to ónoma – ke íne polí ftochí. O θirorós ke o ðiefθindís íne pánda eðó ke mas woiθáne polí. Ti alló θélume? 'Imaste efcharistiméni me óla. Apó ðó borúme na páme pandú me ta póðia mas. ðe chriasómaste úte taxí úte leofório. 'Imaste kondá stin Omónia, sto Síntagma, stin Wulí, ston Eθnikó kípo, ston musío, ston Panepistímio, ke akriwós káto ap'tin Akrópoli. Móno i brísa ja tin xiristikí michaní íne chalasméni, to fos ðen anáwi, to tiléfono ðe liturgí, i lámba chálase,

το κλειδί δεν ταιριάζει, το
παράθυρο δεν κλείνει καλά,
δεν τρέχει ζεστό νερό, και η
βρύση στάζει ... δεν πειράζει!

to klíði ðen teriási, to
paráθiro ðen klíni kalá,
ðen tréchi sestó neró, ke i
wrísi stási ... ðen pirási!

Unser Wortschatz

στο ξενοδοχείο μας	sto xenoðochío mas	in unserem Hotel
βρίσκομαι	wrískome	ich befinde mich
βρισκόμαστε	wriskómaste	wir befinden uns
ακόμα	akóma	noch
ο ίδιος, -α, -ο	ó íðios, -ia, -io	derselbe, dieselbe, dasselbe
λέγομαι	légome	ich nenne-mich
λέγεται	léjete	er (sie, es) nennt sich
ο Απόλλων	o Apóllon	Apollon (griech. Gott)
μέσα στο κέντρο	mésa sto kendro	im Zentrum
της πόλης	tis pólis	der Stadt (Gen.)
ωστόσο	ostóso	dennoch
υπάρχει	ipárchi	es gibt, ist vorhanden
η ησυχία	i isichía	die Ruhe
ήσυχος, -η, -ο	ísichos, -i, -o	ruhig
το δωμάτιο μας	to ðomátió mas	unser Zimmer
τα έχει όλα	ta échi óla	es hat alles
άνετος, -η, -ο	ánetos, -i, -o	bequem
το κρεβάτι	to krewáti	das Bett
δύο κρεβάτια	ðío krewátia	zwei Betten
το σεντόνι	to sendóni	das Laken, Bettuch
άσπρα σεντόνια	áspra sendónia	weiße Laken
καθαρός, -ή, -ό	kaθarós, -í, -ó	sauber, rein
η κουβέρτα (-ες)	i kuwérta	die Decke
καθαρές κουβέρτες	kaθarés kuwértes	saubere Decken
το μαξιλάρι (-ια)	to maxilári (-ia)	das Kissen
η ντουλάπα	i dulápa	der Schrank
η καρέκλα (ες)	i karékla	der Stuhl
η πολυθρόνα (-ες)	i políθróna (-es)	der Sessel
η θέρμανση	i θérmansi	die Heizung
ο χειμώνας	o chimónas	der Winter
για το χειμώνα	ja to chimóna	für den Winter
το τασάκι (-ια)	to tasáki (-ia)	der Aschenbecher
η πετσέτα (-ες)	i petséta (-es)	das Handtuch
το σαπούνι (-ια)	to sapúni (-ia)	die Seife

το κουδούνι (-ια)	to kuðúni (-ia)	die Klingel
η καμεριέρα (-ες)	i kameriéra (-es)	das Zimmermädchen
το τηλέφωνο (-α)	to tiléfono (-a)	das Telefon
ο κατάλογος	o katálogos	das Telefonbuch
το μπάνιο (-ια)	to bánio (-ia)	das Bad
έξω – μέσα	éxo – mésa	draußen – drinnen
δίπλα στο ...	ðípla sto ...	neben dem ...
το ντούς	to dús	die Dusche
ανήκει στη(ν) ...	aníki sti(n) ...	gehört zu ...
δεύτερη κατηγορία	ðéfteri katigoría	zweite Kategorie
η κατηγορία	i katigoría	die Kategorie
η τιμή (-ές)	i timí (-és)	der Preis
η δραχμή (-ές)	i ðrachmí (-és)	die Drachme (ca. 5 Pf.)
τριακόσιες δραχμές	triakósies ðrachmés	dreihundert Drachmen
μέρα (-ες)	méra	der Tag
αρκετά	arketá	ziemlich
το χτίριο (-ια)	to chtírio (-ia)	das Gebäude
τέσσερα πατώματα	téssera patómata	vier Stockwerke
το πάτωμα	to pátoma	das Stockwerk
καθόμαστε	kaθómaste	wir sitzen; wohnen
κάθομαι	káθome	ich sitze; wohne
στο πρώτο πάτωμα	sto próto pátoma	im ersten Stock
το εστιατόριο	to estiatório	hier: Speisesaal
το σαλόνι	to salóni	der Salon
το ασσανσέρ	to assansér	der Aufzug
ανεβαίνω, -εις	aneuéno, -is	ich fahre hinauf
απάνω – κάτω	apáno – káto	hinauf – hinunter
κατεβαίνω, -εις	kateuéno, -is	ich fahre (gehe) hinunter
καθαρίζω, -εις	kaθaríso	ich reinige, putze
δίνω, -εις	ðíno, -is	ich gebe
της δίνουμε	tis ðínume	wir geben ihr
το φιλοδώρημα	to filoðórima	das Trinkgeld
γελάω, -άς	jeláo, -ás	ich lache (A-Verb)
χαρούμενος, -η, -ο	charúmenos, -i, -o	froh, fröhlich
χαρούμενα	charúmena	fröhlich (Adverb)
η χαρά (-ές)	i chará	die Freude
φιλάω, -άς	filáo, -ás	ich küsse (I-Verb)
μας φιλάει	mas filái	sie küßt uns
είπα, -ες, -ε	ípa, -es, -e	(ich) sagte, sagtest ...
μας είπε	mas ípe	sie sagte uns
πως έρχεται	pos érchete	daß sie kommt ...
έρχομαι	érchome	ich komme
το νησί (-ιά)	to nisí (-ía)	die Insel

(δε) θυμάμαι	(ðe) θimáme	ich erinnere mich (nicht)
το όνομα	to ónoma	der Name
τα ονόματα	ta onómata	die Namen
φτωχός	ftochós	arm
ο θυρωρός	o θirorós	der Pförtner
ο διευθυντής	o ðiefθindís	der Direktor
βοηθάω, -άς	woiθáo, -as	ich helfe (A-Verb)
η βοήθεια	i woíθia	die Hilfe
τι άλλο θέλουμε;	ti állo θélume?	Was wollen wir sonst?
ευχαριστημένος, -η, -ο	efcharistiménos	zufrieden
με όλα	me óla	mit allem
μπορούμε να πάμε	borúme na páme	wir können gehen
παντού	pandú	überall(hin)
με τα πόδια μας	me ta pódia mas	zu Fuß
χρειαζόμαστε	chriasómaste	wir brauchen
χρειάζομαι	chriásome	ich brauche
ούτε – ούτε	úte – úte	weder – noch
το ταξί (-ιά)	to taxí (-iá)	das Taxi
το λεωφορείο (-εία)	to leoforío (-ía)	der Bus
κοντά στην ...	kondá stin ...	in der Nähe von der ...
η Ομόνοια	i Omónia	„Eintracht" (Platz)
το Σύνταγμα	to Síndagma	„Verfassung" (Platz)
η Βουλή	i Wulí	Parlament
ο κήπος	o kípos	der Garten
εθνικός, -ή, -ό	eθnikós, -í, -ó	national
ο εθνικός κήπος	o eθnikós kípos	der Nationalgarten (Park)
το μουσείο	to musío	das Museum
το πανεπιστήμιο	to panepistímio	die Universität
η επιστήμη	i epistími	die Wissenschaft
ακριβώς	akriwós	genau (Adverb)
ακριβός, -ή, -ό	akriwós, -í, -ó	teuer (Adjektiv)
κάτω από ...	káto apó ...	unterhalb von ...
μόνο	móno	nur
μόνος, -η, -ο	mónos, -í, -ó	allein, einsam
η μπρίζα	i brísa	die Steckdose
η μηχανή (-ές)	i michaní (-és)	die Maschine, Gerät
η ξυριστική μηχανή	i xiristikí michaní	der Rasierapparat
χαλασμένος, -η, -ο	chalasménos, -i, -o	kaputt

(Fortsetzung siehe Seite 232)

Montag, neunter August

In unserem Hotel

Wir befinden uns noch immer im selben Hotel. Es heißt „Apollon" und ist (mitten) im Zentrum der Stadt. Dennoch gibt es Ruhe. Unser Zimmer ist gut, groß und hat alles: kaltes und warmes Wasser, zwei bequeme Betten mit weißen Laken und sauberen Decken, Kissen, einen Schrank, drei Stühle, einen Sessel, eine Heizung für den Winter, einen Aschenbecher, zwei Handtücher, zwei Stück Seife, eine Klingel für das Zimmermädchen und ein Telefon mit Telefonbuch. Die Toilette und das Bad sind draußen, neben dem Zimmer. Aber die Dusche ist drinnen. Das Hotel gehört zu der zweiten Kategorie, nicht zur dritten. Der Preis beträgt dreihundert Drachmen den Tag. Ziemlich billig. Das Gebäude hat vier Stockwerke. Wir wohnen im dritten Stock. Im ersten Stock gibt es den Speisesaal und den Salon. Mit dem Aufzug fahren wir hoch. Ein Zimmermädchen reinigt unser Zimmer, und wir geben ihr ein kleines Trinkgeld. Sie lacht froh und küßt uns. Sie sagte uns, daß sie kommt von einer Insel — ich erinnere mich nicht an den Namen — und sehr arm ist. Der Pförtner und der Direktor sind stets hier und helfen uns viel. Was wollen wir sonst? Wir sind zufrieden mit allem. Von hier aus können wir überallhin zu Fuß gehen. Wir brauchen weder Taxi noch Bus. Wir sind in der Nähe der „Omónia", des „Syntagma", des Parlaments, des Volksgartens, des Museums, der Universität, und genau unterhalb der Akropolis. Nur die Steckdose für den Rasierapparat ist kaputt, das Licht geht nicht an, das Telefon funktioniert nicht, die Birne ist kaputt, der Schlüssel paßt nicht, das Fenster schließt nicht gut, es läuft kein heißes Wasser, und der Hahn tröpfelt ... macht nichts!

Erläuterungen

Die griechischen Fragewörter

Die meisten griechischen Fragewörter beginnen mit „p" und entsprechen so den deutschen W-Wörtern: Wer, was, welch, wie, wo, warum, wo, usw.

Piós íne ekí?	Wer ist da?	Ποιός είναι εκεί;
Pu íne ...?	Wo ist ...?	Πού είναι ...;
Pu páte?	Wohin gehen Sie?	Πού πάτε;
Pos se léne?	Wie heißt du?	Πώς σε λένε;
Póso kostísi?	Wieviel kostet?	Πόσο κοστίζει;
Póte θá páme?	Wann gehen wir?	Πότε θα πάμε;
Póso keró ...?	Wie lange (Zeit)?	Πόσο καιρό;
Apó pu íste?	Woher sind Sie?	Από πού είστε;

Eine Ausnahme bildet das Fragewort für „was?": ti? τι;

Ti íne aftó?	Was ist das?	Τι είναι αυτό;
Ti θélete?	Was wünschen Sie?	Τι θέλετε;
Ti frúta θélis?	Was für Obst willst du?	Τι φρούτα ...;
Ti óra íne?	Wieviel Uhr ist es?	Τι ώρα ...;
Ti jinéka íne?	Was für eine Frau ist sie?	Τι γυναίκα ...;

„Warum"? heißt jatí? γιατί;! Es ist zusammengesetzt aus der Präposition „ja"/για (für, wegen) und dem Fragewort „was", heißt also eigentlich: Für was? Jatí ðe pás spíti? Warum gehst du nicht heim. – Jatí íse eðó? Warum bist du hier?

Die Frage „welcher" wird mit „piós, -á, -ó gebildet:

Se pió xenodochío ménis? Σε ποιό ξενοδοχείο ...;
In welchem Hotel wohnst du?

Apó piá póli íse? Από ποιά πόλη ...?;
Von welcher Stadt bist du?

Me pió tréno θa páte? Με ποιό τραίνο ...;
Mit welchem Zug fahren Sie?

Beachte: Piós, -á, -ó wird adjektivisch gebraucht.

Übersicht über die Grundzahlen von 1–1000

1 éna	ένα	11 én-ðeka	έν-δεκα
2 ðío	δύο	12 ðó-ðeka	δώ-δεκα
3 tría	τρία	13 ðeka-tría	δεκα-τρία
4 téssera	τέσσερα	14 ðeka-téssera	δεκα-τέσσερα
5 pénde	πέντε	15 ðeka-pénde	δεκα-πέντε
6 éxi	έξι	16 ðeka-éxi	δεκα-έξι
7 eftá	εφτά	17 ðeka-eftá	δεκα-εφτά
8 ochtó	οχτώ	18 ðeka-ochtó	δεκα-οχτώ
9 enniá	εννιά	19 ðeka-enniá	δεκα-εννιά
10 ðéka	δέκα	20 íkosi	είκοσι

21 íkosi-éna	είκοσι-ένα	26 íkosi-éxi	είκοσι-έξι
22 íkosi-ðío	είκοσι-δύο	27 íkosi-eftá	είκοσι-εφτά
23 íkosi-tría	είκοσι-τρία	28 íkosi-ochtó	είκοσι-οχτώ
24 ikosi-téssera	είκοσι-τέσσερα	29 íkosi-enniá	είκοσι-εννιά
25 ikosi-pénde	είκοσι-πέντε	30 triánda	τριάντα

Beachte: Die Zehner sind Ableitungen der Einer

3 tría	30 triánda	7 eftá	70 ewðomínda
4 téssera	40 saránda	8 ochtó	80 ogðónda
5 pénde	50 penínda	9 enniá	90 enenínda
6 éxi	60 exínda		100 ekató

Die reinen Hunderter werden wie Adjektive verwendet und richten sich nach dem Geschlecht des Substantivs. Sie sind Zusammensetzungen der Einer mit -kósii, -ies, -ia:

100 ekató (ohne Endung)	100 εκατό
200 ðia-kósii, -ies, -ia	200 διακόσια
300 tria-kósii, -ies, -ia	300 τριακόσια
400 tetra-kósii, -ies, -ia	400 τετρακόσια
500 penda-kósii, -ies, -ia	500 πεντακόσια
600 exa-kósii, -ies, -ia	600 εξακόσια
700 efta-kósii, -ies, -ia	700 εφτακόσια
800 ochta-kósii, -ies, -ia	800 οχτακόσια
900 ennia-kósii, -ies, -ia	900 εννιακόσια
1000 chílii, -ies, -ia	1000 χίλια

Beispiel: 200 Drachmen: ðiakósies ðrachmés
400 Äpfel   tetrakósia míla
600 Menschen: exakósii ánθropi

Pluralendung der weiblichen Substantive auf -η

Eine relativ kleine Gruppe von weiblichen Substantiven endet im Nominativ und Akkusativ Plural nicht, wie gewohnt, auf -es/-ες, sondern auf -is/-εις.

Beispiel: i póli die Stadt; i pólis die Städte

Singular		Plural	
Nom.:	i póli	η πόλη	i pólis	οι πόλεις
Gen.:	tis pólis	της πόλης	ton pól**eon**	των πόλεων
Dat.:	stin póli	στην πόλη	stis pólis	στίς πόλεις
Akk.:	tin póli	την πόλη	tis pólis	τίς πόλεις

Beachte: Im Genitiv Plural wird anstelle von -oń-ων die erweiterte Endung -eon/-εων verwendet. Diese Endung ist nicht endbetont!

Genauso werden dekliniert:

Singular		Plural
i prófasi	Vorwand	i profásis, -eon
i kiwérnisi	Regierung	i kiwernísis, -eon
i práxi	Tat, Praxis	i práxis, -eon
i exéresi	Ausnahme	i exerésis, -eon
i ipóθesi	Angelegenheit	i ipoθésis, -eon
i katástasi	Zustand	i katastásis, -eon
i stási	Haltestelle	i stásis, -eon

Die Anredeform (Vokativ):

Die **Substantive auf -os** haben einen eigenen Anredefall (Vokativ). Die Vokativ-Endung ist -e.

kírios	Herr	kíri-e!	Mein Herr!	Κύριε!
fílos	Freund	fíle!	Mein Freund!	Φίλε!
ánθropos	Mensch	ánθrope!	Oh Mensch!	'Άνθρωπε!
θirorós	Pförtner	θiroré!	Pförtner!	Θυρωρέ!
ðáskalos	Lehrer	ðáskale!	Herr Lehrer!	Δάσκαλε!

Die **Wörter auf -as/-is** verlieren im Anredefall das -s:

patéras	Vater	patéra!	Vater!	Πατέρα!
mástoras	Meister	mástora!	Meister!	Μάστορα!
májiras	Koch	májira!	Koch!	Μάγειρα!

In allen anderen Fällen ist die Anrede wie im Deutschen: Man verwendet den Nominativ Singular oder Plural.

kiría mu!	Gnädige Frau!	kíri-i!	Meine Herren!
agápi mu!	Meine Liebe!	fíli!	Freunde!

Beachte: Namen wie z. B. Níkos (Νίκος) und Jórjos (Γιώργος) ruft man ebenfalls ohne -s: Níko! Jórgo!

Lektion 10

Ein Ausflug
Dienstag, 10. August

Τρίτη,
δέκα Αυγούστου.

Tríti,
δéka Awgústu.

Μια εκδρομή

Σήμερα κάνουμε μια εκδρομή
στο Σούνιο. Φεύγουμε από την
Αθήνα με το λεωφορείο.
Φεύγουμε στις εννέα το πρωί.
Το ταξίδι είναι κουραστικό,
αλλά και πολύ ωραίο.
Ο ήλιος λάμπει. Ο ουρανός είναι
γαλάζιος. Δεν έχει ούτε ένα
συννεφάκι. Περνάμε από μερικές
πόλεις και πολλά χωριά.
Στα χωράφια γύρω-γύρω όλο το
πράσινο είναι καμμένο από την
πολλή ζέστη. Έτσι είναι το

Miá ekðromí

Símera kánume miá ekðromí
sto Súnio. Féwgume apó tin
Aθína me to leoforío.
Féwgume stis ennéa to proí.
To taxíði íne kurastikó,
allá ke polí oréo.
O ílios lámbi. O uranós íne
galásios. ðen échi úte éna
sinnefáki. Pernáme apó merikés
pólis ke pollá choriá.
Sta choráfia jíro-jíro ólo to
prásino íne kamméno apó tin
pollí sésti. 'Etsi íne to

καλοκαίρι στο νότο: ένας καύσωνας!	kalokéri sto nóto: énas káfsonas!	
Βλέπουμε πολλά δέντρα: μηλιές, λεμονιές, πορτοκαλιές, συκιές και τα ωραία πεύκα.	Wlépume pollá ðéndra: miliés, lemoniés, portokaliés, sikiés, ke ta oréa péfka.	
Φτάνουμε στο Σούνιο το μεσημέρι.	Ftánume sto Súnio to mesiméri.	
Εκεί κοιτάζουμε μετά το φαγητό τα αρχαία. Μας δείχνουν και το ναό τού Ποσειδώνα κοντά στη θάλασσα.	Ekí kitásume metá to fajitó ta archéa. Mas ðíchnun ke to naó tu Posiðóna kondá sti θálassa.	
Φυσάει πάρα πολύ εδώ.	Fisaí pára polí eðó.	
Μετά κάνουμε και το μπάνιο μας στη θάλασσα. Έχει πολλά βράχια.	Metá kánume ke to bánio mas sti θálassa. 'Echi pollá wráchia.	
Το βράδυ βλέπουμε το ηλιοβασίλεμα.	To wráði wlépume to iliowasílema.	
Αργά τη νύχτα γυρίζουμε στην Αθήνα.	Argá ti níchta jirísume stin Aθína.	
Είμαστε πολύ κουρασμένοι και πάμε αμέσως στο κρεβάτι.	'Imaste polí kurasméni ke páme amésos sto krewáti.	
Καληνύχτα!	Kaliníchta!	

Unser Wortschatz

η εκδρομή	i ekðromí	der Ausflug
σήμερα	símera	heute
το Σούνιο	to Súnio	Kap Sunion (bei Athen)
φεύγω, -εις, -ει	féwgo, -is, -i	ich fahre ab
φεύγουμε	féwgume	wir fahren ab
κουραστικός, -ή, -ό	kurastikós, -í, -ó	ermüdend, anstrengend
λάμπω, -εις	lámbo, -is	scheinen, strahlen
ο ουρανός	o uranós	der Himmel
γαλάζιος, -ια, -ιο	galásios, -ia, -io	blau
δεν έχει	ðen échi	es gibt nicht
ούτε ένα ...	úte éna	nicht einmal ein ...
το σύννεφο (-α)	to sínnefo (-a)	die Wolke
το συννεφάκι	to sinnefáki	das Wölkchen
περνάω, -άς	pernáo, -ás (A-Verb)	ich fahre (komme) vorbei
περνάμε	pernáme	wir kommen vorbei
από	apó	von; an; durch (Präp.)
μερικοί	merikí	mehrere, einige
μερικές	merikés	einige (weiblich)

οι πόλεις	i pólis, -eon	die Städte
το χωριό (-ιά)	to chorió (-iá)	das Dorf
το χωράφι (-ια)	to choráfi (-ia)	Feld, Acker
γύρω	jíro	rings
γύρω-γύρω	jíro-jíro	ringsherum
γύρω από	jíro apó	rings um ...
γύρω στο ...	jíro sto	rund um, rings um ...
πράσινος, -η, -ο	prásinos, -i, -o	grün
το πράσινο	to prásino	das Grün
καμμένος, -η, -ο	kamménos, -i, -o	verbrannt
καίω, -εις	kéo, -is	verbrenne; brenne
ο νότος	o nótos	der Süden
ο καύσωνας	o káfsonas	die Glut(hitze)
το μήλο (-α)	to mílo (-a)	der Apfel
η μηλιά (-ές)	i miliá (-és)	der Apfelbaum
το λεμόνι (-ια)	to lemóni (-ia)	die Zitrone
η λεμονιά (-ές)	i lemoniá (-iés)	der Zitronenbaum
το πορτοκάλι (-ια)	to portokáli (-ia)	die Orange
η πορτοκαλιά (-ές)	i portokaliá (-iés)	der Orangenbaum
το σύκο (-α)	to síko (-a)	die Feige
η συκιά (-ιές)	i sikiá (-iés)	der Feigenbaum
το πεύκο (-α)	to péfko (-a)	die Pinie, Fichte
φτάνω, -εις	ftáno, -is	ich komme an
το μεσημέρι	to mesiméri	am Mittag; der Mittag
το φαγητό (-ά)	to fajitó (-á)	das Essen
μετά το φαγητό	metá to fajitó	nach dem Essen
αρχαίος, -α, -ο	archéos, -a, -o	antik, altertümlich
τα αρχαία	ta archéa	die Altertümer
δείχνω, -εις	ðíchno, -is	ich zeige
μας δείχνουν	mas ðíchnun	sie zeigen uns; man zeigt
ο ναός (-οί)	o naós (-í)	der Tempel, die Kirche
ο Ποσειδώνας	o Posiðónas	Poseidon (griech. Gott)
του Ποσειδώνα	tu Posiðóna	des Poseidon
φυσάει	fisái	es zieht; ist windig
το μπάνιο	to bánio	das Bad
κάνουμε το μπάνιο μας	kánume to bánio mas	wir nehmen unser Bad
ο βράχος	o wráchos	der Felsen
τα βράχια	ta wráchia	die Felsen
το βράδυ	to wráði	abends, am Abend
το ηλιοβασίλεμα	to iliowasílema	der Sonnenuntergang
αργά	argá	spät; langsam
αργώ, -είς	argó, -ís (I-Verb)	verspäte mich

τη νύχτα	ti níchta	nachts
γυρίζω, -εις	jiríso, -is	ich komme zurück
ο γύρος	o jíros	die Rundreise; Kreis
κουρασμένοι	kurasméni	müde, ermüdet
αμέσως	amésos	sofort (Adverb)
στο κρεβάτι	sto krewáti	im Bett; ins Bett
πάμε στο κρεβάτι	páme sto krewáti	wir gehen ins Bett
καληνύχτα!	kaliníchta!	Gute Nacht!

Dienstag, zehnter August

Ein Ausflug

Heute machen wir einen Ausflug nach Kap Sunion. Wir fahren ab von Athen mit dem Bus. Wir fahren um neun Uhr morgens ab. Die Reise ist ermüdend, aber auch sehr schön. Die Sonne scheint. Der Himmel ist blau. Es gibt (da) nicht mal ein Wölkchen. Wir kommen vorbei an mehreren Städten und vielen Dörfern. Auf den Feldern ringsum ist alles Grün verbrannt von der vielen Hitze. So ist es im Sommer im Süden: eine Gluthitze! Wir sehen viele Bäume: Apfelbäume, Zitronenbäume, Orangenbäume, Feigenbäume und die schönen Pinien. Wir kommen an in Sunion um Mittag. Dort schauen wir nach dem Essen die Altertümer an. Man zeigt uns auch den Tempel des Poseidon nah am Meer. Es ist hier sehr windig. Nachher nehmen wir auch unser Bad im Meer. Es gibt viele Felsen. Am Abend sehen wir den Sonnenuntergang. Spät nachts kehren wir nach Athen zurück. Wir sind sehr müde und gehen sofort ins Bett. Gute Nacht!

Erläuterungen

Die Verneinung im Satz

Die grundsätzliche Verneinungspartikel heißt „δe(n) δε(ν); sie steht vor dem Verb:

δe se wlépo.	Ich sehe dich nicht.	Δε σε βλέπω.
δen íne eδó.	Er ist nicht hier.	Δεν είναι εδώ.
δen écho leftá.	Ich habe **kein** Geld.	Δεν έχω λεφτά.

Das Griechische hat keine reinen „Verneinungswörter", wie etwa im Deutschen: nichts, niemand, nirgends. Die entsprechenden griechischen Wörter können nämlich auch positive Bedeutung tragen.

Beispiele:

'Echis típota?	Hast du etwas?	Ἔχεις τίποτα;
ðen écho típota.	Ich habe nichts.	Δεν έχω τίποτα.
Xéris kanéna?	Weißt du jemand?	Ξέρεις κανένα;
ðen xéro kanéna.	Ich weiß niemand.	Δεν ξέρω κανένα.
θa pas puθená?	Gehst du irgendwohin?	Θα πας πουθενά;
ðe θa páo puθená.	Ich geh nirgendwohin.	Δε θα πάω πουθενά.
Su arési kaθólu?	Gefällt es dir überhaupt?	
ðen mu arési kaθólu.	Es gefällt mir überhaupt nicht.	

Aber: Als Kurzantwort auf die Frage „'Echis típota?" genügt auch einfach: „Típota!" Es heißt dann: „Nichts!" Xéris kanéna? Weißt du jemand? Antwort: Kanéna! Niemand! – θa pas puθená? Antwort: Puθená! Nirgendwohin! – Su arési kaθólu? Antwort: Kaθólu! Überhaupt nicht!

Die Verneinung wird also in Gedanken ergänzt.

Ähnlich: 'Efages poté musaká?   Poté!
       Hast du jemals Musaká gegessen? Nie!

Oder: Poté ðen ícha leftá. Nie hatte ich Geld.

Verwechseln Sie nicht: Póte? Wann – Poté! Nie!

Beachte: In **kanénas** steckt der unbestimmte Artikel „énas, miá, éna". Darum heißt es auch: **kanénas, kamiá, kanéna:**

kanénas fílos	irgendein/kein Freund	κανένας φίλος
kamiá jinéka	irgendeine/keine Frau	καμιά γυναίκα
kanéna peðí	irgendein/kein Kind	κανένα παιδί

Die Uhrzeit: Stunden und Minuten

Der Grieche zählt zuerst die vollen Stunden. Dazu zählt er die Minuten bis zur halben Stunde. Ab da rechnet er von der nächsten vollen Stunde zurück.

Beispiele:

'Ine éxi.	Es ist sechs.
'Ine éxi ke pénde.	Es ist sechs, und fünf. (Fünf nach sechs)
'Ine éxi ke δéka.	Es ist sechs, und zehn. (Zehn nach sechs)
'Ine éxi ke tétarto.	Es ist sechs, und Viertel. (Viertel nach sechs)
'Ine éxi ke íkosi.	Es ist sechs, und zwanzig. (zwanzig nach sechs)
'Ine éxi ke **misí**.	Es ist sechs, und einhalb. (½ sieben)
'Ine **eftá** pará íkosi.	Es ist zwanzig vor sieben.
'Ine eftá pará tétarto.	Es ist Viertel vor sieben.
'Ine eftá pará δéka.	Es ist zehn vor sieben.
'Ine eftá pará pénde.	Es ist fünf vor sieben.
'Ine eftá (i óra).	Es ist sieben (Uhr).

Beachte: Man rechnet hier einfach mit Plus und Minus; ke/καί heißt „und, plus"; pará/παρά heißt „weg, minus".

Diese Rechnung wiederholt sich bei allen anderen Zahlen, bzw. Zeitangaben: z. B. pénde ke misí = 5 plus ½!

Ausdrücke:

sti mía	= um ein Uhr	**katá** ti mía	= gegen eins
stis δío	= um zwei ...	**katá** tis δío	= gegen zwei ...

apó tis ochtó ... von acht Uhr an
os tis ochtó ... bis acht Uhr

stis δéka to proí	um zehn Uhr morgens
to mesiméri	am Mittag
stis trís to apójema	um drei Uhr nachmittags
stis éxi to wráδi	um sechs Uhr abends
stis énδeka ti níchta	um elf Uhr nachts
ta mesánichta	um Mitternacht

Merke:
	katá	bedeutet „gegen ... Uhr"
	apó	bedeutet „von ... Uhr an"
	os	bedeutet „bis ... Uhr"
	méchri	bedeutet „bis ... Uhr"
	éna tétarto	eine Viertelstunde (ein Viertel)
	misí óra	eine halbe Stunde

Einfache Präpositionen

Im Griechischen gibt es einfache und zusammengesetzte Präpositionen. Die einfachen stehen alle mit dem Akkusativ.

apó (von):

'Imaste apó to Mónacho.
Wir sind von München.
Είμαστε από το Μόναχο.

Apó to proí ós to wráði.
Vom Morgen bis zum Abend.
Από το πρωί ως το βράδυ.

já (für, wegen):

To fajitó íne já ton patéra.
Das Essen ist für den Vater.
Το φαγητό είναι για τον πατέρα.

Tin agapái já tin omorfiá tis.
Er liebt sie wegen ihrer Schönheit.
Την αγαπάει για την ομορφιά της.

Jatí? Weshalb?
Jaftó! Deshalb!

me (mit):

Taxiðéwi me ti mitéra tis.
Sie reist mit ihrer Mutter.
Ταξιδεύει με τη μητέρα της.

metá (nach):

Metá to fajitó θa pao.
Nach dem Essen gehe ich.
Μετά το φαγητό θα πάω.

méchri (bis):

Apó to Mónacho méchri tin Aθína.
Από το Μόναχο μέχρι την Αθήνα.
Von München bis (nach) Athen.

pará (trotz):

Pará ti sésti káno wólta.
Trotz der Hitze gehe ich spazieren.
Παρά τη ζέστη κάνω βόλτα.

ós (bis):

Os tis ðéka Awgústu.
Bis zum zehnten August.
Ως τις δέκα Αυγούστου.

Beachte: Hierher gehört auch die **Kurzpräposition „s"/„se"** mit ihren vielen Bedeutungen rund um einen Ort: an, auf, in, bei, zu, hin, nach. Auch als Dativ-Ersatz wird sie verwendet.

Ableitung auf -iá

Durch die Endung -iá wird das Substantiv für die Frucht zur Bezeichnung des entsprechenden Baumes.

Frucht:		Frucht-Baum:	
to mílo	Apfel	i miliá	Apfelbaum
to síko	Feige	i sikiá	Feigenbaum
to lemóni	Zitrone	i lemoniá	Zitronenbaum
to portokáli	Orange	i portokaliá	Orangenbaum
to achláði	Birne	i achlaðiá	Birnbaum
to kerási	Kirsche	i kerasiá	Kirschbaum

Diese Baumnamen sind durchwegs weiblichen Geschlechts. Im Plural enden sie auf -iés.

Lektion 11

Mittwoch, 11. August
Was machen wir morgen?

Τετάρτη,
ένδεκα Αυγούστου.

Τι θα κάνουμε αύριο;

Αύριο θα κάνουμε μια εκδρομή
στην Αίγινα. Θα φύγουμε από
την Αθήνα με το πλοίο.
Θα φύγουμε στις ένδεκα το πρωί.
Το ταξίδι δε θα είναι πολύ
κουραστικό, μα ωραίο.
Ο ήλιος θα λάμπει. Ο ουρανός
θα είναι πάλι γαλάζιος. Δεν θα
έχει κανένα σύννεφο. Θα
συναντήσουμε άλλα καράβια.
Θα δούμε γύρω μας τους γλάρους
και τα κύματα τής θάλασσας.
Θα έχουμε δροσιά και αέρα.

Tetárti,
éndeka Awgústu.

Ti θa kánume áwrio?

'Awrio θa kánume miá ekðromí
stin 'Ejína. θa fígume apó
tin Aθína me to plío.
θa fígume stis éndeka to proí.
To taxíði ðe θa íne polí
kurastikó, ma oréo.
O ílios θa lámbi. O uranós
θa íne páli galásios. ðen θa
échi kanéna sínnefo. θa
sinandísume álla karáwia.
θa ðúme jíro mas tus glárus
ke ta kímata tis θálassas.
θa échume ðrosiá ke aéra.

Θα φτάσουμε περίπου το μεσημέρι.
Εκεί θα κοιτάξουμε τη μικρή πόλη, την κωμόπολη, την ωραία παραλία, το γιαλό και θα δούμε τα αρχαία. Θα μας δείξουν και τον ξακουστό ναό απ'τήν αρχαία εποχή. Μετά θα κάνουμε το μπάνιο μας στη θάλασσα.
Θα δούμε και το ηλιοβασίλεμα.
Το βράδυ θα γυρίσουμε στην Αθήνα.
Αυτή η μέρα θα είναι μια πολύ καλή ανάμνηση για μας.
Δε θα την ξεχάσουμε ποτέ.

θa ftásume perípu to mesiméri.
Ekí θa kitáxume ti mikrí póli, tin komópoli, tin oréa paralía, to jaló ke θa ðúme ta archéa. θa mas ðíxun ke ton xakustó naó ap' tin archéa epochí. Metá θa kánume to bánio mas sti θálassa.
θa ðúme ke to iliowasílema.
To wráði θa jirísume stin Aθína.
Aftí i méra θa íne miá polí kalí anámnisi ja mas.
ðe θa tin xechásume poté!

Unser Wortschatz

θα	θa	„bald, gleich" (Futurpartikel)
να	na	„daß" (Wunschpartikel)
τι θα κάνουμε;	ti θa kánume?	Was werden wir machen?
τι να κάνουμε;	ti na kánume?	Was sollen wir machen?
σήμερα	símera	heute
χτές – αύριο	chtes – áwrio	gestern – morgen
η Αίγινα	i 'Ejina	(„die") Ägina (Insel bei Athen)
θα φύγουμε	θa fígume	wir werden abfahren
φεύγω (φύγω)	féwgo (fígo)	ich fahre ab (Form I/II)
το πλοίο	to plío	das Schiff
δε θα είναι ...	ðe θa íne ...	es wird nicht sein ...
θα λάμπει	θa lámbi	wird scheinen
λάμπω (λάμψω)	lámbo (lámpso)	scheinen (Form I/II)
πάλι, ξανά	páli, xaná	wieder
δε θα έχει	ðe θa échi	wird nicht haben
δε ... κανένα	ðe ... kanéna	nicht ... eine (= keine)
κανένας	kanénas	einer (keiner)
δε ... κανένας	ðe ... kanénas	nicht ... einer (= keiner)
το σύννεφο (-α)	to sínnefo (-a)	die Wolke
συναντώ, -άς	sinandó, -ás	begegnen, treffen (i-Verb)

συναντώ (συναντήσω)	sinandó (sinandíso)	begegnen, treffen (Form I/II)
θα συναντήσω	θa sinandíso	ich werde treffen
το καράβι (-ια)	to karáwi (-ia)	das Schiff
θα δούμε	θa ðúme	wir werden sehen
βλέπω (δώ)	wlépo (ðo)	ich sehe (Form I/II)
γύρω μας	jíro mas	rings um uns
ο γλάρος (-οι)	o gláros (-i)	die Möwe
τους γλάρους	tus glárus	die Möwen (Akk.)
το κύμα	to kíma	die Welle
τα κύματα	ta kímata	die Wellen
της θάλασσας	tis θálassas	des Meeres (Gen.)
θα έχουμε	θa échume	wir werden haben
η δροσιά	i ðrosiá	die Kühle, Frische
ο αέρας	o aéras	die Luft; der Wind
θα φτάσουμε	θa ftásume	wir werden ankommen
φτάνω (φτάσω)	ftáno (ftáso)	ich komme an (Form I/II)
περίπου	perípu	ungefähr
το μεσημέρι	to mesiméri	der Mittag; am Mittag
θα κοιτάξουμε	θa kitáxume	wir werden sehen
κοιτάζω (κοιτάξω)	kitáso (kitáxo)	ich sehe (Form I/II)
η μικρή πόλη	i mikrí póli	die kleine Stadt
η κωμόπολη	i komópoli	die Kleinstadt
η παραλία	i paralía	die Küste, der Strand, Kai
ο γιαλός	o jalós	der Strand
θα μας δείξουν	θa mas ðíxun	man wird uns zeigen
δείχνω (δείξω)	ðíchno (ðíxo)	ich zeige (Form I/II)
ξακουστός, -ή, -ό	xakustós, -í, -ó	berühmt
η εποχή (-ές)	i epochí (-és)	die Epoche
η αρχαία εποχή	i archéa epochí	die antike Epoche
θα κάνουμε	θa kánume	wir (werden) machen
θα κάμουμε	θa kámume	wir (werden) machen (Form II)
κάνω (κάμω)	káno (kámo)	ich mache (Form I/II)
θα γυρίσουμε	θa jirísume	wir werden zurückkehren
γυρίζω (γυρίσω)	jiríso (jiríso)	ich kehre zurück (I/II)
αυτός, -ή, -ό	aftós, -í, -ó	dieser; er
αυτή η μέρα	aftí i méra	dieser Tag
θα είναι	θa íne	wird sein
η ανάμνηση	i anámnisi	die Erinnerung

για μας	já mas	für uns
δε θα την	ðe θa tin	wir werden sie nicht ...
ξεχάσουμε ποτέ	xechásume poté	(nie) vergessen
θα ξεχάσουμε	θa xechásume	wir werden vergessen
ξεχνάω (ξεχάσω)	xechnáo (xecháso)	ich vergesse (I/II)
πότε;	póte?	wann?
ποτέ!	poté!	nie! niemals!
δε θα ... ποτέ	ðe θa ... poté	wir werden ... nie

Mittwoch, elfter August

Was machen wir morgen?

Morgen machen wir einen Ausflug nach Ägina. Wir fahren von Athen mit dem Schiff ab. Wir fahren um 11 Uhr morgens. Die Reise wird nicht sehr anstrengend sein, aber schön. Die Sonne wird scheinen. Der Himmel wird wieder blau sein. Er wird keine einzige Wolke haben. Wir werden anderen Schiffen begegnen. Wir sehen dann um uns die Möwen und die Wellen des Meeres. Wir werden Frische und Wind haben. Wir kommen gegen Mittag an. Dort werden wir die kleine Stadt anschauen, den Marktflecken, den schönen Strand, die Küste, und wir sehen die Altertümer. Man wird uns auch den berühmten Tempel aus der antiken Zeit zeigen. Danach machen wir unser Bad im Meer. Wir werden auch den Sonnenuntergang sehen. Abends kehren wir nach Athen zurück. Dieser Tag wird immer eine sehr gute Erinnerung für uns sein: Wir werden ihn nie vergessen!

Erläuterungen

Haupt- und Nebenform des griechischen Verbs

Fast jedes griechische Verb hat eine Haupt- und eine Nebenform. Die **Hauptform** ist die Form der Gegenwart: pérno/nehme, kitáso/sehe, píno/trinke, gráfo/schreibe usw. ...

Die **Nebenform** ist häufig eine Verkürzung oder Veränderung der Hauptform:

pér-no	παίρνω	pí-no	πίνω	gráf-o	γράφω
pár-o	πάρω	pi-ó	πιώ	gráps-o	γράψω

Die Nebenform übernimmt mehr Bedeutungen als die Hauptform, die nur auf die Gegenwart abzielt.

Im Wörterverzeichnis werden künftig immer Haupt- und Nebenform aufgeführt, z. B.: pérno (páro); píno (pió) usw.
Beachte: Die Nebenform erscheint jedoch fast nie allein (außer in der Befehlsform). Sie benötigt stets die vorausgehenden Partikel „θα"/θά oder „na"/να.

Dadurch bekommt das Verbum seine genaue Bedeutung.

Die Konjugation entspricht der der Verben der 1. Verbgruppe.

Übersicht und Vergleich: pérno – páro (ich nehme)

Hauptform		Nebenform	
1. Sg.:	pérn-o	παίρνω	pár-o	πάρω
2. Sg.:	pérn-is	παίρνεις	pár-is	πάρεις
3. Sg.:	pérn-i	παίρνει	pár-i	πάρει
1. Pl.:	pérn-ume	παίρνουμε	pár-ume	πάρουμε
2. Pl.:	pérn-ete	παίρνετε	pár-ete*	πάρετε
3. Pl.:	pérn-un	παίρνουν	pár-un	πάρουν

*auch verkürzt: pár-te

Beispiele:

θélo na pérno.	Ich will nehmen.	θέλω να παίρνω.
θélo na páro.	Ich will nehmen.	θέλω να πάρω.
θélo na gráfo.	Ich will schreiben.	θέλω να γράφω.
θélo na grápso.	Ich will schreiben.	θέλω να γράψω.

Merke: Weitaus häufiger wird die **Nebenform** verwendet! Prägen Sie sich also diese (Kurz-)Form gut ein!

„Na" + Nebenform des Zeitworts

Durch die Partikel „na" / νά (eigentlich: „daß") bekommt die Nebenform viele Bedeutungen: Möglichkeit, Zweifel; Wunsch, Aufforderung, Bitte.

Die Partikel „na" steht allein vor dem Verbum und bedeutet wörtlich: na páro = „daß" ich nehme.

Beispiele:

Na páro.	Na páris	Na páro?
Ich soll nehmen.	Du sollst nehmen.	Soll ich nehmen?
Ich darf nehmen.	Du darfst nehmen.	Darf ich nehmen?
	Du mußt nehmen =	Muß ich nehmen?
	nimm!	Nehme ich ...?
		Ob ich nehme ...?

Na grápso?	Ti na grápso?
Soll ich schreiben?	Was soll ich schreiben?
Ob ich schreibe?	Was muß ich schreiben?
	Was schreibe ich denn?
Darf ich schreiben?	Was könnte ich schreiben? usw.

Na grápsete to grámma!
Ihr sollt den Brief schreiben! = Schreibt doch den Brief!
Sie sollen den Brief schreiben! Schreiben Sie (doch) den Brief!

Die Nebenform des Zeitworts als Befehlsform

Einen Befehl oder eine Aufforderung kann man mit der Nebenform auf zwei Arten ausdrücken:

Schwachform (mit na)	**Starkform** (ohne na)
Na gráps-ete! να γράψετε!	Gráps-te! γράψτε!
Schreibt doch!	Schreibt!
Schreiben Sie doch!	Schreiben Sie!
Na pár-ete! να πάρετε!	Pár-te! πάρτε!
Nehmt doch!	Nehmt!
Nehmen Sie doch!	Nehmen Sie!
Na pár-is! να πάρεις!	Pár-e! πάρε!
Nimm doch!	Nimm!
Na gráps-is! να γράψεις!	Graps-e! γράψε!
Schreib doch!	Schreib!

Beachte dazu: Der Imperativ Singular heißt: gráps-e!

Weitere Möglichkeiten sind:

Na grápso?	Ja na grápso!
Soll ich schreiben?	Ich schreibe mal!
Na grápsume?	As grápsume!
Ob wir schreiben?	Schreiben wir doch!
Sollen wir schreiben?	Laßt uns (mal) schreiben!

Beachte dazu: Durch „ja na" und „as" wird die Aufforderung noch etwas mehr differenziert und deutlich gemacht.

„θa" + Nebenform des Verbums = Futur

Eine weitere wichtige Verwendung der Nebenform des Verbums ist die Bildung des Futurs (Zukunft) durch Vorsetzung von „θa" / θα / (wörtlich: „gleich, bald"):

θa grápso	θα γράψω	bald schreib ich = ich werde schreiben
θa grápsis	θα γράψεις	du wirst schreiben
θa grápsi	θα γράψει	er wird schreiben
θa grápsume	θα γράψουμε	wir werden schreiben
θa grápsete	θα γράψετε	ihr werdet schreiben
θa grápsun	θα γράψουν	sie werden schreiben

Beachte: Auch hier bitte in der Regel die Nebenform des Zeitworts verwenden. (Die Hauptform ist sehr selten: sie würde bedeuten, daß man das **immer** oder sehr **oft** macht.)

Ergebnis: Die Nebenform nimmt in der neugriechischen Sprache eine beherrschende Stellung ein. Die Häufigkeit ihres Vorkommens hat bewirkt, daß ihre Formen in der Sprache fester verwurzelt sind als die Formen des Hauptstammes (= Präsensstamm). Auch wenn im Lexikon die Hauptform angegeben ist, benötigt man doch viel öfter die Nebenform (nicht „gráfo", sondern „grápso").

Verneinung: „Mi(n)" / μη(ν) + **Nebenform**

Der Satz „Na min páris!" Daß du nicht nimmst! = Nimm ja nicht! wird verkürzt zu: **Min páris! Nimm nicht!**

Beispiele:

Mi grápsis!	Schreib nicht!	Μη γράψεις!
Mi grápsete!	Schreibt nicht!	Μη γράψετε!

Beachte: Der verneinte Imperativ wird ausgedrückt durch μη(ν)/mi(n) mit den Formen der να (na)-Konstruktion.

Lektion 12

Ein Brief nach Deutschland
Donnerstag, 12. August

Πέμπτη,
δώδεκα Αυγούστου.

Ένα γράμμα για τη Γερμανία

Αγαπητή μου Αγγέλικα, σου
στέλνω ένα γράμμα από το
ταξίδι μου στην Ελλάδα.
Μέχρι τώρα όλα ήταν θαύμα.
Προχτές κάναμε μια εκδρομή
στό Σούνιο με το λεωφορείο.
Χτες πήγαμε στην Αίγινα.
Είναι ένα θαυμάσιο νησί κοντά
στην Αθήνα. Φύγαμε από τον
Πειραιά με το πλοίο.
Το ταξίδι δεν ήταν καθόλου

Pémpti,
ðóðeka Awgústu.

'Ena grámma ja ti Jermanía

Agapití mu Angélika, su
stélno éna grámma apó to
taxíði mu stin Elláða.
Méchri tóra óla ítan θáwma.
Prochtés káname miá ekðromí
sto Súnio me to leoforío.
Chtes pígame stin 'Ejina.
'Ine éna θawmásio nisí kondá
stin Aθína. Fígame apó ton
Pireá me to plío.
To taxíði ðen ítan kaθólu

κουραστικό αλλά ενδιαφέρον.	kurastikó allá enðiaféron.
Ο ήλιος έλαμπε. Ο ουρανός ήταν	O ílios élambe. O uranós ítan
γαλάζιος και δεν είδα κανένα	galásios ke ðen íða kanena
συννεφάκι. Είδαμε πολλά	sinnefáki. 'Íðame pollá
καράβια στο λιμάνι, κοιτάζαμε	karáwia sto limáni, kitásame
γύρω μας τους γλάρους και τα	jíro mas tus glárus ke ta
κύματα τής θάλασσας.	kímata tis θálassas.
Είχαμε δροσιά και φρέσκο αέρα.	'Ichame ðrosiá ke frésko aéra.
Φτάσαμε στο νησί το μεσημέρι.	Ftásame sto nisí to mesiméri.
Φάγαμε καλά, ήπιαμε καλά,	Fágame kalá, ípiame kalá,
κοιτάξαμε την κωμόπολη και	kitáxame tin komópoli ke
κάναμε μια μικρή βόλτα στην	káname mia mikrí wólta stin
παραλία.	paralía.
Καθίσαμε σ'ένα καφενείο στο	Kaθísame s' éna kafenío sto
ύπαιθρο και ακούσαμε λίγη	ípeθro ke akúsame líji
μουσική.	musikí.
Μετά μας έδειξαν και τον ξακουστό	Metá mas éðixan ke ton xakustó
ναό απ'την αρχαία εποχή.	naó ap' tin archéa epochí.
Βγάλαμε και μερικές φωτο-	Wgálame ke merikés foto-
γραφίες απ'το τοπίο, τις	grafíes ap' to topío, tis
εκκλησίες και τους ανθρώπους,	ekklisíes ke tus anθrópus,
που μένουνε εκεί.	pu ménune ekí.
Έπειτα κάναμε και το μπάνιο	'Epita káname ke to bánio
μας. Είδαμε και το ηλιοβασί-	mas. 'Íðame ke to iliowasí-
λεμα.	lema.
Ήταν θαύμα, αλήθεια.	'Itan θáwma, alíθia.
Μετά πήραμε ξανά το καράβι	Metá pírame xaná to karáwi
και το βράδυ γυρίσαμε στην	ke to wráði jirísame stin
Αθήνα. Όλα αυτά μου έκαναν	Aθína. 'Ola aftá mu ékanan
μεγάλη εντύπωση.	megáli endíposi.
Όταν θα είμαστε παλι στην	'Otan θa ímaste páli stin
Γερμανία, θα σου δείξουμε	Jermanía, θa su ðíxume
αμέσως όλες τις φωτογραφίες	amésos óles tis fotografíes
που βγάλαμε εδώ.	pu wgálame eðó.
Εγκάρδιους χαιρετισμούς	Enkárðius cheretismús
στον άντρα σου,	ston ándra su,
η φίλη σου Έλγκα.	i fíli su 'Elga.

Unser Wortschatz

το γράμμα	to grámma	der Brief
τα γράμματα	ta grámmata	die Briefe
για τη ...	ja ti ...	für die, nach der ...

αγαπητός, -ή, -ό	agapitós, -í, -ó	lieb
σου στέλνω	su stélno	ich sende dir
στέλνω (στείλω)	stélno (stílo)	ich sende (Form I/II)
μέχρι τώρα	méchri tóra	bis jetzt
Θαύμα!	θáwma!	(das Wunder) wunderbar!
το θαύμα (-ατα)	to θáwma (-ata)	das Wunder
προχτές -χτές	prochtés – chtes	vorgestern – gestern
κάναμε	káname	wir machten
πήγαμε	pígame	wir gingen, fuhren
πάω (πήγα)	páo (píga)	ich gehe; (ich ging)
θαυμάσιος, -ια, -ιο	θawmásios, -ia, -io	wundervoll
το νησί (-ιά)	to nisí (-iá)	die Insel
κοντά στην ...	kondá sti(n) ...	in der Nähe von der ...
φύγαμε	fígame	wir fuhren ab
φεύγω (έφυγα)	féwgo (éfiga)	ich fahre ab (fuhr ab)
ο Πειραιάς	o Pireás	der Piräus (Hafenstadt)
το πλοίο (-οια)	to plío (-ía)	das Schiff
δεν ήταν ...	ðen ítan	es war nicht
καθόλου	kaθólu	überhaupt; überhaupt nicht
ενδιαφέρον	enðiaféron	interessant
έλαμπε	élambe	war am Scheinen, schien
δεν είδα	ðen íða	ich sah nicht
κανένα σύννεφο	kanéna sínnefo	eine Wolke; keine Wolke
βλέπω (είδα)	wlépo (íða)	ich sehe (sah)
το λιμάνι (-ια)	to limáni (-ia)	der Hafen
το καράβι (-ια)	to karáwi (-ia)	das Schiff
γύρω μας	jíro mas	rings um uns
είχαμε	íchame	wir hatten
έχω (είχα)	écho (ícha)	ich habe (hatte)
φρέσκος, -ια, -ο	fréskos, -ia, -o	frisch
φρέσκος αέρας	fréskos aéras	frische Luft
φτάσαμε	ftásame	wir kamen an
φτάνω (έφτασα)	ftáno (éftasa)	ich komme an (kam an)
φάγαμε	fágame	wir aßen, haben gegessen
τρώω (έφαγα)	tróo (éfaga)	ich esse (aß)
ήπιαμε	ípiame	wir tranken
πίνω (ήπια)	píno (ípia)	ich trinke (trank)
πίνω/πιω/ήπια	píno/pió/ípia	trinke I/II/trank
κοιτάξαμε	kitáxame	wir schauten an
κοιτάζω (κοίταξα)	kitáso (kítaxa)	ich schaue an (schaute an)

κάναμε (κάμαμε)	káname (kámame)	wir machten
η βόλτα	i wólta	der Spaziergang
στην παραλία	stin paralía	am Strand, am Kai
καθίσαμε	kaθísame	wir setzten uns
κάθομαι (κάθισα)	káθome (káθisa)	ich setze mich (setzte mich)
το καφενείο (-εία)	to kafenío (-ía)	das Café, Kaffeehaus
στο ύπαιθρο	sto ípeθro	im Freien
ακούσαμε	akúsame	wir hörten
ακούω (άκουσα)	akúo (ákusa)	ich höre (hörte)
ακούω/ακούσω/άκουσα	akúo/akúso/ákusa	ich höre/II/hörte
η μουσική	i musikí	die Musik
λίγη μουσική	líji musikí	ein wenig Musik, etwas Musik
μας έδειξαν	mas édixan	man zeigte uns
δείχνω (έδειξα)	díchno (édixa)	ich zeige (zeigte)
δείχνω/δείξω/έδειξα	díchno/díxo/édixa	ich zeige/II/zeigte
βγάλαμε	wgálame	wir zogen aus; „machten"
βγάζω (έβγαλα)	wgáso (éwgala)	ich lege ab (legte ab)
η φωτογραφία (-ίες)	i fotografía (-íes)	die Fotografie
μερικές ...	merikés ...	mehrere, einige
το τοπίο	to topío	die Gegend, Landschaft
ο τόπος	o tópos	der Ort
η εκκλησία (-ίες)	i ekklisía (-íes)	die Kirche
ο άνθρωπος (-οι)	o ánθropos (-i)	der Mensch
τους ανθρώπους	tus anθrópus	die Menschen (Akk.)
που μένουν εκεί	pu ménun ekí	die dort wohnen
μένω/μείνω/έμεινα	méno/míno/émina	ich wohne/II/wohnte
έπειτα, μετά	épita, metá	dann, darauf, nachher
είδαμε	ídame	wir sahen
'Ηταν θαύμα!	ítan θáwma!	es war wunderbar!
πήραμε	pírame	wir nahmen
παίρνω (πήρα)	pérno (píra)	ich nehme (nahm)
παίρνω/πάρω/πήρα	pérno/páro/píra	nehme/II/nahm
ξανά (πάλι)	xaná (páli)	wieder
γυρίσαμε	jirísame	wir kehrten heim
γυρίζω (γύρισα)	jiríso (jirisa)	ich kehre heim (kehrte heim)
όλα αυτά	óla aftá	alles das
μου έκαναν	mu ékanan	(sie) machten mir
η εντύπωση	i endíposi	der Eindruck

όταν	ótan	wenn; als (zeitlich)
θα είμαστε	θa ímaste	wir werden sein
στη Γερμανία	sti Jermanía	in Deutschland
θα σου δείξουμε	θa su ðíxume	wir werden dir zeigen
... που βγάλαμε	pu wgálame	die wir machten
εγκάρδιος, -ια, -ιο	engárðios, -ia, -io	herzlich
ο χαιρετισμός (-οί)	o cheretismós	der Gruß
εγκάρδιους	engárðius	herzliche
χαιρετισμούς	cheretismús	Grüße (Akk.)
ο άντρας (-ες)	o ándras (-es)	der Mann
στον άντρα σου	ston ándra su	an deinen Mann
η φίλη (-ες)	i fíli (-es)	die Freundin
η φιλενάδα (-ες)	i filenáða	die Freundin

Donnerstag, zwölfter August

Ein Brief nach Deutschland

Meine liebe Angelika, ich schicke Dir einen Brief von meiner Reise nach Griechenland. Bis jetzt war alles wunderbar! Vorgestern machten wir einen Ausflug nach Kap Sunion, mit dem Bus. Gestern fuhren wir nach Ägina. Es ist eine wundervolle Insel in der Nähe von Athen. Wir fuhren ab von Piräus mit dem Schiff. Die Reise war überhaupt nicht anstrengend, doch interessant. Die Sonne schien immer. Der Himmel war blau und ich sah kein einziges Wölkchen. Wir sahen viele Schiffe im Hafen, erblickten ringsum die Möwen und die Wellen des Meeres. Wir hatten Kühle und frische Luft. Wir erreichten die Insel um Mittag. Wir aßen gut, tranken gut, schauten uns die Kleinstadt an und machten einen kleinen Spaziergang am Strand. Wir setzten uns in ein Café im Freien und hörten ein wenig Musik. Nachher zeigte man uns auch den berühmten Tempel aus der antiken Epoche. Wir machten auch einige Fotografien von der Landschaft, den Kirchen und den Menschen, die dort wohnen. Danach nahmen wir unser Bad. Wir sahen auch den Sonnenuntergang. Er war wunderbar, wirklich! Dann nahmen wir wieder das Schiff, und am Abend kehrten wir nach Athen zurück. All das war ein großer Eindruck für mich. Wenn wir wieder in Deutschland sind, werden wir Dir sofort alle Fotos zeigen, die wir hier gemacht haben. Mit herzlichen Grüßen an Deinen Mann,   Deine Freundin Helga.

Erläuterungen

Die Bildung der Nebenform des Verbs

Bei der Bildung der Nebenform kann man zwei Gruppen unterscheiden:

a) **Die Nebenform hat einen s-Laut** in der Endung: gráp-so. Dazu gehören die meisten Verben, vor allem auch die sogenannten „endbetonten": efcharistó – efcharistí-so (danke).

b) Die Nebenform ist eine **Verkürzung** bzw. Veränderung der Hauptform: pérno – páro (nehme); maθéno – máθo (lerne). Manchmal wird auch ein anderes Verb als Nebenform verwendet: tróo – fáo (esse); wlépo – ðó (sehe).

Übersicht über die wichtigsten Nebenformen
I. Nebenformen mit s-Laut in der Endung:

1. Bildung: p + s = ps   ép + s(o) = -épso

grápso	schreibe	γράψω	ðulépso	arbeite	δουλέψω
lámpso	leuchte	λάμψω	majirépso	koche	μαγειρέψω
krípso	verstecke	κρύψω	psarépso	fische	ψαρέψω
klépso	stehle	κλέψω	taxiðépso	reise	ταξιδέψω
anápso	zünde an	ανάψω	pistépso	glaube	πιστέψω
pápso	höre auf	πάψω	masépso	sammle	μαζέψω
rápso	nähe	ράψω	wasilépso	gehe unter	βασιλέψω
lípso	fehle	λείψω	palépso	ringe	παλέψω

2. Bildung: k + s = x; bei manchen Verben z + s = x

tréxo	laufe	τρέξω	kitáxo	schaue	κοιτάξω
pléxo	stricke	πλέξω	péxo	spiele	παίξω
aníxo	öffne	ανοίξω	alláxo	wechsle	αλλάξω
ríxo	werfe	ρίξω	fonáxo	rufe	φωνάξω
ðíxo	zeige	δείξω	kráxo	schreie	κράξω
sfíxo	drücke	σφίξω	angíxo	berühre	αγγίξω
ðióxo	vertreibe	διώξω	piráxo	ärgere	πειράξω

3. Bildung auf -s-

akúso	höre	ακούσω	jiríso	kehre zurück	γυρίσω
klíso	schließe	κλείσω	kaθíso	setze mich	καθίσω
ftáso	komme an	φτάσω	chtíso	baue	χτίσω
sóso	rette	σώσω	kostíso	koste (Geld)	κοστίσω

cháso	verliere	χάσω
xecháso	vergesse	ξεχάσω
piáso	fasse	πιάσω
skáso	platze	σκάσω

agoráso	kaufe	αγοράσω
diawáso	lese	διαβάσω
chortáso	werde satt	χορτάσω
nióso	spüre	νιώσω

4. Nebenformen auf -íso/-éso/-áso (besonders „endbetonte" Verben)

agapáo	liebe	agapíso	αγαπήσω
apandáo	antworte	apandíso	απαντήσω
apatáo	betrüge	apatíso	απατήσω
glendáo	feiere	glendíso	γλεντήσω
chtipáo	klopfe	chtipíso	χτυπήσω
stamatáo	halte an	stamatíso	σταματήσω
jeláo	lache	jeláso	γελάσω
filó	küsse	filíso	φιλήσω
argó	verspäte mich	arjíso	αργήσω
só	lebe	síso	ζήσω
efcharistó	danke	efcharistíso	ευχαριστήσω
boró	kann	boréso	μπορέσω
kaló	lade ein	kaléso	καλέσω

II. Nebenformen als Verkürzung bzw. Veränderung der Hauptform

pérno	nehme	παίρνω	páro	πάρω
píno	trinke	πίνω	pió	πιω
maθéno	lerne	μαθαίνω	máθo	μάθω
stélno	sende	στέλνω	stílo	στείλω
méno	wohne	μένω	míno	μείνω
wáso	lege	βάζω	wálo	βάλω
féwgo	fahre ab	φεύγω	fígo	φύγω

wlépo	sehe	βλέπω	δó	δω
léo	sage	λέω	pó	πω
tróo	esse	τρώω	fáo	φάω

Die Bildung des Aorists aus der Nebenform

Der Aorist drückt eine einmalige, in der Vergangenheit abgeschlossene Handlung aus; er wird direkt aus der Nebenform des Zeitwortes gebildet. Es treten statt der Präsensendungen nur die Imperfekt-Endungen an die Nebenform.

Beispiel: kitáxo (ich sehe, schaue), kítaxa (ich sah, schaute)

Nebenform	Aorist		
1. Sg.: kitáxo	kítax-a	κοίταξα	(ich) sah
2. Sg.: kitáxis	kítax-es	κοίταξες	(du) sahst
3. Sg.: kitáxi	kítax-e	κοίταξε	(er) sah
1. Pl.: kitáxume	kitáx-ame	κοιτάξαμε	(wir) sahen
2. Pl.: kitáxete	kitáx-ate	κοιτάξατε	(ihr) sahet
3. Pl.: kitáxun	kitáx-ane*	κοιτάξανε	(sie) sahen

* auch kítaxan möglich

Beachte: Beim Aorist **muß** die Betonung immer auf der **drittletzten** Silbe liegen. Darum heißt es: **kí-ta-xa**.

Bildung des Aorists bei zweisilbigen Verben:

Viele griechische Verben sind zweisilbig: grápso, tréxo ... Da die Betonung auf der drittletzten Silbe liegen muß, wird bei den zweisilbigen Verben die **Vorsilbe „é-"** (Augment) vorgesetzt (nur im Singular).

Beispiel: grápso ich schreibe: é-grap-sa ich schrieb

Präsens	Aorist		
1. Sg.: grápso	é-grapsa	έγραψα	ich schrieb
2. Sg.: grápsis	é-grapses	έγραψες	du schriebst
3. Sg.: grápsi	é-grapse	έγραψε	er schrieb
1. Pl.: grápsume	grápsame	γράψαμε	wir schrieben
2. Pl.: grápsete	grápsate	γράψατε	ihr schriebt
3. Pl.: grápsun	grápsane*	γράψανε	sie schrieben

* auch é-grapsan (dreisilbig) möglich

Lektion 13

Freitag, 13. August
Viel Vergnügen!

Παρασκευή,
δεκατρείς Αυγούστου.

Καλή διασκέδαση!

Το βράδυ είχαμε ραντεβού με
τους φίλους μας: με το Γιώργο
και τη Μαρία.
Αυτοί σπουδάσανε στην Γερμανία,
και τους γνωρίζουμε πολλά
χρόνια. Στο μεταξύ ο Γιώργος
έγινε καθηγητής στο γυμνάσιο.
Του τηλεφωνήσαμε μετά την
άφιξή μας. Χάρηκε πάρα πολύ
και μας έκανε την πρόταση
να πάμε όλοι μαζί το βράδυ
στην Πλάκα για να γλεντήσουμε
σε μια ταβέρνα, σ'ένα κέντρο.

Paraskewí,
ðekatrís Awgústu.

Kalí ðiaskéðasi!

To wráði íchame randewú me
tus fílus mas: me to Jórgo
ke ti María.
Aftí spuðásane stin Jermanía,
ke tus gnorísume pollá
chrónia. Sto metaxí o Jórgos
éjine kaθijitís sto jimnásio.
Tu tilefonísame metá tin
áfixi mas. Chárike pára polí
ke mas ékane tin prótasi
na páme óli masí to wráði
stin Pláka ja na glendísume
se miá tawérna, s'éna kéndro.

Συμφωνήσαμε και εμείς και ετσι συναντηθήκαμε στις οχτώμισυ το βράδυ. Μπήκαμε σε μια γραφική ταβέρνα και καθίσαμε στο ύπαιθρο. Ήτανε ξαστεριά, τ'αστέρια έλαμπαν και δεν έκανε καθόλου κρύο.	Simfonísame ke emís ke étsi sinandi θíkame stis ochtómisi to wráði. Bíkame se mia grafikí tawérna ke kaθísame sto ípeθro. Ítane xasteriá, t' astéria élamban ke ðen ékane kaθólu krío.
Ο κόσμος της Αθήνας ήταν μαζεμένος στα τραπέζια και έτρωγε.	O kósmos tis Aθínas ítan masemménos sta trapésia ke étroje.
Μια ορχήστρα έπαιξε λαϊκά τραγούδια, προ πάντων του Μίκη Θεοδωράκη που είναι ξακουστός σ'όλο τον κόσμο. Παίξανε μπουζούκια, κιθάρα και φλάουτο. Μια ωραία τραγουδίστρια με μακριά μαύρα μαλλιά τραγούδησε.	Miá orchístra épexe laiká tragúðia, pro pándon tu Míki Theodoráki, pu íne xakustós s' ólo ton kósmo. Pexane busúkia, kiθára ke fláuto. Miá oréa traguðístria me makriá máwra malliá tragúðise.
Φάγαμε, ήπιαμε, γελάσαμε και χορέψαμε ... γλεντήσαμε ωραία. Ύστερα πήγαμε σ'ένα άλλο κέντρο, δηλαδή σε μια «μπουάτ». Εκεί ήτανε πολλοί νέοι, φοιτητές και φοιτήτριες.	Fágame, ípiame, jelásame ke chorépsame ... glendísame oréa. ístera pígame s' éna állo kéndro, ðilaðí se miá „buát". Ekí ítane pollí néi, fitités ke fitítries.
Ακούσαμε και παλιά κλέφτικα, τσιγγάνικα και αντάρτικα τραγούδια και τα μοντέρνα (σύγχρονα).	Akúsame ke paliá kléftika, tsingánika ke andártika tragúðia ke ta modérna (sínchrona).
Δεν καταλάβαμε την έννοια, αλλά η μελωδία και τα λόγια μάς άρεσαν πολύ. Ο Γιώργος μάς μετάφρασε μερικά τραγούδια. Πληρώσαμε εκατό δραχμές για ένα μπουκάλι μπύρα. Η είσοδος όμως ήτανε δωρεάν. Δεν ήταν ακριβό.	ðen kataláwame tin énnia, allá i meloðía ke ta lójia mas áresan polí. O Jórgos mas metáfrase meriká tragúðia. Plirósame ekató ðrachmés ja éna bukáli bíra. I ísoðos ómos ítan ðoreán. ðen ítan akriwó.
Τα μεσάνυχτα γυρίσαμε σπίτι, γιατί ο Γιώργος την άλλη μέρα είχε δουλειά, έτσι έπρεπε να ξυπνήσει νωρίς. Τον αποχαιρετήσαμε μαζί με τη γυναίκα του και πήγαμε για ύπνο: όνειρα γλυκά!	Ta mesáníchta jirísame spíti, jatí o Jórgos tin álli méra íche ðuliá, étsi éprepe na xipnísi norís. Ton apocheretísame masí me ti jinéka tu ke pígame ja ípno: ónira gliká!

Unser Wortschatz

η διασκέδαση	i ðiaskéðasi	die Unterhaltung, Vergnügen
το βράδυ	to wráði	am Abend, abends
είχαμε	íchame	wir hatten
η συνάντηση	i sinándisi	das Treffen, Verabredung
ο φίλος	o fílos	der Freund
με τους φίλους	me tus fílus	mit den Freunden
ο Γιώργος	o Jórgos	Jórgos (eigentl. Georg)
η Μαρία	i María	María (häufiger Name)
σπουδάσανε	spuðásane	sie studierten
σπουδάζω (σπούδασα)	spuðáso (spúdasa)	ich studiere (studierte)
γνωρίζω (γνώρισα)	gnoríso (gnórisa)	ich kenne (kannte)
τους γνωρίζουμε	tus gnorísume	wir kennen sie
ο χρόνος	o chrónos	das Jahr; die Zeit
τα χρόνια	ta chrónia	die Jahre (im Pl. neutral)
πολλά χρόνια	pollá chrónia	viele Jahre
Χρόνια πολλά!	chrónia pollá!	Auf viele Jahre! Alles Gute!
στο μεταξύ	sto metaxí	inzwischen
έγινε	éjine	er wurde; ist geworden
γίνομαι (έγινα)	jínome (éjina)	ich werde (wurde)
θα γίνω	θa jíno	ich werde (futurisch)
να γίνω	na jíno	daß ich werde, soll werden
γίνομαι/γίνω/έγινα	jínome/jíno/éjina	werde/II/wurde
ο καθηγητής (-ές)	o kaθijitís	der Professor
το γυμνάσιο (-ια)	to jimnásio	das Gymnasium
στο γυμνάσιο	sto jimnásio	am/im Gymnasium
του τηλεφωνήσαμε	tu tilefonísame	wir riefen ihn an
τηλεφωνώ, -είς	tilefonó, -ís	ich rufe an (i-Verb)
τηλεφώνησα	tilefónisa	rief an
η άφιξη	i áfixi	die Ankunft
μετά την άφιξη μας	metá tin áfixi mas	nach unserer Ankunft
χάρηκε	chárike	er freute sich
χαίρομαι/χαίρω (χάρηκα)	chérome/chéro (chárika)	ich freue mich (freute mich)
χαίρω πάρα πολύ	chéro pára polí!	Sehr erfreut! Angenehm!

χαίρω πολύ	chéro polí!	Sehr erfreut!
θα χαρώ (να χαρώ)	θa charó (na charó)	ich werde (soll) mich freuen
να πάμε	na páme	daß wir gehen
η πρόταση	i prótasi	der Vorschlag
κάνω την πρόταση	káno tin prótasi	ich mache den Vorschlag
όλοι μαζί	óli masí	alle zusammen
στην Πλάκα	stin Pláka	in die (der) Plaka
για να γλεντήσουμε	ja na glendísume	um uns zu vergnügen
για να ...	ja na ...	um zu ... (damit ... ich)
γλεντάω, -άς	glendáo, -ás	vergnüge mich (a-Verb)
η ταβέρνα (-ες)	i tawérna (-es)	die Taverne (Weinlokal)
σε μια ταβέρνα	se miá tawérna	in eine(r) Taverne
το κέντρο	to kéndro	hier: Vergnügungszentrum
σ'ένα κέντρο	s'éna kéndro	in einem Lokal
συμφωνήσαμε	simfonísame	wir stimmten zu („Symphonie")
συμφωνώ, -είς (συμφώνησα)	simfonó, -ís (symfónisa)	ich stimme zu (i-Verb) (stimmte zu)
θα συμφωνήσω	θa simfoníso	ich werde zustimmen
και εμείς	ke emís	auch wir
και έτσι	ke étsi	und so (beim Verb)
συναντηθήκαμε	sinandiθíkame	wir trafen uns (reflexiv)
συναντώ, -άς	sinandó, -ás	ich treffe jemand
συναντιέμαι	sinandiéme	ich treffe mich (mit jemand)
στις οχτώμιση	stis ochtómisi	um halb neun (halb nach acht)
μισή ώρα	misí óra	eine halbe Stunde
μπήκαμε	bíkame	wir gingen hinein, traten ein
μπαίνω (μπήκα)	béno (bíka)	trete ein (trat ein)
μπαίνω/μπώ/μπήκα	béno/bo/bíka	trete ein/II/trat ein
γραφικός, -ή, -ό	grafikós, -í, -ó	malerisch
καθίσαμε	kaθísame	wir setzten uns
κάθομαι (κάθισα)	káθome (káθisa)	ich setze mich (setzte mich)
στο ύπαιθρο	sto ípeθro	im Freien, unter freiem Himmel
η ξαστεριά	i xasteriá	der Sternenhimmel
το αστέρι (-ια)	to astéri (-ia)	der Stern
λάμπω, -εις	lámbo, -is	strahlen, leuchten

κάνει κρύο	káni krío	es ist kalt
το κρύο	to krío	die Kälte („das Kalte")
δεν έκανε κρύο	ðen ékane krío	es war nicht kalt
δεν έκανε καθόλου	ðen ékane kaθólu	es war überhaupt nicht ...
ο κόσμος τής Αθήνας	o kósmos tis Aθínas	die Leute von Athen
μαζεμένος, -η, -ο	maseménos, -i, -o	versammelt
μαζεύω (μάζεψα)	maséwo (másepsa)	ich versammle (versammelte)
τρώω – έτρωγε	tróo – étroje	esse – war am Essen
τρώω/φάω/έφαγα	tróo/fáo/éfaga	ich esse/II/aß
η ορχήστρα	i orchístra	das Orchester
έπαιξε	épexe	es spielte
παίζω/παίξω/έπαιξα	péso/péxo/épexa	ich spiele/II/spielte
το παιχνίδι (-ια)	to pechnídi	das Spiel
λαϊκός, -ή, -ό	laikós, -í, -ó	volkstümlich, Folklore
το τραγούδι (-ια)	to tragúdi (-ia)	das Lied
το λαϊκό τραγούδι	to laikó tragúdi	das Volkslied, Folk-Lied
προ πάντων	pro pándon	vor allem
ο Μίκης Θεοδωράκης	o Míkis Theodorákis	Mikis Theodorakis (Komponist)
... που είναι	pu íne	der (wo) ist (relativ)
ξακουστός, -ή, -ό	xakustós, -í, -ó	bekannt, berühmt
όλος ο κόσμος	ólos o kósmos	die ganze Welt; alle Leute
σ'όλο τον κόσμο	s'ólo ton kósmo	in aller Welt
το μπουζούκι (-ια)	to busúki	die Busuki (Saiteninstrument)
η κιθάρα (-ες)	i kiθára	die Gitarre
το φλάουτο (-α)	to fláuto	die Flöte
η τραγουδίστρια (-ιες)	i tragudístria	die Sängerin
ο τραγουδιστής (-ές)	o tragudistís	der Sänger
το μαλλί (-ιά)	to mallí (-iá)	das Haar
μακριά μαλλιά	makriá malliá	lange Haare
μαύρα μαλλιά	máwra malliá	schwarzes Haar
τραγουδάω, -άς	tragudáo, -ás	ich singe (a-Verb)
τραγουδάω (τραγούδησα)	tragudáo/ tragúdisa	ich singe/ sang
γλεντήσαμε	glendísame	wir hatten Spaß
γλεντάω (γλέντησα)	glendáo/gléndisa	ich habe/hatte Spaß
το γλέντι	to gléndi	der Spaß, Vergnügen
γελάσαμε	jelásame	wir lachten

γελάω (γέλασα)	jeláo/jélasa	ich lache/lachte
χορέψαμε	chorépsame	wir tanzten
ύστερα	ístera	später, nachher
δηλαδή	ðilaðí	das heißt, nämlich
τη μπουάτ	ti buát	die Musikkneipe
νέος, -α, -ο	néos, -a, -o	neu; jung
οι νέοι	i néi	die jungen Leute
πολλοί νέοι	pollí néi	viele junge Leute
ο φοιτητής (-ές)	o fititís	der Student
η φοιτήτρια (-ιες)	i fitítria	die Studentin
παλιός, -ιά, -ιό	paliós, -iá, -ió	alt
κλέφτικο (τραγούδι)	kléftiko (tragúði)	Kleftenlied (von 1821)
ο κλέφτης (-ες)	o kléftis	der Dieb, Räuber
κλέβω (έκλεψα)	klévo/éklepsa	ich stehle/stahl
τσιγγάνικο (τραγούδι)	tsingániko (tragúði)	Zigeunerlied
ο τσιγγάνος (-ες)	o tsingános	der Zigeuner
αντάρτικο (τραγούδι)	andártiko (tragúði)	Widerstandslied
ο αντάρτης (-ες)	o andártis	der Widerständler, Partisan
μοντέρνος, -α, -ο	modérnos, -a, -o	modern
σύγχρονος, -η, -ο	sínchronos, -i, -o	modern, zeitgenössisch
κατάλαβα	katálawa	ich verstand
καταλάβαμε	kataláwame	wir verstanden
καταλαβαίνω	katalawéno	ich verstehe
δεν κατάλαβα	ðen katálawa	ich verstand nicht
η έννοια	i énnia	der Sinn, Inhalt
η μελωδία (-ες)	i melodía	die Melodie
τα λόγια	ta lójia	die Worte
μετάφρασε	metáfrase	er übersetzte
μεταφράζω (μετάφρασα)	metafráso (metáfrasa)	ich übersetze (übersetzte)
η μετάφραση	i metáfrasi	die Übersetzung
μερικά τραγούδια	meriká tragúðia	einige Lieder
πληρώσαμε	plirósame	wir bezahlten
πληρώνω (πλήρωσα)	pliróno (plírosa)	ich bezahle (bezahlte)
θα πληρώσω	θa pliróso	ich werde bezahlen
Θέλω να πληρώσω!	θélo na pliróso!	Ich will zahlen!
εκατό δραχμές	ekató ðrachmés	hundert Drachmen
το μπουκάλι (-ια)	to bukáli (-ia)	die Flasche
η μπύρα (-ες)	i bírra (-es)	das Bier
η είσοδος	i ísoðos	der Eintritt (weiblich!)
η έξοδος	i éxoðos	der Ausgang (weiblich!)

όμως (μα, αλλά)	ómos (ma, allá)	aber, sondern, doch
δωρεάν	ðoreán	gratis, umsonst
το δώρο (-α)	to ðóro (-a)	das Geschenk
ακριβός, -ή, -ό	akriwós, -í, -ó	teuer
δεν ήταν ακριβό	ðen ítan akriwó	es war nicht teuer
πολύ ακριβό	polí akriwó	zu teuer
τα μεσάνυχτα	ta mesánichta	um Mitternacht
γυρίσαμε σπίτι	jirísame spíti	wir kamen nach Haus
γιατί ...	jatí ...	weil
γιατί;	jatí?	Warum?
την άλλη μέρα	tin álli méra	am nächsten Tag
η δουλειά (-ές)	i ðuliá (-és)	die Arbeit
δουλεύω (δούλεψα)	ðuléwo (ðúlepsa)	ich arbeite (arbeitete)
να δουλέψω	na ðulépso	ich soll arbeiten
ξυπνάω, -άς	xipnáo, -ás	ich wache auf (a-Verb)
ξύπνησε	xípnise	er wachte auf
νωρίς	norís	frühzeitig
αποχαιρετώ, -άς	apocheretó, -ás	verabschieden (jemand)
τον αποχαιρετήσαμε	ton apocheretísame	wir verabschiedeten ihn
η γυναίκα (-ες)	i jinéka (-es)	die Frau, Gattin
για ύπνο	ja ípno	zum Schlaf
ο ύπνος	o ípnos	der Schlaf
το όνειρο (-α)	to óniro (-a)	der Traum
γλυκός	glikós	süß
Ονειρα γλυκά!	ónira gliká!	Träum süß!

Freitag, dreizehnter August

Viel Vergnügen!

Am Abend hatten wir ein Treffen mit unseren Freunden: mit Jórgos und Maria. Sie studierten in Deutschland, und wir kennen sie seit vielen Jahren. Inzwischen ist Jórgos Professor am Gymnasium geworden. Wir haben ihn nach unserer Ankunft angerufen. Er freute sich sehr, und er machte uns den Vorschlag, daß wir alle zusammen am Abend in die Plaka gingen, um uns in einer Taverne, in einem Zentrum, zu vergnügen. Auch wir waren einverstanden, und so trafen wir uns um halb neun am Abend. Wir gingen in eine malerische Taverne und setzten uns unter freiem Himmel. Es war sternenklar, die Sterne strahlten, und es war gar nicht kalt. Die Leute von Athen waren versammelt an den Tischen und speisten. Ein Orchester spielte Volkslieder, vor allem von

Mikis Theodorakis, der berühmt ist in der ganzen Welt. Sie spielten Busuki, Gitarre und Flöte. Eine schöne Sängerin mit langen schwarzen Haaren sang. Wir aßen, tranken, lachten und tanzten ... wir hatten viel Spaß. Nachher gingen wir in ein anders Lokal, das heißt in eine Musikkneipe. Dort waren viele junge Leute, Studenten und Studentinnen. Wir hörten auch alte Kleftenlieder, Zigeunerlieder und Widerstandslieder, und die modernen. Wir verstanden den Inhalt nicht, doch die Melodie und die Worte gefielen uns sehr. Jórgos übersetzte uns einige Lieder. Wir bezahlten hundert Drachmen für eine Flasche Bier. Der Eintritt jedoch war umsonst. Das war nicht teuer. Um Mitternacht kamen wir nach Hause, weil Jórgos am andern Tag Arbeit hatte. Deshalb mußte er früh aufwachen. Wir nahmen Abschied von ihm und seiner Frau und gingen schlafen: Süße Träume!

Erläuterungen

Übersicht über die Aorist-Formen

égrapsa	schrieb	ðúlepsa	arbeitete
élampsa	schien	majírepsa	kochte
ékripsa	verbarg	psárepsa	fischte
éklepsa	stahl	taxíðepsa	reiste
épapsa	hörte auf	pístepsa	glaubte
érapsa	nähte	másepsa	sammelte
élipsa	fehlte	ánapsa	zündete an
étrexa	lief	ánixa	öffnete
éplexa	strickte	kítaxa	schaute
érixa	warf	állaxa	änderte
éðixa	zeigte	fónaxa	rief
ésfixa	drückte	ángixa	berührte
épexa	spielte	píraxa	ärgerte
éklisa	schloß	ákusa	hörte
éftasa	kam an	xéchasa	vergaß
ésosa	rettete	jírisa	kam zurück
échasa	verlor	káθisa	setzte mich
épiasa	faßte	agórasa	kaufte
éniosa	fühlte	ðiáwasa	las
échtisa	baute	chórtasa	wurde satt

émaθa	lernte	píra	nahm
émina	blieb	píga	ging
éwala	legte	íða	sah
éstila	schickte	ípa	sagte
ípia	trank	wríka	fand
éfaga	aß	anéwika	stieg ein
ékana	machte	katéwika	stieg aus
élawa	bekam	bíka	ging hinein
éfera	brachte	wjíka	ging hinaus
épaθa	erlitt	írθa	kam
agápisa	liebte	jélasa	lachte
apátisa	betrog	bóresa	konnte
apándisa	antwortete	kálesa	lud ein
stamátisa	hielt an	méθisa	betrank mich
chtipisa	klopfte	glítosa	entkam
fílisa	küßte	málosa	zankte
árjisa	kam zu spät	pónesa	schmerzte

Beachte: Eine ganze Reihe von „kurzen" (zweisilbigen) Zeitwörtern benötigt in der Vergangenheit die Vorsilbe é- (Augment). Dadurch wird das Verb **dreisilbig: é-grap-sa.** Im Plural geht diese Vorsilbe wieder verloren: gráp-sa-me. Zeitwörter, die an sich schon dreisilbig sind, brauchen das Augment nicht: á-ku-sa; ðú-lep-sa; kí-ta-xa ... Es gibt nur wenige Verben, die hier eine Ausnahme machen und im Aorist zweisilbig bleiben: pí-ra; pí-ga. Im Plural werden auch sie dreisilbig: pí-ra-me.

Die Steigerung des Adjektivs (Eigenschaftswort)

Für die Steigerung des Adjektivs gibt es zwei Möglichkeiten:
a) das Voranstellen von „pió"/πιο – mehr
b) die Steigerungsendung: -óteros, -i, -o.

Beispiel:

Íme psilós.	Ich bin groß.	είμαι ψηλός
Íse pió psilós.	Du bist „mehr" groß.	είσαι πιο ψηλός
	Du bist größer.	
Íne o pió psilós.	Er ist der „mehr" Große.	είναι ο πιο ψηλός
	Er ist der Größte.	

Oder mit der Steigerungsendung -óteros:

(Egó) íme psilós.	είμαι ψηλός
(Esí) íse psil-óteros.	είσαι ψηλότερος
(Aftós) íne o psilóteros.	είναι ο ψηλότερος

Aftós íne o psilóteros **apó** mas. Er ist der Größte **von** uns.
Aftós íne psilóteros **apó** mas. Er ist größer „von" uns.
= Er ist größer **als wir.**

Merke: Die Vergleichspartikel „als" heißt im Griechischen: apó.

Gleichbedeutend heißt es:

(Egó) íme psilós.	(Egó) íme psilos.
(Esí) íse psilóteros.	(Esí) íse pió psilós.
(Aftós) íne o psilóteros.	(Aftós) íne o pió psilós.

pió oréos	schöner	πιο ωραίος	= oreóteros	ωραιότερος
pió kalós	besser	πιο καλός	= kalíteros	καλύτερος
pió mikrós	kleiner	πιο μικρός	= mikróteros	μικρότερος
pió néos	jünger	πιο νέος	= neóteros	νεότερος

o pió oréos	der Schönste	= o oreóteros	o ωραιότερος
o pió kalós	der Beste	= o kalíteros	o καλύτερος
o pió mikrós	der Kleinste	= o mikróteros	o μικρότερος
o pió néos	der Jüngste	= o neóteros	o νεότερος

I pió oréa jinéka tu kósmu.
I oreóteri jinéka tu kósmu.
Die schönste Frau der Welt.

To pió éxipno peðí tis táxis.
To exipnótero peðí tis táxis.
Das klügste Kind der Klasse.

Ta pió gliká frúta.
Ta glikótera frúta.
Die süßesten Früchte.

Unterscheide:

'Ine psilóteros apó ton aðelfó tu. Er ist **größer** als sein Bruder.
'Ine megalíteros apó ton aðelfó tu. Er ist **älter** als sein Bruder.
(psilós körperlich groß; megálos „groß" an Alter oder Ansehen.)

Die Steigerung des Adverbs

Das griechische Adverb wird mit dem Adjektiv auf -a gebildet.

oréa	schön	pió oréa	schöner	= oreótera
kalá	gut	pió kalá	besser	= kalítera
áschima	schlecht	pió áschima	schlechter	= chirótera(!)
éfkola	leicht	pió éfkola	leichter	= efkolótera
ðískola	schwer	pió ðískola	schwerer	= ðiskolótera

Merke: Hilfszeitwort „ist" erfordert immer Adverb!

'Ine oréa.	Es ist schön.	Είναι ωραία.
'Ine kalá.	Es ist gut.	Είναι καλά.
'Ine áschima.	Es ist schlecht.	Είναι άσχημα
'Ine éfkola.	Es ist leicht.	Είναι εύκολα.
'Ine ðískola.	Es ist schwer.	Είναι δύσκολα.

Redewendung: 'Ime **kalá** (Adverb) = Es geht mir gut!
Aber: 'Ime **kalós** (Adjektiv) = Ich bin gut.

'Ine pió oréa, **na** mínis, **pará na** fíjis.
Es ist schöner, daß du bleibst, als daß du gehst.

'Ine kalítera, **na** fíjis, **pará na** mínis.
Es ist besser, **daß** du gehst, **als daß** du bleibst.

Kalítera, **na íse** ftochós ke jerós, **pará na** íse plúsios ke árrostos. – Besser, du bist arm und gesund, als reich und krank.(!)

Beachte: Der Vergleichssatz mit „als daß" wird im Griechischen mit der Präposition **pará + na** gebildet:

Gleichheit oder Ungleichheit von Eigenschaften

Wenn zwei Eigenschaften, die verglichen werden, gleich sind, heißt es:

              tóso (megálos) ... óso ...
              so   (groß)   ... wie ...

Beispiel:

'Ine **tóso** megálos **óso** o aðelfós mu.
Er ist **so** alt **wie** mein Bruder.

ðen íne tóso plúsios óso o aðelfós tu.
Er ist nicht so reich wie sein Bruder.

Lektion 14

Samstag, 14. August
Haben Sie gut geschlafen?

Σάββατο,
δεκατέσσερεις Αυγούστου.

Κοιμηθήκατε καλά;

Όταν εργάζομαι σα δάσκαλος στο
σχολείο, γενικά σηκώνομαι στις
εξήμισυ το πρωί.
Στις οχτώ πρέπει ν'αρχίζω
το μάθημα. Το πρωί πάντα
βιάζομαι. Όλα γίνονται
βιαστικά. Αλλά στις διακοπές
τεμπελιάζω. Κοιμάμαι αργά,
και αναλόγως ξυπνάω και αργά.
Το ίδιο κάνω και τώρα στην
Ελλάδα: σηκώνομαι περίπου
στις δέκα το πρωί, ή στις δέκα
και μισή. Έτσι αισθάνομαι καλά.

Sáwwato,
ðekatésseris Awgústu.

Kimiθíkate kalá?

'Otan ergásome sa ðáskalos sto
scholío, jeniká sikónome stis
exímisi to proí.
Stis ochtó prépi n' archíso
to má θima. To proí pánda
wiásome. 'Ola jínonde
wiastiká. Allá stis ðiakopés
tembeliáso. Kimáme argá,
ke analógos xipnáo ke argá.
To íðio káno ke tóra stin
Elláða: sikónome perípu
stis ðéka to proí, i stis ðéka
ke misí. 'Etsi esθánome kalá.

Δε βιάζομαι καθόλου. Πλένομαι με κρύο νερό, για να φύγει ο ύπνος, ή κάνω το πρωινό μπάνιο μου. Μετά είμαι καλύτερα. Τρίβω τα δόντια μου με μια ηλεκτρική οδοντόβουρτσα, σκουπίζομαι με την πετσέτα και ντύνομαι σιγά-σιγά. Έπειτα χτενίζομαι (χτενίζω τα μαλλιά μου). Μετά ξυρίζομαι με την καινούρια ξυριστική μηχανή που μου χάρισε η Έλγκα τα περασμένα Χριστούγεννα.
Έτσι ετοιμάζομαι.
Η φίλη μου, η Έλγκα, είναι άλλος τύπος: αυτή δε μπορεί να τεμπελιάζει το πρωί. Όταν εγώ κοιμάμαι ακόμα, αυτή σηκώνεται. Πλένεται πάντα μόνο με ζεστό νερό ή κάνει ένα πολύ ζεστό μπάνιο. Αυτό είναι καλό για τη χαμηλή πίεσή της. Σκουπίζεται, ντύνεται, χτενίζεται ή λούζεται μερικές φορές. Σήμερα με ξυπνάει και μου λέει: Αχ, συγγνώμη, αγάπη μου. Κοιμήσου ακόμη μια ωρίτσα. Εγώ στο μεταξύ θα πάω στο κομμωτήριο. Τα μαλλιά μου είναι πολύ άσχημα, βρώμικα απ'τη θάλασσα. Θέλουν λούσιμο και μίζ-αν-πλί. Ελπίζω πως δεν πρέπει να περιμένω πολλή ώρα στο κομμωτήριο. Να κόψω τις άκρες; Ή να σηκώσω τα μαλλιά ψηλά; Τι σκέφτεσαι εσύ, χρυσό μου; Εγώ δε σκέφτομαι τίποτα, αφού κοιμάμαι ακόμη. Χασμουριέμαι. Λοιπόν, θα φύγω τώρα. Θα ξανάρθω όσο μπορώ πιο γρήγορα. Ίσως θα κάνω και μανικιούρ, και τα φρύδια, τα νύχια, ένα μασσάζ

δe wiásome kaθólu. Plénome me krío neró, ja na fíji o ípnos, i káno to proinó bánio mu. Metá íme kalítera. Tríwo ta δóndia mu me mia ilektrikí oδondówurtsa, skupísome me tin petséta ke dínome sigá-sigá. 'Epita chtenísome (chteníso ta malliá mu). Metá xirísome me tin kenúria xiristikí michaní pu mu chárise i 'Elga ta perasména Christújenna.
'Etsi etimásome.
I fíli mu, i 'Elga, íne állos típos: aftí δe borí na tembeliási to proí. 'Otan egó kimáme akóma, aftí sikónete. Plénete pánda móno me sestó neró i káni éna polí sestó bánio. Aftó íne kaló ja ti chamilí píesí tis. Skupísete, dínete, chtenísete i lúsete merikés forés. Símera me xipnái ke mu léi: Ach, signómi, agápi mu. Kimísu akómi miá orítsa. Egó sto metaxí θa páo sto kommotírio. Ta malliá mu íne polí áschima, wrómika ap'ti θálassa. θélun lúsimo ke mis-an-plí. Elpíso pos δen prépi na periméno pollí óra sto kommotírio. Na kópso tis ákres? i na sikósó ta malliá psilá? Ti skéftese esí, chrisó mu? Egó δe skéftome típota, afú kimáme akómi. Chasmuriéme. Lipón, θa fígo tóra. θa xanárθo óso boró pió grígora. 'Isos θa káno ke manikiúr, ke ta frídia, ta níchia, éna massás

και μια μάσκα. Θα δω. –   ke miá máska. θa ðó. –
Ναι, θα δεις τι θα γίνει.   Ne, θa ðís ti θa jíni.

Unser Wortschatz

κοιμηθήκατε	kimiθíkate	ihr habt geschlafen
κοιμηθήκατε καλά;	kimiθíkate kalá?	Haben Sie gut geschlafen?
κοιμάμαι, -άσαι	kimáme, -áse	ich schlafe (a-Verb)
κοιμήθηκα, -ες σα(ν)	kimíθika, -es sa(n)	ich schlief, du schliefst wie (bei Vergleichen)
ο δάσκαλος (-οι)	o ðáskalos (-i)	der Lehrer
γενικά	jeniká	im allgemeinen
γενικός, -ή, -ό	jenikós, -í, -ó	allgemein
σηκώνομαι, -εσαι	sikónome, -ese	ich stehe auf, erhebe mich
σηκώθηκα, -ες	sikóθika, -es	ich stand auf, du standest auf
στις εξήμισυ	stis exímisi	um halb sieben
αρχίζω (άρχισα)	archíso (árchisa)	ich fange an (fing an)
το μάθημα (-ατα)	to máθima (-ata)	Unterricht, Lektion, Stunde
πάντα	pánda	immer
βιάζομαι, -εσαι	wiásome, -ese	ich eile mich
η βία	i wía	die Eile; Gewalt
γίνονται	jínonde	sie werden, geschehen
βιαστικά	wiastiká	eilig, eilends (Adverb)
οι διακοπές	i ðiakopés	die Ferien
στις διακοπές	stis ðiakopés	in den Ferien
ο τεμπέλης	o tembélis	der Faulpelz
τεμπελιάζω	tembeliáso	ich faulenze
αργά	argá	spät; langsam
αναλόγως	analógos	entsprechend (Adverb)
ξυπνάω (ξύπνησα)	xipnáo (xípnisa)	ich wache auf; wecke auf (Vergangenheit)
το ίδιο	to íðio	dasselbe
δέκα και μισή	ðéka ke misí	halb elf („zehn-und-halb")
αισθάνομαι, -εσαι	esθánome, -ese	ich fühle mich
αισθάνομαι καλά	esθánome kalá	ich fühle mich wohl
δε βιάζομαι	ðe wiásome	ich beeile mich nicht
πλένω (έπλυνα)	pléno (éplina)	ich wasche (wusch)
πλένομαι	plénome	ich wasche mich

με κρύο νερό	me krío neró	mit kaltem Wasser
για να φύγει	ja na fíji	damit (hier: er) weggeht (wegfährt)
ο ύπνος	o ípnos	der Schlaf
το πρωινό μπάνιο	to proinó bánio	das Morgenbad
είμαι καλύτερα	íme kalítera	es geht mir besser
τρίβω	tríwo	ich reibe, putze
τρίβω τα δόντια	tríwo ta ðóndia	ich putze die Zähne
το δόντι (-ια)	to ðóndi (-ia)	der Zahn (die Zähne)
η οδοντόβουρτσα	i oðondówurtsa	die Zahnbürste
ηλεκτρικός, -ή, -ό	ilektrikós, -í, -ó	elektrisch
σκουπίζω	skupíso	ich reinige, fege, putze
σκουπίζω τά χέρια	skupiso ta chéria	ich reinige die Hände
το χέρι (-ια)	to chéri (-ia)	die Hand
σκουπίζομαι, -εσαι	skupísome, -ese	ich trockne mich ab
η πετσέτα (-ες)	i petséta	das Handtuch
ντύνομαι, -εσαι	dínome, -ese	ich ziehe mich an
γδύνομαι, -εσαι	ɣðínome, -ese	ich ziehe mich aus
σιγά-σιγά	sigá-sigá	allmählich, langsam
χτενίζω (τα μαλλιά)	chteníso (ta malliá)	ich kämme (die Haare)
χτενίζομαι, -εσαι	chtenísome, -ese	ich kämme mich
το μαλλί (-ιά)	to mallí (-iá)	das Haar, die Haare
ξυρίζω	xiríso	ich rasiere (jemand)
ξυρίζομαι, -εσαι	xirísome, -ese	ich rasiere mich
τα γένεια	ta jénia (Plural)	der Bart („Barthaare")
καινούργιος, -ια, -ιο	kenúrjos, -ia, -io	neu
η μηχανή (-ες)	i michani	die Maschine
η ξυριστική μηχανή	i xiristikí michaní	der Rasierapparat
που μου ...	pu mu ...	den mir ... (relativ)
χαρίζω (χάρισα)	charíso (chárisa)	ich schenke (schenkte)
περασμένος, -η, -ο	perasménos, -i, -o	vergangen, letzt
τα Χριστούγεννα	ta Christújenna	Weihnachten
ετοιμάζω (ετοίμασα)	etimáso (etímasa)	ich bereite (bereitete) vor
ετοιμάζομαι	etimásome	ich bereite mich vor
ο τύπος (-οι)	o típos (-i)	der Typ
αυτή δεν μπορεί ...	aftí ðen borí ...	sie kann nicht ...
να τεμπελιάζει	na tembeliási	zu faulenzen (sie)
σηκώνεται	sikónete	sie steht auf
μόνο, μονάχα	móno, monácha	nur, bloß
χαμηλός, -ή, -ό	chamilós, -í, -ó	niedrig
η πίεση	i píesi	der Druck, Blutdruck
λούζεται	lúsete	sie wäscht sich das Haar

λούζομαι	lúsome	ich wasche mir den Kopf
μερικές φορές	merikés forés	manchmal, einige Male
με ξυπνάει	me xipnái	(Sie) weckt mich
μου λέει	mu léi	(Sie) sagt mir
Αγάπη μου!	agápi mu!	meine Liebe! Liebste(r)!
Κοιμήσου!	kimísu!	schlaf!
η ώρα (-ες)	i óra	die Stunde; die Zeit
η ωρίτσα (-ες)	i orítsa	das Stündlein
στο μεταξύ	sto metaxí	inzwischen
το κομμωτήριο	to kommotírio	der Frisiersalon
άσχημος, -η, -ο	áschimos, -i, -o	häßlich
βρώμικος, -η, -ο	wrómikos, -i, -o	schmutzig
θέλουν	θélun	wollen; hier: brauchen
το λούσιμο	to lúsimo	das Haarwaschen
τη μίζ-αν-πλί	ti mis-an-pli	das Legen der (Haare)
ελπίζω	elpíso	ich hoffe
η ελπίδα (-ες)	i elpída	die Hoffnung
ελπίζω πως ...	elpíso pos ...	ich hoffe, daß ...
περιμένω	periméno	ich warte, erwarte
δεν πρέπει να	ðen prépi na	muß nicht; darf nicht
πολλή ώρα	pollí óra	viel Zeit
κόβω/κόψω/έκοψα	kówo/kópso/ékopsa	ich schneide/II/schnitt
να κόψω;	na kópso?	soll ich schneiden?
η άκρη (-ες)	i ákri (-es)	die Spitze, das Ende
σηκώνω (σηκώσω)	sikóno (sikóso)	aufheben, hochstecken
ψηλός, -ή, -ό	psilós, -f, -ó	hoch; groß (körperlich)
σκέφτομαι	skéftome	ich denke
(σκέφτηκα)	(skéftika)	(dachte)
δε σκέφτομαι τίποτα	ðe skéftome típota	ich denke nichts
Χρυσό μου	chrisó mu!	mein (Gold)Schatz!
αφού	afú	weil, da (Konjunktion)
χασμουριέμαι, -ιέσαι	chasmuriéme, -iése	ich gähne
λοιπόν	lipón	also
θα φύγω	θa fígo	ich gehe
θα ξανάρθω, -εις	θa xanárθo, -is	ich komme wieder
θα έρθω, -εις	θa érθo, -is	ich komme
γρήγορα	grígora	schnell, rasch
πιο γρήγορα	pió grígora	schneller
όσο μπορώ	óso boró	so gut ich kann
ίσως	ísos	vielleicht
μπορεί	borí	kann sein; vielleicht
το μανικιούρ	to manikiúr	Maniküre, Handpflege

το φρύδι (-ια)	to fríði (-ia)	Augenbraue
το νύχι (-ια)	to níchi (-ia)	der Nagel
το μασσάζ	to massás	die Massage
η μάσκα (-ες)	i máska	die Maske
θα δω!	θa ðó!	ich werde (schon) sehen!
θα δούμε!	θa ðúme!	wir werden sehen!
βλέπω/δώ/είδα	wlépo/ðó/íða	ich sehe/II/sah

Samstag, vierzehnter August

Haben Sie gut geschlafen?

Wenn ich als Lehrer arbeite in der Schule, stehe ich gewöhnlich um halb sieben morgens auf. Um acht muß ich beginnen den Unterricht. Am Morgen bin ich immer in Eile. Alles geschieht eilig. Aber in den Ferien faulenze ich. Ich schlafe spät ein und entsprechend wache ich spät auf. Dasselbe mache ich auch jetzt in Griechenland: Ich stehe etwa um zehn Uhr morgens auf, oder um halb elf. So fühle ich mich wohl. Ich beeile mich gar nicht. Ich wasche mich mit kaltem Wasser, damit der Schlaf vergeht, oder ich nehme mein Morgenbad. Dann geht es mir besser. Ich putze meine Zähne mit einer elektrischen Zahnbürste, trockne mich mit dem Handtuch ab und ziehe mich langsam an. Dann kämme ich mich (kämme meine Haare). Darauf rasiere ich mich mit dem neuen Rasierapparat, den mir Helga geschenkt hat letzte Weihnachten. So mache ich mich fertig. Meine Freundin, die Helga, ist ein anderer Typ: sie kann morgens nicht faulenzen. Wenn ich noch schlafe, steht sie schon auf. Sie wäscht sich stets nur mit heißem Wasser oder nimmt ein sehr heißes Bad. Das ist gut für ihren niedrigen Blutdruck. Sie trocknet sich ab, zieht sich an, kämmt sich, oder wäscht sich manchmal das Haar. Heute weckt sie mich und sagt zu mir: Ach, Verzeihung, mein Liebster! Schlafe noch ein Stündchen. Ich gehe inzwischen zum Friseur. Meine Haare sind sehr häßlich, schmutzig vom Meer. Sie brauchen Waschen und Legen. Ich hoffe, daß ich nicht sehr lange Zeit beim Friseur warten muß. Soll ich die Spitzen schneiden ... ? Oder soll ich die Haare hochstecken? Was denkst du, mein Schatz? Ich denke gar nichts, weil ich noch schlafe. Ich gähne. Also gut, dann geh ich jetzt. Ich komme so schnell, wie ich kann, wieder. Vielleicht mache ich auch eine Maniküre, und die Brauen, eine Massage und eine Maske. Ich werde sehen! — Ja, du wirst sehen, was geschieht.

Erläuterungen

Allgemeine Form mit „man"

Als Ersatz für das deutsche Wörtchen „man" tritt im Griechischen gewöhnlich die 3. Person Plural ein.

Beispiel: „Man nennt mich" = sie nennen mich: me léne ...

1. Sg.: me léne	oder:	légo-me	ich nenne-mich
2. Sg.: se léne		lége-se	du nennst-dich
3. Sg.: to(n) léne		lége-te	er nennt-sich
ti(n) léne			sie nennt-sich
to léne			es nennt-sich

1. Pl.: mas léne	legó-mas-te	wir nennen-uns
2. Pl.: sas léne	lége-ste	ihr nennt-euch
3. Pl.: tus léne	légon-de	sie nennen-sich
tis léne		
ta léne		

Merke: Durch **Anhängen** der Personalpronomina (in leicht veränderter Form) ergibt sich eine neue Verbform, die man das **Reflexiv (rückbezügliche Form)** nennt. Die Pronomina verschmelzen ganz eng mit dem Verb und bilden eine neue „Endung" **(Reflexiv-Endung).**

Die Reflexivform

Am Beispiel „pléno" „wasche" soll die Reflexivform gezeigt werden: „pléno-me" „ich wasche -mich":

	Aktiv		Reflexiv/Medium	
1. Sg.:	pléno	wasche	pléno-me	πλένο-μαι
2. Sg.:	plénis	wäschst	pléne-se	πλένε-σαι
3. Sg.:	pléni	wäscht	pléne-te	πλένε-ται
1. Pl.:	plénume	waschen	plenó-maste	πλενό-μαστε
2. Pl.:	plénete	wäscht	pléne-ste	πλένε-στε
3. Pl.:	plénun	waschen	plénon-de	πλένον-ται

Im gleichen Verhältnis stehen folgende Verbformen:

Aktiv		Reflexiv/Medium	
sikóno	ich erhebe	sikóno-me	ich erhebe-mich, stehe auf
skupíso	ich putze	skupíso-me	ich trockne-mich ab
chteníso	ich kämme	chteníso-me	ich kämme-mich
xiríso	ich rasiere	xiríso-me	ich rasiere-mich
etimáso	ich bereite	etimáso-me	ich bereite-mich (vor)
díno	ich ziehe an	díno-me	ich ziehe-mich an

Anmerkung: Bei vielen Reflexivverben ist die Reflexivbedeutung noch gut erkennbar und entspricht auch einer deutschen Reflexivform:

wrísko ich finde (Aktiv): wrísko-me ich befinde mich (Medium). Andere Verben aber werden im Griechischen so stark reflexiv/medial empfunden, daß sie nur noch in dieser Form vorkommen:

Beispiele:

esθáno-me	αισθάνομαι	ich fühle (mich)
ergáso-me	εργάζομαι	ich arbeite
káθo-me	κάθομαι	ich setze mich, ich **sitze**, wohne
jíno-me	γίνομαι	ich werde
skéfto-me	σκέφτομαι	ich denke

Beachte auch:

| Trói to psomí. | Er ißt das Brot |
| **Aber:** δe tróje-te to psomí. | „Das Brot ißt-sich nicht" = Das Brot läßt sich nicht essen. |

| Píni to krasí. | Er trinkt den Wein. |
| **Aber:** δe píne-te to krasí. | Der Wein ist nicht trinkbar („er trinkt sich nicht") |

Übersichtstafel: Reflexiv/Medium

	jínome ich werde		ergásome ich arbeite	
1. Sg.:	jínome	γίνομαι	ergásome	εργάζομαι
2. Sg.:	jínese	γίνεσαι	ergásese	εργάζεσαι
3. Sg.:	jínete	γίνεται	ergásete	εργάζεται
1. Pl.:	jinómaste	γινόμαστε	ergasómaste	εργαζόμαστε
2. Pl.:	jíneste	γίνεστε	ergáseste	εργάζεστε
3. Pl.:	jínonde	γίνονται	ergásonde	εργάζονται

	estánome ich fühle mich		skéftome ich denke	
1. Sg.:	esθánome	αισθάνομαι	skéftome	σκέφτομαι
2. Sg.:	esθánese	αισθάνεσαι	skéftese	σκέφτεσαι
3. Sg.:	esθánete	αισθάνεται	skéftete	σκέφτεται
1. Pl.:	esθanómaste	αισθανόμαστε	skeftómaste	σκεφτόμαστε
2. Pl.:	esθáneste	αισθάνεσται	skéfteste	σκέφτεστε
3. Pl.:	esθánonde	αισθάνονται	skéftonde	σκέφτονται

Es gibt auch eine Gruppe von Reflexivverben, bei denen in der Endung ein -a erscheint (a-Verben):

	kimáme ich schlafe		θimáme ich erinnere mich	
1. Sg.:	kimáme	κοιμάμαι	θimáme	θυμάμαι
2. Sg.:	kimáse	κοιμάσαι	θimáse	θυμάσαι
3. Sg.:	kimáte	κοιμάται	θimáte	θυμάται
1. Pl.:	kimómaste	κοιμόμαστε	θimómaste	θυμόμαστε
2. Pl.:	kimáste	κοιμάστε	θimáste	θυμάστε
3. Pl.:	kimúnde	κοιμούνται	θimúnde	θυμούνται

	lipáme ich bedauere		fowáme ich fürchte mich	
1. Sg.:	lipáme	λυπάμαι	fowáme	φοβάμαι
2. Sg.:	lipáse	λυπάσαι	fowáse	φοβάσαι
3. Sg.:	lipáte	λυπάται	fowáte	φοβάται
1. Pl.:	lipómaste	λυπόμαστε	fowómaste	φοβόμαστε
2. Pl.:	lipáste	λυπάστε	fowáste	φοβάστε
3. Pl.:	lipúnde	λυπούνται	fowúnde	φοβούνται

Anmerkung: Es gibt auch die Formen kimúme – κοιμούμαι; θimúme – θυμούμαι; lipúme – λυπούμαι; fowúme – φοβούμαι

Lektion 15

Sonntag, 15. August
Wie heißt das?

Κυριακή,
δεκαπέντε Αυγούστου.

Πώς λέγεται αυτό;

Ο φίλος μας, ο Γιώργος, μας
βοηθάει πολύ, για να μάθουμε
καλύτερα και πιο γρήγορα τα
ελληνικά. Κάθε μέρα έρχεται,
και τον ρωτάμε πώς λέγεται
το ένα και το άλλο. Αυτός μας
απαντάει με μεγάλη υπομονή και
ευγένεια. Έχουμε και ένα
λεξικό, μα δεν ξέρουμε ακόμα
καλά καλά πώς γράφονται οι
ελληνικές λέξεις και πώς
προφέρονται σωστά. Έτσι ο
Γιώργος μάς μαθαίνει την

Kiriakí,
ðekapénde Awgústu.

Pos léjete aftó?

o fílos mas, o Jórgos, mas
woiθái polí, ja na máθume
kalítera ke pió grígora ta
elliniká. Káθe méra érchete,
ke ton rotáme pos léjete
to éna ke to alló. Aftós mas
apandái me megáli ipomoní ke
ewjénia. 'Echume ke éna
lexikó, ma ðen xérume akóma
kalá-kalá pos gráfonde i
ellinikés léxis ke pos
proféronde sostá. 'Etsi o
Jórgos mas maθéni tin

ορθογραφία και τη σωστή
προφορά: «σπίτι» γράφεται με
γιώτα, «κοιτάζω» γράφεται με
ομικρονγιώτα, μα προφέρεται
όπως το γιώτα. Έτσι προφέρεται
και το ύψιλον (υ), το ήτα (η)
και επίσης το «ει» (έψιλον-
γιώτα). Όλ' αυτά προφέρονται
όμοια, αλλά γράφονται
διαφορετικά. Το ίδιο γίνεται
με το «αι» (άλφα-γιώτα):
προφέρεται σαν το «ε» (έψιλον).
Καταλάβατε; Η ελληνική
γλώσσα δεν έχει πια τις
διφθόγγους, τις έχασε. Κάτι
άλλο θέλω να σας πω: Προσέξτε
πάντα πώς προφέρονται το
δέλτα (δ), το θήτα (θ) και το
γάμμα (γ). Το «δ» και το «γ»
είναι πολύ μαλακά και ελαφρά.
Γι'αυτό το γερμανικό «d»
γράφεται με «ντ», το «g»
γράφεται με «γκ» και το «b»
γράφεται με «μπ». Δύσκολα;
Αντί «Gerd» γράφεται
«Γκερντ». Αντί «Brecht»
γράφεται «Μπρεχτ». Αυτό
διαβάζεται δύσκολα, αλλά με
τον καιρό μαθαίνεται και αυτό,
έτσι δεν είναι; Έχεις δίκιο.
Το καταλάβαμε.

orΘografía ke ti sostí
proforá. „Spíti" gráfete me
jóta, „kitáso" gráfete me
omikronjóta, ma proférete
ópos to jóta. 'Etsi proférete
ke to ípsilon (υ), to íta (η)
ke epísis to „i" (épsilon-
jóta). 'Ol' aftá proféronde
ómia, allá gráfonde
ðiaforetiká. To ídio jínete
me to „e" (álfa-jóta):
proférete san to „ε" (épsilon).
Kataláwate? I ellinikí
glóssa ðen échi piá tis
difθóngus, tis échase. Káti
állo θélo na sas pó: Prosékte
pánda pos proféronde to
ðélta (d), to θíta (ð) ke to
gámma (g). To „ð" ke to „g"
íne polí malaká ke elefrá.
Jaftó to jermanikó „d"
gráfete me „ντ", to „g"
gráfete me „γκ" ke to „b"
gráfete me „μπ". ðískola?
Andí „Gerd" gráfete
Γκερντ; Andí „Brecht"
gráfete Μπρεχτ. Aftó
diawásete ðíkola, allá me
ton keró maθénete ke aftó,
étsi ðen íne? 'Echis ðíkio.
To katalawáme.

Unser Wortschatz

λέγομαι	légome	ich heiße, werde genannt
πώς λέγεται;	pos léjete?	wie heißt?
βοηθάω, -άς	woiθáo, -ás	ich helfe (a-Verb)
βοηθάω (βοήθησα)	woiθáo (woíθisa)	ich helfe (half)
μας βοηθάει	mas woiθái	er hilft uns
για να μάθω	ja na máθo	damit ich lerne, um zu lernen
μαθαίνω (μάθω)	maθéno (máθo)	ich lerne/II/
έμαθα	émaθa	lernte

καλύτερα	kalítera	besser (Adverb)
πιο καλά	pió kalá	besser
πιο γρήγορα	pió grígora	schneller, rascher
τα ελληνικά	ta elliniká	das Griechische, Griechisch
κάθε μέρα	káθe méra	jeden Tag, täglich
κάθε ώρα	káθe óra	jede Stunde, stündlich
έρχεται	érchete	er (sie, es) kommt
έρχομαι/έρθω/ήρθα	érchome/érθo/írθa	ich komme/II/kam
ρωτάω, -άς	rotáo, -ás	ich frage (a-Verb)
τον ρωτάμε	ton rotáme	wir fragen ihn
εκείνος, -η, -ο	ekínos, -i, -o	jener
εκείνο το σπίτι	ekíno to spíti	jenes („das") Haus
απαντάω, -άς	apandáo, -ás	ich antworte (a-Verb)
η απάντηση	i apándisi	die Antwort
η υπομονή	i ipomoní	die Geduld
η ευγένεια	i ewjénia	die Höflichkeit
ευγενικός, -ή, -ό	ewjenikós, -í, -ó	höflich, nett, freundlich
το λεξικό (-ά)	to lexikó	das Lexikon
η λέξη (-εις)	i léxi(-is)	das Wort
ξέρω (ήξερα)	xéro (íxera)	ich weiß (wußte)
καλά-καλά	kalá-kalá	ganz gut, ganz genau
πώς γράφεται	pos gráfete	wie geschrieben wird; wie man schreibt
γράφω/γράψω/ έγραψα	gráfo/grápso/ égrapsa	ich schreibe/II/ schrieb
γράψε! – γράψτε!	grápse! – grápste!	Schreib! – Schreibt! Schreiben Sie!
οι λέξεις	i léxis	die Wörter
προφέρω	proféro	ich spreche aus
πώς προφέρονται	pos proféronde	wie man ausspricht (Passiv)
η προφορά	i proforá	die Aussprache
σωστός, -ή, -ό	sostós, -í, -ó	richtig
σωστά	sostá	richtig (Adverb)
μας μαθαίνει	mas maθéni	er lehrt uns
η ορθογραφία	i orθografía	die Orthografie, Rechtschreibung
η σωστή προφορά	i sostí proforá	die richtige Aussprache
το γιώτα	to jóta	das Jota
το όμικρον	to ómikron	das Omikron
προφέρεται όπως ...	proférete ópos ...	spricht man aus wie ...
το ύψιλον	to ípsilon	das Ypsilon

το ήτα	to íta	das Ita (Eta)
επίσης	epísis	ebenfalls, gleichfalls
Ευχαριστώ, επίσης!	efcharistó, epísis!	Danke, gleichfalls!
το έψιλον	to épsilon	das Epsilon
όλ'αυτά	ól'aftá	alles das
όμοιος, -οια, -οιο	ómios, -ia, -io	gleich, ähnlich
όμοια	ómia	genauso, gleich (Adverb)
διαφορετικός, -ή, -ό	ðiaforetikós, -í, -ó	verschieden, unterschiedlich
διαφορετικά	ðiaforetiká	verschieden, anders (Adverb)
το ίδιο γίνεται	to íðio jínete	dasselbe geschieht
το άλφα	to álfa	das Alfa (Alpha)
σαν ...	san ...	wie ...
Καταλάβατε;	kataláwate?	Habt Ihr (Haben Sie) verstanden?
δεν κατάλαβα	ðen katálawa	Ich habe nicht verstanden
η γλώσσα (-ες)	i glóssa (-es)	die Sprache; die Zunge
η ελληνική γλώσσα	i ellinikí glóssa	die griechische Sprache
δεν έχει πια	ðen échi **piá**	sie hat nicht **mehr**
η δίφθογγος (-οι)	i ðífθongos	der Diphthong
τις έχασε	tis échase	sie hat sie verloren
χάνω/χάσω/έχασα	cháno/cháso/échasa	ich verliere/II/verlor
χάνομαι (χάθηκα)	chánome/cháθika	ich gehe/ging verloren
ξεχάω (ξέχασα)	xecháo/xéchasa	ich vergesse/vergaß
κάτι άλλο	káti állo	etwas anderes
θέλω να σας πω	θélo na sas po	ich will euch sagen
κάτι	káti	etwas (bejahend)
δεν έχω τίποτα	ðen écho típota	ich habe nichts (nicht etwas)
λέω/πω/είπα	léo/po/ípa	ich sage/II/sagte
να σου πω κάτι	na su po káti	etwa: Du, hör mal!
θα σου πω	θa su po	ich werde dir sagen
Προσέξτε!	proséxte!	Paßt auf! Gebt acht!
προσέχω (προσέξω)	prosécho/proséxo	ich passe auf/II
δεν πρόσεξα	ðen prósexa	ich habe nicht aufgepaßt
Προσοχή!	prosochí!	Achtung! Vorsicht!
το δέλτα	to ðélta	das Delta
το θήτα	to θíta	das Thita (Theta)
το γάμμα	to gámma	das Gamma
μαλακός, -ή, -ό	malakós, -í, -ó	weich
ελαφρός, -ή, -ό	elefrós, -í, -ó	leicht (vom Gewicht)

γι'αυτό	jaftó	deshalb, darum
γιατί;	jatí?	Warum, Weshalb?
γερμανικός, -ή, -ό	jermanikós, -í, -ó	deutsch
δύσκολος, -η, -ο	ðískolos, -i, -o	schwierig
δύσκολα – εύκολα	ðískola – éfkola	schwierig – leicht
αντί	andí	anstatt, anstelle von
διαβάζεται	ðiawásete	es liest sich (Passiv)
διαβάζω (διάβασα)	ðiawáso/ðiáwasa	ich lese/las
με τον καιρό	me ton keró	mit der Zeit, allmählich
μαθαίνεται	maθénete	es lernt sich (Passiv)
και αυτό	ke aftó	auch das
έτσι δέν είναι;	étsi ðen íne?	Nicht wahr? (Ist es nicht so?)
έχεις δίκιο	échis ðíkio	du hast Recht
έχεις άδικο	échis áðiko	du hast Unrecht
δίκαιος – άδικος	ðíkeos – áðikos	recht – unrecht
η δικαιοσύνη	i ðikeosíni	die Gerechtigkeit
το καταλάβαμε	to katalávame	wir haben's verstanden
Πέστε μου!	péste mu!	Sagt mir! Sagen Sie mir!
Πές μου!	pés mu!	Sag mir!
θα πω	θa po	ich werde sagen
σημαίνω	siméno	ich bedeute
Τί σημαίνουν ...;	ti sinénum ...?	Was bedeuten ...?
οι εξής λέξεις	i exís léxis	die folgenden Wörter
στα γερμανικά	sta jermaniká	auf Deutsch

Sonntag, fünfzehnter August

Wie heißt das?

Unser Freund Jórgos hilft uns viel, damit wir besser und schneller Griechisch lernen. Jeden Tag kommt er, und wir fragen ihn, wie dies oder jenes heißt. Er antwortet uns mit großer Geduld und Höflichkeit. Wir haben auch ein Lexikon, doch wir wissen noch nicht ganz genau, wie die griechischen Wörter geschrieben werden und wie sie richtig ausgesprochen werden. So lehrt uns Jórgos die Orthografie und die richtige Aussprache: „spiti" wird mit Jota geschrieben, „kitázo" schreibt man mit Omikron-Jota, aber es wird ausgesprochen wie Jota (i). So spricht man auch das Ypsilon (υ), das Ita (η), und ebenfalls das „ει" (Epsilon-Jota). Sie alle werden gleich ausgesprochen, aber unterschiedlich geschrieben. Dasselbe geschieht mit dem „αι" (Alfa-Jota): Es wird wie das „ε" ausgesprochen (Epsilon). Habt ihr verstanden? Die griechische Sprache hat keine Diphthonge mehr; sie hat sie verloren. Noch etwas anderes will ich euch sagen: Paßt immer auf, wie das Delta (δ), das Thita (θ) und das Gamma (γ) ausgesprochen wird. Das „δ" und das „γ" ist sehr weich und leicht (= Reibelaut). Deshalb wird das deutsche „d" mit „ντ" geschrieben; das „g" wird mit „γκ" geschrieben und das „b" schreibt man mit „μπ". Schwierig? Statt „Gerd" schreibt man Γκερντ, statt „Brecht" schreibt man Μπρεχτ. Das liest sich schwierig, aber mit der Zeit lernt man auch das, nicht wahr? Du hast Recht. Wir haben's verstanden.

Erläuterungen

Die Gruppe der Reflexivverben auf -iéme/-ιέμαι

Entsprechend den endbetonten Aktivverben, die man in a- und i-Verben einteilen kann (agapáte – ihr liebt; filíte – ihr küßt), gibt es auch bei den Reflexivverben a- und i-Verben.

a-Verb: lipáme es tut mir leid   i-Verb: war-i-éme ich mag nicht

1. Sg.: lipáme	λυπάμαι	war-i-éme	βαριέμαι
2. Sg.: lipáse	λυπάσαι	war-i-ése	βαριέσαι
3. Sg.: lipáte	λυπάται	war-i-éte	βαριέται
1. Pl.: lipómaste*	λυπόμαστε	war-i-ómaste*	βαριόμαστε
2. Pl.: lipáste	λυπάστε	war-i-éste	βαριέστε
3. Pl.: lipúnde	λυπούνται	war-i-únde	βαριούνται

*selten: lipúmaste   *selten: wariúmaste

Weitere i-Verben sind:

arniéme	verneine	stenochoriéme	ich sorge mich
jeliéme	täusche mich	anarotiéme	ich frage mich

Anmerkung: Einige i-Verben weichen von diesem Schema ab: ascholúme/ασχολούμαι/ich beschäftige mich

1. Sg.: ascholúme   ασχολούμαι   1. Pl.: ascholúmaste   ασχολούμαστε
2. Sg.: ascholíse   ασχολείσαι   2. Pl.: ascholíste   ασχολείστε
3. Sg.: ascholíte   ασχολείται   3. Pl.: ascholúnde   ασχολούνται

Diese Form entspricht genau den Aktivverben auf -í: boró, borís, borí, borúme, boríte, borún (können).

Von der Reflexivform zur Passivform

Die Reflexivform des griechischen Verbums wird durch die Endung gebildet: légome ich nenne-mich.

Die Form „légome ich nenne-mich" kann man ins Deutsche auch mit **„ich werde genannt"** übersetzen (Passivform).

Ebenso läßt sich „gráfome" übersetzen als: „ich schreibe-mich" und als **„ich werde geschrieben".**

Das bedeutet, daß das griechische Reflexivverb mit seiner Reflexivendung das deutsche Passiv („ich werde ge-....") wiedergibt.

Beispiel: gráfo ich schreibe; gráfome ich schreibe-mich = werde geschrieben

Aktiv	Passiv/Reflexiv		
1. Sg.: gráfo	gráfome	γράφομαι	werde geschrieben
2. Sg.: gráfis	gráfese	γράφεσαι	wirst geschrieben
3. Sg.: gráfi	gráfete	γράφεται	wird geschrieben
1. Pl.: gráfume	grafómaste	γραφόμαστε	werden geschrieben
2. Pl.: gráfete	gráfeste	γράφεστε	werdet geschrieben
3. Pl.: gráfun	gráfonde	γράφονται	werden geschrieben

Gráfo to grámma.   Ich schreibe den Brief.
To grámma gráfete.   Der Brief wird geschrieben.

ðiawáso to grámma.   Ich lese den Brief
To grámma ðiawásete.   Der Brief wird gelesen.
                       (... „läßt sich lesen")

Beachte: Durch das Anhängen der Reflexivendung kann nahezu von jedem Verb ein Passiv oder Reflexiv gebildet werden.

Beispiele:

Aktiv		Passiv		
kitáso	schaue an	kitásome	werde angeschaut	κοιτάζομαι
píno	trinke	pínome	werde getrunken	πίνομαι
tróo	esse	trógome	werde gegessen	τρώγομαι
agoráso	kaufe	agorásome	werde gekauft	αγοράζομαι
pérno	nehme	pérnome	werde genommen	παίρνομαι
wlépo	sehe	wlépome	werde gesehen	βλέπομαι
ðiawáso	lese	ðiawásome	werde gelesen	διαβάζομαι
nikiáso	miete	nikiásome	werde vermietet	νοικιάζομαι

Zur griechischen Schrift und Aussprache

Die griechischen Buchstaben sind mit den unsrigen verwandt. Der Grund liegt darin, daß es sich bei den „lateinischen" Buchstaben, die wir benutzen, teils um Entlehnungen aus dem griechischen Alphabet handelt. Diese Entlehnungen fanden vor mehr als 2500 Jahren statt.

Hier nun die Übersicht über die Buchstaben bzw. Buchstabenkombinationen der neugriechischen Sprache und ihre Lautung:

A	α	Kurzes bis halblanges „a" wie in „Anna" (eine Betonung der Silbe „verlängert" auch jeweils den Vokal)
B	β	wie deutsches „w" in „was"
Γ	γ	vor α, ο, ω, ου, δ, λ, ν, ρ: Reibelaut zwischen „g" und dem Zäpfchen-r (nicht gerollt) vor ε, ι, η, υ, ει, οι, αι: wie deutsches „j"
Δ	δ	wie „th" [ð] in englisch „that"
E	ε	kurzes bis halblanges „e" wie in „Eskimo" (siehe auch αι)
Z	ζ	stimmhaftes „s" wie in „Rose"
H	η	kurzes bis halblanges „i" wie in „Direktor" (siehe auch ι, υ, ει, οι)
Θ	θ	wie „th" in englisch „thing"
I	ι	kurzes bis halblanges „i" wie in „Direktor" (siehe auch η, υ, ει, οι)
K	κ	„k" ohne Behauchung wie „c" in französisch „cours"
Λ	λ	wie deutsches „l"
M	μ	wie deutsches „m"
N	ν	wie deutsches „n"
Ξ	ξ	wie „x" in „Xaver"
O	ο	kurzes bis halblanges „o" wie in „sonst" (siehe auch ω)
Π	π	„p" ohne Behauchung, wie „p" in französisch „père"
P	ρ	gerolltes Zungenspitzen-r
Σ	σ	(am Wortende: ς) stimmloses „s" wie „ß" in „Paß"
T	τ	„t" ohne Behauchung wie „t" in italienisch „tutti"
Υ	υ	kurzes bis halblanges „i" wie in „Direktor" (siehe auch η, ι, ει, οι)
Φ	φ	wie deutsches „f" in „Foto"
X	χ	vor ι, η, υ, ει, οι, ε, αι: wie „ch" in „Chile" vor α, ο, ω, ου, θ, λ, μ, ν, ρ, τ: wie „ch" in „doch"
Ψ	ψ	wie „ps" in „Psalm"
Ω	ω	kurzes bis halblanges „o" wie in „sonst" (siehe auch ο)

Buchstabenverbindungen

a) Vokale

αι	Kurzes bis halblanges „e" wie in „Eskimo" (siehe ε)
οι, ει	kurzes bis halblanges „i" wie in „Direktor" (siehe η, ι, υ)
ου	kurzes bis halblanges „u" wie in „Ulrich"
αυ	wie „af" vor stimmlosen Konsonanten (z. B. αυτός, „aftós", dieser)
	wie „aw" vor Vokalen oder stimmhaften Konsonanten (z. B. αύριο, „áwrio", morgen)
ευ	wie „ef" vor stimmlosen Konsonanten (z. B. ευχή, „efchí", Wunsch)
	wie „ew" vor Vokalen oder stimmhaften Konsonanten (z. B. δουλεύω, „ðuléwo", ich arbeite)

b) **Konsonanten**

γγ	wie „ng" in „Evangelium"
γκ	als Wortanfang wie „g" in „Garten"
γκ	in der Wortmitte wie „ng" in „Evangelium"
μπ	wie deutsches „b" in „Berlin"
ντ	wie deutsches „d" in „Dame"
τζ	wie „dz"
τσ	wie „ts"

Lektion 16

Montag, 16. August
Auf dem Schiff

Δευτέρα,
δεκαέξι Αυγούστου.

δeftéra,
δekaéxi Awgústu.

Στο καράβι

Sto karáwi

Αύριο το πρωί πρέπει να σηκωθούμε πολύ νωρίς. Θα βιαστούμε πάρα πολύ. Θα πλυθούμε γρήγορα-γρήγορα, η Έλγκα θα χτενιστεί σ'ένα λεπτό, εγώ θα ξυριστώ στα γρήγορα και θα ντυθούμε στη στιγμή. Γιατί; Ο λόγος θα είναι ο εξής: Επιτέλους θέλουμε να φύγουμε από τη μεγαλόπολη Αθήνα για ένα ωραίο και ήσυχο νησί. Θα λυπηθούμε λιγάκι στον αποχαιρετισμό, αλλά στο

Awrio to proí prépi na sikoθúme polí norís. θa wiastúme pára polí. θa pliθúme grígora-grígora, i 'Elga θa chtenistí s'éna leptó, egó θa xiristó sta grígora ke θa diθúme sti stigmí. Jatí? O lógos θa íne o exís: epitélus θélume na fígume apó tin megalópoli Aθína ja éna oréo ke ísicho nisí. θa lipiθúme ligáki ston apocheretismó, allá sto

νησί Σαντορίνη θα έχουμε ωραίο
καιρό, οπωσδήποτε.
Ετοιμαστήκαμε καλά για το
θαλασσινό ταξίδι μας:
Χτες ήμαστε κιόλας στον
Πειραιά, στο λιμάνι τής Αθήνας,
και κλείσαμε τις θέσεις μας.
Αγοράσαμε δύο εισιτήρια τής
τουριστικής θέσης στο πρακτο-
ρείο ταξιδιών που είναι
(βρίσκεται) απέναντι στο λιμάνι.
Μαζέψαμε τα πράγματά μας
στις βαλίτσες. Τα μισά όμως τα
αφήσαμε στο ξενοδοχείο για το
γυρισμό. Τι θα γίνει στο πλοίο;
Η Έλγκα είναι πολύ εκνευρισμένη
και δε μπορούσε να κοιμηθεί
καλά τη νύχτα. Θα είμαστε πρώτη
φορά επιβάτες σ'ένα μεγάλο
καράβι. Θα επισκεφτούμε μερικά
άλλα νησιά, λόγου χάριν τη
Σύρο – που έχει τα ωραία
λουκούμια –, τη Μύκονο, τη
Νάξο, την Ίο, πρίν φτάσουμε στη
Θήρα (Σαντορίνη). Από το
κατάστρωμα θα δούμε την
απέραντη γαλάζια θάλασσα με τα
αμέτρητα κύματά της. Ίσως θα
δούμε και δελφίνια ή σκυλόψαρα
που ακολουθούνε το πλοίο μας.
Αργά τη νύχτα, κατά τις
ένδεκα, θα φτάσουμε στο λιμάνι
τής Σαντορίνης, στα Φηρά.
Εκεί έχει ένα επικίνδυνο
ηφαίστειο, αλλά μη φοβάσαι!
Δε θα συμβεί τίπτοτα.

nisí Sandoríni θa échume oréo
keró, oposðípote.
Etimastíkame kalá ja to
θalassinó taxíði mas:
Chtes ímaste kiólas ston
Pireá, sto limáni tis Aθínas,
ke klísame tis θésis mas.
Agorasáme ðío isitíria tis
turistikís θésis sto prakto-
río taxiðíon pu íne
(wrískete) apénandi sto limáni.
Masépsame ta prámatá mas
stis walítses. Ta misá ómos ta
afísame sto xenoðochío ja to
jirismó. Ti θa jíni sto plío?
I 'Elga íne polí eknewrisméni
ke ðen borúse na kimiθí
kalá ti níchta. θa ímaste próti
forá epiwátes s'éna megálo
karáwi. θa episkeftúme meriká
álla nisiá, lógu chárin ti
Síro – pu échi ta oréa
lukúmia –, ti Míkono, ti
Náxo, tin 'Io, prin ftásume sti
θíra (Sandoríni). Apó to
katástroma θa ðúme tin
apérandi galásia θálassa me ta
amétrita kímatá tis. 'Isos θa
ðúme ké ðelfínia i skilópsara
pu akoluθúne to plío mas.
Argá ti níchta, katá tis
éndeka, θa ftásume sto limáni
tis Sandorínis, sta Firá.
Ekí échi éna epikínðino
iféstio, allá mi fowáse!
ðe θa simwí típtota.

Unser Wortschatz

το καράβι (-ια)	to karáwi	das Schiff
αύριο το πρωί	áwrio to proí	morgen früh
πρέπει να σηκωθώ	prépi na sikoθó	ich muß aufstehen
πρέπει να σηκωθούμε	prépi na sikoθúme	wir müssen aufstehen

σηκώνομαι/σηκωθώ/ σηκώθηκα	sikónome/sikoθó/ sikóθika	ich stehe auf/II/stand auf
πολύ νωρίς	polí norís	sehr frühzeitig
θα βιαστούμε	θa wjastúme	wir werden uns beeilen
βιάζομαι/βιαστώ/ βιάστηκα	wjásome/wjastó/ wjástika	ich beeile/II/beeilte mich
θα πλυθούμε	θa pliθúme	wir werden uns waschen
πλένομαι/πλυθώ/ πλύθηκα	plénome/pliθó/ plíθika	ich wasche mich/II/ wusch mich
γρήγορα-γρήγορα	grígora-grígora	ganz schnell
χτενίζομαι/χτενιστώ	chtenísome/ chtenistó	ich kämme mich/II
το λεπτό (-ά)	to leptó (-á)	die Minute, der Moment
τα λεφτά	ta leftá	das (Klein-)Geld
σ'ένα λεπτό	s'éna leptó	in einem Moment
ξυρίζομαι/ξυριστώ	xirísome/xiristó	ich rasiere mich/II
στα γρήγορα	sta grígora	auf die Schnelle
ντύνομαι/ντυθώ	dínome/diθó	ich ziehe mich an/II
στιγμή (-ές)	i stigmí (-és)	der Augenblick
στη στιγμή	sti stigmí	im Nu, im Moment
Γιατί;	jatí?	Warum? Weshalb? Wieso?
ο λόγος	o lógos	der Grund; das Wort; Rede
Επιτέλους	epitélus	endlich, schließlich
η μεγαλοπολη	i megalópoli	die Großstadt
η μεγάλη πόλη	i megáli póli	die große Stadt
ήσυχος, -η, -ο	ísichos, -i, -o	ruhig
η ησυχία	i isichía	die Ruhe
δεν υπάρχει ησυχία	ðen ipárchi isichía	es gibt keine Ruhe
θα λυπηθούμε	θa lipiθúme	es wird uns leid tun
λυπάμαι/λυπηθώ/ λυπήθηκα	lipáme/lipiθó/ lipíθika	ich bedauere/II/ bedauerte
λιγάκι	ligáki	ein klein wenig, ein bißchen
λίγο	lígo	ein wenig
ο αποχαιρετισμός	o apocheretismós	der Abschied
αποχαιρετώ	apocheretó	ich verabschiede (jemand)
η Σαντορίνη (η Θήρα)	i Sandoríni (i θíra)	Santorin (Thira) (gr. Insel)
Οπωσδήποτε!	oposðípote!	auf alle Fälle!

ετοιμαστήκαμε	etimastíkame	wir haben uns vorbereitet
ετοιμάζομαι ετοιμαστώ	etimásome/ etimastó	ich bereite mich vor/II
ετοιμάστηκα	etimástika	ich bereitete mich vor
θαλασσινός, -ή, -ό	θalassinós, -í, -ó	See-, Meeres-; Seemann
το θαλασσινό ταξίδι	to θalassinó taxídi	Seereise
χτες ήταν	chtés ítan	gestern war
κιόλας	kiólas	schon, bereits
ο Πειραιάς	o Pireás	der Piräus (Hafen von Athen)
στο λιμάνι	sto limáni	am Hafen, zum Hafen
κλείσαμε τις θέσεις	klísame tis θésis	wir bestellten die Plätze
κλείνω/κλείσω/ έκλεισα	klíno/klíso/ éklisa	ich schließe/II/ schloß
η θέση (-εις)	i θési (-is)	der Platz; Sitzplatz
αγοράζω/αγοράσω/ αγόρασα	agoráso agórasa	Ich kaufe/II kaufte
η αγορά	i agorá	der Markt
το εισιτήριο (-ια)	to isitírio	die Eintrittskarte, Fahrkarte
ο τουρίστας (-ες)	o tourístas (-es)	der Tourist
η τουριστική θέση	i turistikí θési	Touristenklasse
το πρακτορείο	to praktorío...	die Agentur, Büro
ταξιδιών	taxidíon	der Reisen (Reisebüro)
που βρίσκεται	pu wrískete	das sich befindet
απέναντι	apénandi	gegenüber, drüben
μαζεύω/μαζέψω/ μάζεψα	maséwo/masépso/ másepsa	ich sammle/II/ sammelte
το πράγμα	to prágma	das Dind, die Sache
τα πράγματα	ta prágmata	die Sachen
η βαλίτσα (-ες)	i walítsa (-es)	der Koffer
μισός, -ή, -ό	misós, -í, -ó	halb
τα μισά	ta misá	das Halbe; die Hälfte
τα αφήσαμε	ta afísame	wir ließen sie zurück
αφήνω/αφήσω/ άφησα	afíno/afíso/ áfisa	ich lasse/II/ließ
ο γυρισμός	o jirismós	die Rückfahrt, Rückkehr
τι θα γίνει;	ti θa jíni?	Was wird geschehn?
το πλοίο (-α)	to plío	das Schiff
εκνευρισμένος, -η, -ο	eknewrismènos, -i, -o	nervös, aufgeregt

μπορούσε	borúse	sie konnte
να κοιμηθεί	na kimiθí	daß sie schläft ...
πρώτη φορά	próti forá	zum ersten Mal
ο επιβάτης (-ες)	o epiwátis	der Passagier, Fahrgast
θά επισκεφτούμε	θa episkeftúme	wir werden besuchen
επισκέπτομαι/ επισκεφτώ	episképtome/ episkeftó	ich besuche/Form II
επισκέφτηκα	episkéftika	ich besuchte
η επίσκεψη (-εις)	i epískepsi (-is)	der Besuch
ο επισκέπτης (-ες)	o episképtis (-es)	der Besucher
λόγου χάριν	lógu chárin	zum Beispiel
η Σύρος	i Síros	die Insel Syros (bei Athen)
το λουκούμι (-ια)	to lukúmi (-ia)	Honigplätzchen, „Lukúmi"
η Μύκονος	i Míkonos	die Insel Mykonos
η Νάξος	i Náxos	die (Insel) Naxos
η Ἴος	i 'Ios	die Insel Ios
φτάνω (έφτασα)	ftáno (éftasa)	ich komme an (kam an)
το κατάστρωμα	to katástroma	das Deck
από το κατάστρωμα	apó to katástroma	vom Deck aus
θα δούμε	θa δúme	wir werden sehen
απέραντος, -η, -ο	apérandos, -i, -o	endlos, unendlich
αμέτρητος, -η, -ο	amétritos, -i -o	unzählig, zahllos
τα κύματά της	ta kímatá tis	ihre Wellen
το δελφίνι (-ια)	to δelfíni (-ia)	der Delphin
το σκυλόψαρο (-α)	to skilópsaro (-a)	der Haifisch („Hundsfisch")
ο σκύλος	o skílos	der Hund
το σκυλί (-ιά)	to skilí (-ia)	der Hund
το ψάρι (-ια)	to psári (-ia)	der Fisch
ακολουθώ, -είς	akoluθó, -ís	ich folge (i-Verb)
κατά τις ένδεκα	katá tis éndeka	gegen elf Uhr
θα φτάσουμε	θa ftásume	wir werden ankommen
στα Φηρά	sta Firá	in Firá (Hafen von Santorin)
επικίνδυνος, -η, -ο	epikínδinos, -i, -o	gefährlich
ο κίνδυνος	o kínδinos	die Gefahr
το ηφαίστειο (-α)	to iféstio (-a)	der Vulkan
ο Ήφαιστος	o 'Ifestos	der Vulkangott Hefästos
Μη φοβάσαι!	mi fowáse!	Fürchte dich nicht! Keine Angst!
δε φοβάσαι	δe fowáse	du fürchtest dich nicht

φοβάμαι/φοβηθώ/ φοβήθηκα	fowáme/fowiθó/ fowiθika	ich fürchte mich/II/ fürchtete mich
ο θεός (-οί)	o θeós (-í)	Gott
συμβαίνω/συμβώ/ συνέβηκα	simwéno/simwó/ sinéweka	geschehe/II/ geschah
Δε θα συμβεί τίποτα!	δe θa simwí típota!	Da wird nicht passieren!

Auf dem Schiff   Montag, sechzehnter August

Morgen früh müssen wir sehr zeitig aufstehen. Wir werden es sehr eilig haben. Wir werden uns ganz schnell waschen, Helga wird sich in einer Minute kämmen, ich rasiere mich so halbwegs, und wir ziehen uns im Nu an. Warum? Der Grund wird folgender sein: Endlich wollen wir abfahren von der Großstadt Athen zu einer schönen und ruhigen Insel. Wir werden beim Abschied etwas traurig sein, aber auf der Insel Santorin werden wir eine schöne Zeit haben, auf jeden Fall! Wir haben uns für unsere Seereise gut vorbereitet: Gestern waren wir bereits in Piräus, im Hafen von Athen, und bestellten unsere Plätze. Wir kauften zwei Karten für die Touristenklasse im Reisebüro, das gegenüber vom Hafen ist (sich befindet). Wir packten unsere Sachen in die Koffer; die Hälfte jedoch ließen wir im Hotel zurück für unsere Rückkehr. Was wird auf dem Schiff los sein? Helga ist sehr aufgeregt und konnte die Nacht über nicht gut schlafen. Wir werden zum erstenmal Passagiere auf einem großen Schiff sein. Wir werden auch einige andere Inseln besuchen, zum Beispiel Syros — wo es die guten Honigplätzchen gibt —, Mykonos, Naxos und Ios, bevor wir auf Thira (Santorin) ankommen werden. Vom Oberdeck aus werden wir das endlose Meer sehen mit seinen unzähligen Wellen; vielleicht sehen wir auch Delphine oder Haifische, die unserem Schiff folgen. Spät in der Nacht, gegen elf Uhr, werden wir im Hafen von Santorin ankommen, in Firá. Dort gibt es einen gefährlichen Vulkan, aber keine Angst! Da wird nichts passieren!

Erläuterungen
Haupt- und Nebenform im Reflexiv-Verb
Wie beim Aktivverb eine Haupt- und eine Nebenform vorhanden sind (gráfo: grápso schreibe), so gibt es auch beim

Reflexivverb neben der bereits behandelten Hauptform noch eine Nebenform.

Dabei ist bemerkenswert, daß in der Nebenform **das Reflexivverb zum Aktivverb** wird, d. h. an den Stamm des Verbs treten die bekannten Aktiv-Endungen (wie bei den endbetonten Verben!).

Beispiel:

a) skéftome σκέφτομαι ich denke   skeftó σκεφτώ
b) sikónome σηκώνομαι ich stehe auf   sikoθό σηκωθώ

Beachte: Die Endung dieser Nebenformen geht auf „tó" -τώ oder auf „θό" -θώ aus.

Konjugationsbeispiel: (na) skeftó ich denke/sikoθó stehe auf

1. Sg.: skeftó   σκεφτώ   sikoθó   σηκωθώ
2. Sg.: skeftís   σκεφτείς   sikoθís   σηκωθείς
3. Sg.: skeftí   σκεφτεί   siko-θí   σηκωθεί

1. Pl.: skeftúme   σκεφτούμε   siko-θúme   σηκωθούμε
2. Pl.: skeftíte   σκεφτείτε   siko-θíte   σηκωθείτε
3. Pl.: skeftún   σκεφτούν(ε)   siko-θún   σηκωθούν

Entsprechend werden auch andere Verben gebildet:

plénome	wasche-mich	pliθó	πλυθώ
skupísome	trockne-mich ab	skupistó	σκουπιστώ
chtenísome	kämme-mich	chtenis-tó	χτενιστώ
xirísome	rasiere-mich	xiris-tó	ξυριστώ
dínome	ziehe-mich an	di-θó	ντυθώ
etimásome	mache-mich fertig	etimas-tó	ετοιμαστώ
ergásome	arbeite	ergas-tó	εργαστώ
esθánome	fühle	esθan-θó	αισθανθώ

Beachte: Wie im Aktiv, so wird auch hier das Verb im Vergleich zur Hauptform entweder verkürzt oder leicht verändert. Wichtig ist jedenfalls das Anhängen von -tó, tís, -tí ... bzw. -θó, -θís, -θí ... (nach Vokal: -θó, nach Konsonant zumeist: -tó wegen der Aussprache).

Bildung des Futurs: θa + Nebenform

Wenn man vor die Nebenform des Reflexivs die Futurpartikel „θa" (θα) „bald, gleich" setzt, erhält man das Futur:

1. Sg.: θa sikoθó	θα σηκωθώ	„bald steh' ich auf" = ich werde aufstehen
2. Sg.: θa sikoθís	θα σηκωθείς	du wirst aufstehen
3. Sg.: θa sikoθí	θα σηκωθεί	er wird aufstehen
1. Pl.: θa sikoθúme	θα σηκωθούμε	wir werden aufstehen
2. Pl.: θa sikoθíte	θα σηκωθείτε	ihr werdet aufstehen
3. Pl.: θa sikoθún	θα σηκωθούν	sie werden aufstehen
θa pliθó	θα πλυθώ	ich werde mich waschen
θa skupistó	θα σκουπιστώ	ich werde mich abtrocknen
θa chtenistó	θα χτενιστώ	ich werde mich kämmen
θa xiristó	θα ξυριστώ	ich werde mich rasieren
θa diθó	θα ντυθώ	ich werde mich anziehen
θa etimastó	θα ετοιμαστώ	ich werde mich fertigmachen
θa ergastó	θα εργαστώ	ich werde arbeiten
θa esθanθó	θα αισθανθώ	ich werde empfinden, fühlen

Wunsch und Möglichkeit: Na + Nebenform

Wenn man vor die Nebenform des Reflexivs die Wunsch-/Möglichkeitspartikel „na" / να (daß, ob, hoffentlich) setzt, erhält man eine Fülle von Bedeutungen (wie in der Aktiv-Nebenform).

Beispiele:

Na sikoθó? Να σηκωθώ;
Ich soll aufstehen?
Soll ich aufstehen?
Darf ich aufstehen?
Muß ich aufstehen?

Na sikoθís! Να σηκωθείς!
Du sollst aufstehen.
Du mußt aufstehen.
= Steh doch auf!
Steh nur auf! Steh auf!

Na sikoθúme? Να σηκωθούμε;
Wir sollen aufstehen?
Wir müssen aufstehen?
Müssen wir aufstehen?

Na sikoθíte! Να σηκωθείτε!
Ihr sollt aufstehen!
„Sie" sollen aufstehen!
= Steht (doch) auf!
Stehen Sie (bitte) auf!

Beachte: Die Formen „Na sikoθís!" und „Na sikoθíte!" sind eine Art Imperativ (Befehlsform). Man kann auch einfach sagen: „Sikoθíte! Σηκωθείτε! Steht auf! Stehn Sie auf!

Befehl und Verbot beim Reflexivverb

a) In der 2. Pers. Plural werden Befehl, Verbot und zukünftige Handlungen so ausgedrückt:

Futur	Befehl
θa sikoθíte	Sikoθíte!
ihr werdet aufstehen	Steht auf!
Sie werden aufstehen	Stehen Sie auf!
θα σηκωθείτε	Σηκωθείτε!
Verneinung:	
ðe θa sikoθíte	mi sikoθíte!
ihr werdet nicht aufstehen	steht nicht auf!
	stehen Sie nicht auf!
δε θα σηκωθείτε	Μη σηκωθείτε!

Beachte: In der verneinten Aussage heißt „nicht": δε(ν)/δεν. Im verneinten Befehl (= Verbot) muß stets mi(n)/μη(ν) „nicht" stehen!

b) Im Singular des Reflexivverbums ist es anders, da der Befehl eine andere Form erfordert (auf -su):

Futur	Befehl
θa sikoθís	**Sikó-su!** (alte Form, heute: síko!)
du wirst aufstehen	Steh auf!
Verneinung:	
ðe θa sikoθís	mi sikoθís!
du wirst nicht aufstehen	Steh nicht auf!

Beachte: In der Befehlsform auf -su steckt wiederum das Kurzpronomen „su"/σου. Wörtlich hieße es also: sikó-su! Erhebe-dich! (Dafür heute kurz: síko! Steh auf!)

Weitere Beispiele für die Befehlsform beim Reflexivverb:

pli-su!	stá-su!	sképsu!	fandásu!
wasch-dich!	halt (an)!	denke!	stell dir vor!
kimísu!	disu!	gdisu!	xirísu!
schlaf!	zieh dich an!	zieh dich aus!	rasiere dich!
skupísu!	chtenísu!	etimásu!	
trockne dich ab!	kämme dich!	mach dich fertig!	

Lektion 17

Dienstag, 17. August
Gute Besserung!

Τρίτη,
δεκαεφτά Αυγούστου.

Περαστικά!

Το πλοίο καθυστέρησε πολύ,
γιατί ο καιρός άλλαξε. Ο αέρας
γύρισε και είχαμε θύελλα. Αυτό
γίνεται κάποτε και το καλοκαίρι.
Η θάλασσα έγινε πολύ ταραγμένη
και έκανε ψηλά κύματα. Εμείς
φοβηθήκαμε. Το πλοίο κουνή-
θηκε δυνατά και εγώ
ζαλίστηκα. Δεν αισθάνθηκα
καθόλου καλά. Ήμουνα πολύ
χάλια. Δυστυχώς δεν είχαμε
τίποτα κατά της ναυτίας.
Ξεχάσαμε να αγοράσουμε χάπια

Tríti,
ðekaeftá Awgústu.

Perastiká!

To plío kaθistérise polí,
jatí o kerós állaxe. O aéras
jírise ke íchame θíella. Aftó
jínete kápote ke to kalokéri.
I θálassa éjine polí taragméni
ke ékane psilá kímata. Emis
fowiθíkame. To plío kuní
θike ðinatá ke egó
salístika. ðen esθánθika
kaθólu kalá. 'Imuna polí
chália. ðistichós ðen íchame
típota katá tis naftías.
Xechásame na agorásume chápia

ναυτίας. Κρίμα! Επιτέλους
φτάσαμε, στις δύο τη νύχτα.
Δύσκολα βρήκαμε ένα δωμάτιο,
επειδή τα ξενοδοχεία ήτανε
κιόλας κλειστά.
Τη νύχτα δεν κοιμήθηκα καλά.
Ονειρεύτηκα ανήσυχα, ξυπνούσα
συχνά και μου φάνηκε πως
ήμουν ακόμη στη φουρτούνα.
Δεν άντεχα αλλο.
Το άλλο πρωί σηκώθηκα. Με
πονούσε το στομάχι και το
κεφάλι. Ωστόσο πλύθηκα και
για λίγο αισθάνθηκα καλύτερα.
Σκουπίστηκα, χτενίστηκα και
ντύθηκα. Μα ο πονοκέφαλος δεν
πέρασε. Τώρα κατάλαβα πως
ήμουν άρρωστη. Ένιωσα πως
είχα και πυρετό. Έψαξα στην
τσάντα μου, μα δε βρήκα ούτε
μία ασπιρίνη. Γιατί δε σκεφτή-
καμε να πάρουμε φάρμακα;
Τώρα ήταν πάρα πολύ αργά.
Απ'το θόρυβο που έκανα,
ξύπνησε ο Γκέρντ. Με κοίταξε
εκπληκτος και είπε: «Τι έπαθες;
Μήπως είσαι άρρωστη; Δεν
είσαι καλά»; «Πραγματικά, δεν
αισθάνομαι καλά. Με πονάει το
κεφάλι, ο λαιμός, το στομάχι,
η κοιλιά, η μύτη, η καρδιά,
και η πλάτη. Μάλλον χάλασε το
στομάχι μου. Έχω ψηλό
πυρετό, αλλά δεν βρίσκω ούτε
το θερμόμετρο ούτε μια ασπιρίνη.
Δεν έχω όρεξη και ζαλίζομαι
ακόμη από το πλοίο. Τη νύχτα
είχα αϋπνία ... Τι να κάνω,
αγάπη μου ... θα πεθάνω.»
Μη φοβάσαι, δε θα πεθάνεις. Θα
φωνάξουμε το γιατρό. Είχες
ναυτία χτες και τώρα έχεις
πυρετό, συνάχι, βήχα και ένα

naftías. **Kríma**! Epitélus
ftásame, stis ðío ti níchta.
ðískola wríkame éna ðomátio,
epiðí ta xenoðochía ítane
kiólas klistá.
Ti níchta ðen kimíθika kalá.
Oniréftika anísicha, xipnúsa
sichná ke mu fánike pos
ímun akómi sti fourtúna.
ðen ándecha állo.
To állo proí sikóθika. Me
ponúse to stomáchi ke to
kefáli. Ostóso plíθika ke
ja lígo esθánθika kalítera.
Skupístika, chtenístika ke
ðíθika. Ma o ponokéfalos ðen
pérase. Tóra katálawa pos
ímun árrosti. Eníosa pos
ícha ke piretó. 'Epsaxa stin
tsánda mu, ma ðen wríka úte
mía aspiríni. Jatí ðe skeftí-
kame na párume fármaka?
Tóra ítan pára polí argá.
Ap' to θóriwo pu ékana,
xípnise o Gerd. Me kítaxe
ékpliktos ke ípe: „Ti épaθes?
Mípos íse árrosti? ðen
íse kalá?" „Pragmatiká, ðen
esθánome kalá. Me ponái to
kefáli, o lemós, to stomáchi,
i kiliá, i míti, i karðiá,
ke i pláti. Mállon chálase to
stomáchi mu. 'Echo psiló
piretó, allá ðen wrísko úte
to θermómetro úte miá aspiríni.
ðen écho órexi ke salísome
akómi apó to plío. Ti níchta
ícha aipnía ... Ti na káno,
agápi mu ... θa peθáno."
Mi fowáse, ðe θa peθánis. θa
fonáxume to jatró. 'Iches
naftía chtes ke tóra échis
piretó, sináchi, wícha ke éna

κρυολόγημα. Πίστεψέ με, θα
περάσει η αρρώστια σου
γρήγορα.
«Πρέπει να πάω στο
νοσοκομείο;»
«Δεν υπάρχει κανένας λόγος,
να πας εκεί. Μείνε ήσυχη.
Εκνευρίστηκες πάρα πολύ
στο καράβι. Θα πάω στο
φαρμακείο και θα πάρω χάπια
κατά της αρρώστιας σου. Και
αύριο θα είσαι πάλι εντάξει.
Δεν είναι πρόβλημα.»
«Αχ, τώρα έχω και πονόδοντο.
Κοίταξε, αυτό το δόντι με
πονάει. Βρε, το δόντι κουνιέται.
Μήπως έσπασε;»
«Όχι, το φαντάστηκες μονάχα.
Ονειρεύεσαι ακόμα. Όταν το
δόντι σου πονάει, αυτό είναι
καλό σημάδι. Σημαίνει πως
μ'αγαπάς ...»
Και ο Γκερντ χαμογέλασε και
με φίλησε τρυφερά.

kriolójima. Pístepsé me, θa
perási i arróstia su
grígora.
„Prépi na páo sto
nosokomío?"
„ðen ipárchi kanénas lógos,
na pas ekí. Míne ísichi.
Eknewrístikes pára polí
sto karáwi. θa páo sto
farmakío ke θa páro chápia
katá tis arróstias su. Ke
áwrio θa íse páli endáxi.
ðen íne prówlima."
„Ach, tóra écho ke ponóðondo.
Kítaxe, aftó to ðóndi me
ponái. Wré, to ðóndi kuniéte.
Mípos éspase?"
„'Ochi to fandástikes monácha.
Oniréwese akóma. 'Otan to
ðóndi su ponái, aftó íne
kaló simáði. Siméni pos
m' agapás ..."
Ke o Gerd chamojélase ke
me fílise triferá.

Unser Wortschatz

Περαστικά!	perastiká!	Gute Besserung!
περαστικός, -ή, -ό	perastikós, -í, -ó	vorübergehend
περνάω/πέρασα	pernáo/pérasa	ich gehe/ging vorüber
καθυστερώ, -είς	kaθisteró, -ís	ich verspäte mich (i-Verb)
η καθυστέρηση	i kaθistérisi	die Verspätung
ο καιρός άλλαξε	o kerós állaxe	das Wetter schlug um
αλλάζω (άλλαξα)	alláso/állaxa	ich wechsle/wechselte
η αλλαγή (-ές)	i allají (-és)	die Veränderung
ο αέρας γύρισε	o aéras jírise	der Wind drehte sich
η θύελλα (-ες)	i θíella (-es)	der Sturm
αυτό γίνεται	aftó jínete	das passiert
κάποτε	kápote	manchmal
ταραγμένος, -η, -ο	taragménos, -i, -o	unruhig
ψηλός, -ή, -ό	psilós, -í, -ó	hoch; groß
ψηλά κύματα	psilá kímata	hohe Wellen

φοβηθήκαμε	fowiθíkame	wir fürchteten uns
κουνήθηκε	kuníθike	es schwankte, schaukelte
κουνιέμαι, -έσαι	kuniéme, -ése	ich schwanke, schaukle
δυνατά	ðinatá	stark (Adverb)
δυνατός, -ή, -ό	ðinatós, -í, -ó	stark, mächtig
η δύναμη (-εις)	i ðínami (-is)	die Kraft, Stärke, Macht
αδύνατος, -η, -ο	aðínatos, -í, -o	schwach, kraftlos; mager
η αδυναμία (-ες)	i aðinamía (-es)	die Schwäche
ζαλίστηκα, -ες	salístika, -es	mir wurde schwindlig
ζαλίζομαι, -εσαι	salísome, -ese	mir wird schwindlig
αισθάνομαι, -εσαι	esθánome, -ese	ich fühle mich
δεν αισθάνθηκα	ðen esθánθika ...	ich fühlte mich ...
καθόλου καλά	kaθólu kalá	überhaupt nicht gut (wohl)
ήμουν(α) χάλια	ímun(a) chália	mir war übel
δυστυχώς – ευτυχώς	ðistichós – eftichós	leider – zum Glück
δεν είχαμε τίποτα	ðen íchame típota	wir hatten nichts
κατά	katá	gegen (Präp.)
κατά της ναυτίας	katá tis naftías	gegen die Seekrankheit
η ναυτία	i naftía	die Seekrankheit
(Τι) κρίμα	(ti) kríma!	Wie schade! Pech!
ξεχάσαμε	xechásame	wir vergaßen
το χάπι (-ια)	to chápi (-ia)	die Pille, Tablette
χάπια ναυτίας	chápia naftías	Übelkeitstabletten
βρήκαμε	wríkame	wir fanden
βρίσκω (βρήκα)	wrísko (wríka)	ich finde (ich fand)
επειδή	epiðí	weil, da (Konjunktion)
κλειστός, -ή, -ό	klistós, -í, -ó	geschlossen, zu
ονειρεύτηκα, -ες	oniréftika, -es	ich träumte
ονειρεύομαι, -εσαι	oniréwome, -ese	ich träume
το όνειρο (-α)	to óniro (-a)	der Traum
ξυπνούσα, -ες	xipnúsa, -es	ich wachte auf (häufig)
ξύπνησα, -ες	xípnisa, -es	ich wachte auf (einmalig)
συχνά	sichná	häufig, oft
μου φάνηκε, πως	mu fánike, pos ...	mir schien, daß ...
μου φαίνεται, πως	mu fénete, pos ...	mir scheint, daß ...
η φουρτούνα	i furtúna	hoher Seegang
αντέχω, -εις	andécho	aushalten, ertragen
Δεν άντεχα άλλο.	ðen ándecha állo	Ich hatte es satt, ich konnte nicht mehr

Δε βαριέσαι	ðe wariése!	Mach dir nichts draus!
σηκώθηκα, -ες	sikóthika	ich stand auf
με πονούσε	me ponúse	mir tat weh (dauernd)
πονάει	ponái	es tut weh
το στομάχι	to stomáchi	der Magen
το κεφάλι	to kefáli	der Kopf
για λίγο	ja lígo	für kurz, kurze Zeit
αισθάνθηκα, -ες	esthánthika, -es	ich fühlte mich
η αίσθηση (-εις)	i ésthisi (-is)	das Gefühl
ο πονοκέφαλος	o ponokéfalos	der Kopfschmerz
δεν πέρασε	ðen pérase	er ging nicht vorbei
πίνω/πιω/ήπια	píno/pió/ípia	ich trinke/trank
λίγο γάλα	lígo gála	etwas Milch
άρρωστος, -η, -ο	árrostos, -i, -o	krank
η αρρώστια	i arróstia	die Krankheit
νιώθω/ένιωσα	niótho/éniosa	ich spüre/spürte
πως ...	pos ...	wie; daß ...
ο πυρετός	o piretós	das Fieber
ψάχνω/έψαξα	psáchno/épsaxa	ich suche/suchte
η τσάντα (-ες)	i tsánda (-es)	die Handtasche
η ασπιρίνη	i aspiríni	die Aspirin-Tablette
σκεφτήκαμε	skeftíkame	wir dachten
για να πάρουμε	ja na párume	daß wir nehmen
παίρνω/πάρω	pérno/páro	ich nehme/Form II
το φάρμακο (-α)	to fármako (-a)	Arznei, Medikament
το φαρμακείο	to farmakío	die Apotheke
ο θόρυβος	o thóriwos	der Lärm
έκπληκτος, -η, -ο	ékpliktos, -i, -o	erschrocken, erstaunt
η έκπληξη	i ékplixi	Überraschung, Verblüffung
τι έπαθες;	ti épathes?	Was ist los mit dir?
παθαίνω/έπαθα	pathéno/épatha	ich leide/litt
μήπως ...;	mípos ...?	vielleicht; ob ...?
δεν είσαι καλά	ðen íse kalá	Geht es dir nicht gut?
ο λαιμός	o lemós	der Hals
η κοιλιά	i kiliá	der Bauch
η μύτη	i míti	die Nase
η καρδιά (-ές)	i karðiá (-és)	das Herz
η ράχη	i ráchi	der Rücken
η πλάτη	i pláti	der Rücken
μάλλον	mállon	vermutlich
χάλασε το στομάχι μου	chálasa to stomáchi mu	ich hab' mir den Magen verdorben

ψηλός πυρετός	psilós piretós	hohes Fieber
το θερμόμετρο	to θermómetro	das Thermometer
βρίσκω/βρήκα	wrísko/wríka	ich finde/fand
η όρεξη	i órexi	der Appetit, die Lust
δεν έχω όρεξη	ðen écho órexi	ich hab' keinen Appetit
Καλή όρεξη!	kalí órexi!	Guten Appetit!
η αϋπνία	i aipnía	die Schlaflosigkeit
Τι να κάνω;	ti na káno?	Was soll ich denn tun?
θα πεθάνω	θa peθáno	ich werde sterben
πεθαίνω/πέθανα	peθéno/péθana	ich sterbe/starb
μη φοβάσαι!	mi fowáse!	Keine Angst!
θα φωνάξουμε	θa fonáxume	wir werden rufen
φωνάζω/φωνάξω/ φώναξα	fonáso/fonáxo/ fónaxa	ich rufe/II/rief
η φωνή, -ές	i foní (-és)	die Stimme
ο γιατρός (-οί)	o jatrós (-í)	der Arzt
είχες ναυτία	íches naftía	du warst seekrank
έχεις πυρετό	échis piretó	du hast Fieber
το συνάχι	to sináchi	der Schnupfen
ο βήχας	o wíchas	der Husten
το κρυολόγημα	to kriolójima	die Erkältung
πίστεψέ με	pístepsé me	Glaube mir!
πιστεύω/πιστέψω/ πίστεψα	pistéwo/pistépso/ pístepsa	ich glaube/II/glaubte
η πίστη	i písti	der Glaube
πιστός, -ή, -ό	pistós, -í, -ó	treu („gläubig")
θα περάσει και αυτό!	θa perási ke aftó!	Auch das wird vergehn!
το νοσοκομείο	to nosokomío	das Krankenhaus
δέν υπάρχει λόγος	ðen ipárchi lógos	es gibt keinen Grund
υπάρχει, έχει	ipárchi, échi	es gibt
Μείνε ήσυχος (-η)!	míne ísichos!	Beruhige dich! Keine Sorge
εκνευρίστηκα, -ες	eknewrístika, -es	ich habe mich aufgeregt
εκνευρίζομαι, -εσαι	eknewrísome, -ese	ich rege mich auf
τα νεύρα μου	ta néwra mu!	Meine Nerven!
θα πάρω χάπια	θa páro chápia	ich hole Tabletten
κατά της αρρώστιας	katá tis arróstias	gegen die Krankheit
το πρόβλημα (-ατα)	to prówlima (-ata)	das Problem
δεν είναι πρόβλημα	ðen íne prówlima	es ist kein Problem
ο πονόδοντος	o ponóðondos	der Zahnschmerz
Κοίταξε! – Κοιτάξτε!	kítaxe! – kitáxte!	Schau! – Schaut!
αυτό το δόντι	aftó to ðóndi	dieser Zahn
το δόντι (-ια)	to ðóndi (-ia)	der Zahn

το δόντι κουνιέται	to ðóndi kuniéte	der Zahn wackelt
Μήπως έσπασε;	mípos éspase?	vielleicht ist er abgebrochen?
σπάζω/έσπασα	spáso/éspasa	ich breche/brach
το λουλούδι (-ια)	to lulúði (-ia)	die Blume
το φαντάστηκες	to fandástikes	du hast dirs eingebildet
φαντάζομαι	fandásome	ich stelle mir vor
η φαντασία (-ες)	i fandasía	die Phantasie
μόνο, μονάχα	móno, monácha	nur, bloß, allein
το σημάδι	to simáði	das Zeichen
σημαίνει	siméni	es bedeutet
μ'αγαπάς	m'agapás	du liebst mich
αγαπάω, αγαπάς	agapáo, -ás	ich liebe (a-Verb)
χαμογέλασε	chamojélase	er lächelte
χαμογελάω, -άς	chamojeláo, -ás	ich lächle (a-Verb)
φίλησε	fílise	er küßte
φιλώ, -άς, -άει	filó, -ás, -ái	ich küsse
ο φίλος – η φίλη	o fílos – i fíli	Freund – Freundin
το φιλί (-ιά)	to filí (-iá)	der Kuß
η φιλία	i filía	die Freundschaft
τρυφερά	triferá	zärtlich (Adverb)
σε λίγο	se lígo	bald darauf
είχε περάσει	íche perási	es war vergangen
δεν ήταν τίποτα ...	ðen ítan típota ...	es war nichts ...

Dienstag, siebzehnter August

Gute Besserung!

Das Schiff hatte viel Verspätung, weil das Wetter umschlug. Der Wind wechselte und wir hatten Sturm. Das passiert manchmal auch im Sommer. Das Meer wurde sehr unruhig und machte hohe Wellen. Wir bekamen Angst. Das Schiff schwankte sehr stark, mir wurde schwindelig. Es ging mir überhaupt nicht gut. Mir war schlecht. Leider hatten wir nichts gegen die Seekrankheit. Wir vergaßen, Pillen gegen die Seekrankheit zu kaufen. Wie schade! Endlich kamen wir an, um zwei Uhr nachts. Es war schwierig, ein Zimmer zu finden, weil die Hotels schon geschlossen waren. In der Nacht schlief ich nicht sehr gut. Ich träumte unruhig, wachte häufig auf, und mir schien es, als sei ich noch im Sturm. Ich hatte es satt! Am andern Morgen stand ich auf. Mir tat der Magen weh und der Kopf. Trotzdem wusch ich mich, und für kurze Zeit fühlte ich mich wohler. Ich trocknete mich ab, kämmte mich und zog mich an. Aber der Kopfschmerz verging nicht. Nun begriff ich, daß ich krank war. Ich spürte, daß ich auch Fieber hatte. Ich suchte in meiner Tasche, aber ich fand kein einziges Aspirin. Warum dachten wir nicht daran, Arzneien mitzunehmen? Nun war es zu spät. Von dem Krach, den ich machte, wachte Gerd auf. Er schaute mich erstaunt an und sagte: „Was ist los? Bist du etwa krank? Gehts dir nicht gut?" „Wirklich, ich fühle mich nicht wohl. Der Kopf tut mir weh, der Hals, der Magen, der Bauch, die Nase, das Herz und der Rücken. Vermutlich hab ich mir den Magen verdorben. Ich habe hohes Fieber, aber ich finde weder ein Thermometer noch ein Aspirin. Ich habe keinen Appetit und mir ist noch immer schwindlig vom Schiff. In der Nacht war ich schlaflos ... Was soll ich denn tun, Liebster, ich werde sterben." „Keine Angst, du wirst nicht sterben. Wir rufen den Arzt. Du warst gestern seekrank und jetzt hast du Fieber, Schnupfen, Husten und eine Erkältung. Glaub mir, deine Krankheit wird schnell wieder vorbeigehn." „Muß ich ins Krankenhaus gehen?" „Dafür gibt es überhaupt keinen Grund, daß du dort hin gehst. Beruhige dich! Du hast dich sehr aufgeregt auf dem Schiff. Ich gehe in die Apotheke und hole Pillen gegen deine Krankheit. Und morgen bist du wieder in Ordnung. Das ist kein Problem." „Ach, nun habe ich auch Zahnschmerzen! Schau doch, dieser Zahn tut mir weh. He, der Zahn wackelt ja! Ist er abgebrochen?" „Nein, das bildest du dir nur ein. Du träumst noch. Wenn dir dein Zahn weh tut, dann ist das ein gutes Zeichen. Es bedeutet, daß du mich liebst ..." Und Gerd lächelte und küßte mich zärtlich.

Erläuterungen

Der Aorist der Reflexiv-Verben

Bei allen Verben wird die Vergangenheitsform Aorist mit der Nebenform gebildet.
Bei den Reflexiv-Verben tritt an den Stamm der Nebenform ein η und das Tempuszeichen κ.

Daran folgen die bekannten Vergangenheitsendungen: -a, -es, -e ...

Beispiel: sikónome stehe auf, sikoθó (II), sikóθ-ik-a stand auf.

Nebenform		Aorist	
1. Sg.: sikoθó	sikó-θika	σηκώθηκα	stand auf
2. Sg.: sikoθís	sikó-θikes	σηκώθηκες	standest auf
3. Sg.: sikoθí	sikó-θike	σηκώθηκε	stand auf
1. Pl.: sikoθúme	siko-θíkame	σηκωθήκαμε	standen auf
2. Pl.: sikoθíte	siko-θíkate	σηκωθήκατε	standet auf
3. Pl.: sikoθún	sikó-θikan	σηκώθηκαν	standen auf

Es heißt dementsprechend:

Nebenform		Aorist	
skeftó	(denke)	skéftika	dachte(!)
pliθó	(wasche mich)	plíθika	wusch (mich)
skupistó	(trockne mich ab)	skupístika	trocknete (mich) ab
chenistó	(kämme mich)	chtenístika	kämmte („mich")
diθó	(zieh mich an)	díθika	zog („mich") an
etimastó	(bereite mich)	etimástika	bereitete („mich")
xiristó	(rasiere mich)	xirístika	rasierte („mich")
ergastó	(arbeite)	ergástika	arbeite(!)
esθanθó	(fühle)	esθánθika	fühlte(!)

Reflexivverb	Gegenwart	Nebenform	Aorist
denke	σκέφτομαι	σκεφτώ	σκέφτηκα
trockne mich ab	σκουπίζομαι	σκουπιστώ	σκουπίστηκα
kämme mich	χτενίζομαι	χτενιστώ	χτενίστηκα
ziehe mich an	ντύνομαι	ντυθώ	ντύθηκα
bereite mich	ετοιμάζομαι	ετοιμαστώ	ετοιμάστηκα
rasiere mich	ξυρίζομαι	ξυριστώ	ξυρίστηκα
arbeite	εργάζομαι	εργαστώ	εργάστηκα
fühle	αισθάνομαι	αισθανθώ	αισθάνθηκα

Übersicht über die wichtigsten Reflexiv-Verben in Hauptform, Nebenform und Aorist

Hauptform/Gegenwart		Nebenform/ Zukunft	Aorist
sikónome	stehe auf	sikoθó	sikóθika
skupísome	trockne mich ab	skupistó	skupístika

chtenísome	kämme mich	chtenistó	chtenístika
dínome	ziehe mich an	diθó	díθika
gdínome	ziehe mich aus	gdiθó	gdíθika
xirísome	rasiere mich	xiristó	xirístika
etimásome	bereite mich	etimastó	etimástika
lúsome	wasche d. Haar	lustó	lústika
kríwome	verstecke mich	kriftó	kríftika
pandréwome	heirate	pandreftó	pandréftika
maséwome	versammle mich	maseftó	maséftika
skéftome	denke	skeftó	skéftika
episképtome	besuche	episkeftó	episkéftika
sillojísome	denke	sillojistó	sillojístika
stékome	stehen(bleiben)	staθó	stáθika
kurásome	werde müde	kurastó	kurástika
skepásome	decke mich zu	skepastó	skepástika
fandásome	stelle mir vor	fandastó	fandástika
wjásome	beeile mich	wjastó	wjástika
ðanísome	leihe mir	ðanistó	ðanístika
xaplónome	lege mich hin	xaploθó	xaplóθika
tsakónome	streite mich	tsakoθó	tsakóθika
chánome	verloren gehen	chaθó	cháθika
férome	benehme mich	ferθó	férθika
wrískome	befinde mich	wreθó	wréθika
wáfome	schminke mich	waftó	wáftika
drépome	schäme mich	drapó	drápika
fénome	erscheinen	fanó	fánika
esθánome	fühle (mich)	esθanθó	esθánθika
ergásome	arbeite	ergastó	ergástika
agonísome	kämpfe	agonistó	agonístika
erotéwome	verliebe mich	eroteftó	erotéftika
chriásome	brauche	chriastó	chriástika
jínome	werde	jíno	éjina
érchome*	komme	érθo	írθa
chérome	freue mich	charó	chárika
káθome	sitze, setze mich	kaθíso**	káθisa

* éla! eláte! komm! kommt! ** kátse! setz dich!

Lektion 18

Mittwoch, 18. August
Sie fahren ans Meer

Τετάρτη,
δεκαοχτώ Αυγούστου.

Tetárti,
ðekaochtó Awgústu.

Σ'ένα βιβλιοπωλείο αγόρασα ένα
ελληνικό βιβλίο.
Το πήρα μαζί μου στο γιαλό και
μετά το μπάνιο διάβασα την
εξής ιστορία:

S' éna wiwliopolío agórasa éna
ellinikó wiwlío.
To píra masí mu sto jaló ke
metá to bánio ðiáwasa tin
exís istoría:

Πηγαίνουν στη θάλασσα

Pijénun sti θálassa

Μια μέρα ο πατέρας είπε:
Παιδιά, θα πάμε στη θάλασσα.
Εκεί θα παίξετε, θα χαρείτε.
Εμπρός λοιπόν, ετοιμαστείτε!
Τι χαρά, τι χαρά!
φώναξαν τα παιδιά κι έτρεξαν
να ετοιμαστούν.

Miá méra o patéras ípe:
Peðiá, θa páme sti θálassa.
Ekí θa péxete, θa charíte.
Embrós lipón, etimastíte!
Ti chará, ti chará!
fónaxan ta peðiá ki étrexan
na etimastún.

Η μητέρα ετοίμασε φαγητό	I mitéra etímase fajitó
για να πάρουν μαζί τους.	ja na párun masí tus.
Τηγάνισε πολλούς κεφτέδες,	Tigánise pollús keftédes,
έβρασε αρκετά αυγά,	éwrase arketá awgá,
πήρε τυρί, ψωμί και φρούτα.	píre tirí, psomí ke frúta.
Όλα αυτά τα έφτιαξε ένα δέμα,	'Ola awtá ta éftiaxe éna ðéna,
που το τύλιξε με προσοχή.	pu to tílixe me prosochí.
Ο πατέρας έφερε το αυτοκίνητο.	O patéras éfere to aftokínito.
«Τού ... τού» έκανε το αυτο-	„Tu ... tu" ékane to afto-
κίνητο, και βγήκαν όλοι στο	kínito, ke wjíkan óli sto
δρόμο.	ðrómo.
Σε λίγο ανέβηκαν προσεχτικά	Se lígo anéwikan prosechtiká
και το αυτοκίνητο ξενίνησε.	ke to aftokínito xekínise.
Τα παιδιά είχαν μεγάλη χαρά.	Ta peðiá íchan megáli chará.
Έφτασαν στην ακροθαλασσιά.	'Eftasan stin akroθalassiá.
Κατέβηκαν από το αυτοκίνητο	Katéwikan apó to aftokínito
και κοίταξαν γύρω.	ke kítaxan jíro.
Η θάλασσα ήταν τόσο ήσυχη	I θálassa ítan tóso ísichi
που έμοιαζε σα λάδι.	pu émiase sa láði.
Βαρκούλες έπλεαν μακριά	Warkúles éplean makriá
και οι ψαράδες τραγουδούσαν.	ke i psaráðes traguðúsan.
Τα παιδιά άρχισαν το παιχνίδι.	Ta peðiá árchisan to pechníði.
Ο Μίμης είχε ένα καραβάκι.	O Mímis íche éna karawáki.
Το έβαλε σιγά-σιγά στη θάλασσα	To éwale sigá-sigá sti θálassa
κι εκείνο έπλεε χωρίς να	ki ekíno éplee, chorís na
βουλιάζει.	wuliási.
Η Άννα πετούσε πέτρες	I 'Anna petúse pétres
και άκουγε που έκαναν «μπλούμ».	ke ákuje pu ékanan „blúm".
Η Έλλη μάζευε χαλικάκια.	I 'Elli másewe chalikákia.
Η Λόλα έπαιζε με την άμμο.	I Lóla épese me tin ámmo.
Όλα τα παιδιά έκαναν κάτι.	'Ola ta peðiá ékanan káti.
Κάτω στο γιαλό, στην άμμο,	Káto sto jaló, stin ámmo,
τα καβούρια κάνουν γάμο.	ta kawúria kánun gámo.
Με καλέσανε να πάω,	Me kalésane na páo,
να χορέψω και να φάω.	na chorépso ke na fáo.
Παίζει ο ποντικός βιολί	Pési o pondikós wiolí
κι η χελώνα παίζει ντέφι.	ki i chelóna pési défi.
Πέρασε κι ένα πουλί	Pérase ki éna pulí
και μας λέει: «Χαρά στο κέφι!»	ke mas léi: „Chará sto kéfi"

Unser Wortschatz

το βιβλιοπωλείο	to wiwliopolío	die Buchhandlung
το βιβλίο	to wiwlío	das Buch
στο γιαλό	sto jaló	am Strand
η ιστορία	i istoría	die Geschichte
η εξής ιστορία	i exís istoría	die folgende Geschichte
πηγαίνουν	pijénun	sie gehen; man geht
πηγαίνω/πήγα	pijéno/píga	ich gehe/ging
μια μέρα	miá méra	ein Tag; eines Tages
λέω/είπα	léo/ípa	ich sage/sagte
θα χαρείτε	θa charíte	ihr werdet euch freuen
χαίρομαι/χάρηκα	chérome/chárika	ich freue mich, freute mich
Εμπρός!	embrós!	Vorwärts! Herein!
Ετοιμαστείτε!	etimastíte!	Macht euch fertig!
Τι χαρά!	ti chará!	Welche Freude! Was für eine ...
η χαρά	i chará	die Freude
φωνάζω/φώναξα	fonáso/fónaxa	ich rufe/rief
τρέχω/έτρεξα	trécho/étrexa	ich laufe/lief
να ετοιμαστούν	na etimastún	daß sie sich fertig machen
η μητέρα	i mitéra	die Mutter
ετοιμάζω/ετοίμασα	etimáso/etímasa	ich bereite/bereitete
για να πάρουν	ja na párun	damit sie mitnehmen
μαζί τους	masí tus	mit ihnen
τηγανίζω/τηγάνισα	tiganíso/tigánisa	ich brate/briet
πολλούς κεφτέδες	pollús keftéðes	viele Frikadellen
βράζω/έβρασα	wráso/éwrasa	ich koche/kochte
αρκετός, -ή, -ό	arketós, -í, -ó	genug, genügend
το αυγό/τα αυγά	to awgó/ta awgá	das Ei, die Eier
αρκετά αυγά	arketá awgá	genügend Eier
το τυρί	to tirí	der Käse
φτιάχνω/έφτιαξα	ftiáchno/éftiaxa	ich mache/machte
το δέμα	to ðéma	das Paket, Päckchen
που το ...	pu to ...	welches ...; das ...
τυλίγω/τύλιξα	tilígo/tílixa	ich wickle ein/wickelte ein
Προσοχή!	prosochí!	Achtung! Vorsicht!
με προσοχή	me prosochí	mit Vorsicht
φέρνω/φέρω/έφερα	férno/féro/éfera	ich bringe/brachte
βγαίνω/βγήκα	wjéno/wjíka	ich gehe/ging hinaus

μπαίνω/μπήκα	béno/bíka	ich gehe/ging hinein
ανεβαίνω/ανέβηκα	anewéno/anéwika	ich steige ein/stieg ein
κατεβαίνω/κατέβηκα	katewéno/katéwika	ich steige aus/stieg aus
προσεχτικά	prosechtiká	vorsichtig
ξεκινάω/ξεκίνησα	xekináo/xekínisa	ich fahre los/fuhr los
η ακροθαλασσιά	i akrothalassiá	der Meeresstrand
κοίταξαν γύρω	kítaxan jíro	sie blickten sich um
τόσο ήσυχη	tóso ísichi	so ruhig (weibl.)
που έμοιαζε ...	pu émiase ...	daß es glich ...
μοιάζω/έμοιασα	miáso/émiasa	ich gleiche/glich
το λάδι	to ládi	das Öl
σα λάδι	sa ládi	wie Öl
βαρκούλα (-ες)	warkúla	das Boot, der Kahn, Barke
έπλεαν (πλέω)	éplean (pléo)	sie segelten
ο ψαράς (-άδες)	o psarás (-ádes)	der Fischer
τραγουδώ/τραγούδησα	tragudó/tragúdisa	ich singe/sang
τραγουδούσαν	tragudúsan	sie sangen (dauernd)
αρχίζω/άρχισα	archíso/árchisa	ich beginne/begann
η αρχή	i archí	der Beginn, Anfang
ο αρχάριος	o archários	der Anfänger
το παιχνίδι	to pechnídi	das Spiel
ο Μίμης	o Mímis	Mimis (griech. Name)
το καραβάκι	to karawáki	das Schiff-lein
βάζω/έβαλα	wáso/éwala	ich setze/setzte
σιγά-σιγά	sigá-sigá	langsam, sachte
χωρίς να ...	chorís na ...	ohne daß ...
βουλιάζω/βούλιαξα	wuliáso/wúliaxa	untergehen
πετούσε	petúse	sie warf (oftmals)
πετώ/πέταξα	petó/pétaxa	ich werfe/warf
η πέτρα	i pétra	der Stein
άκουγε	ákuje	er hörte (dauernd)
ακούω/άκουσα	akúo/ákusa	ich höre/hörte
που έκαναν	pu ékanan	hier: wie sie machten
η 'Ελλη	i 'Elli	die Elli (griech. Name)
μαζεύω/μάζεψα	maséwo/másepsa	ich sammel/sammelte
μάζευε	másewe	sie sammelte (ständig)
το χαλικάκι	to chalikáki	das Kieselsteinchen
το χαλίκι	to chalíki	der Kieselstein
παίζω/έπαιξα	péso/épexa	ich spiele/spielte
έπαιζε	épese	war beim Spielen

με την άμμο	me tin ámmo	mit dem Sand
η άμμος	i ámmos	der („die") Sand
η αμμουδιά	i ammuðiá	der Sandstrand
το καβούρι (-ια)	to kawúri	der Krebs, die Krabbe
ο γάμος	o gámos	Hochzeit, Ehe
κάνω γάμο	káno gámo	ich mache Hochzeit
καλώ/κάλεσα	kaló/kálesa	ich lade ein/lud ein
με καλέσανε	me kalésane	sie luden mich ein
χορεύω	choréwo	ich tanze
ο χορός	o chorós	der Tanz
να χορέψω	na chorépso	daß ich tanze
να πάω, να φάω	na páo, na fáo	daß ich gehe, esse
ο ποντικός	o pondikós	die Maus
το βιολί	to wiolí	die Violine
η χελώνα	i chelóna	die Schildkröte
το ντέφι	to défi	das Tamburin
περνάω/πέρασα	pernáo/pérasa	ich gehe/ging vorbei
πέρασε η ώρα	pérase i óra	die Zeit verging
για να περνάει η ώρα	ja na pernái i óra	damit die Zeit vergeht, zum Zeitvertreib
μας λέει	mas léi	sie sagt uns
το κέφι	to kéfi	die Laune, Lust
το αλφαβητάριο	to alfawitário	die Fibel, Alphabet-Buch

Mittwoch, achtzehnter August

In einer Buchhandlung kaufte ich ein griechisches Buch. Ich nahm es mit mir zum Strand, und nach dem Baden las ich die folgende Geschichte:

Sie fahren ans Meer

Eines Tages sagte der Vater: Kinder, wir fahren ans Meer. Dort werdet ihr spielen, werdet euch freuen. Also, auf, macht euch fertig! Welche Freude, welche Freude! riefen die Kinder und liefen, um sich fertig zu machen. Die Mutter bereitete ein Essen, daß sie es mitnehmen sollten. Sie backte viele Fleischklößchen, kochte genug Eier, nahm Käse, Brot und Obst. All das tat sie in ein Päckchen, das sie mit Sorgfalt zusammenpackte. Der Vater brachte das Auto. „Tu ... tu"! machte das Auto, und alle gingen hinaus auf die Straße. Bald

darauf stiegen sie vorsichtig ein und das Auto fuhr los. Die
Kinder hatten eine große Freude. Sie kamen am Meeresstrand
an. Sie stiegen aus dem Auto aus und schauten sich um. Das
Meer war so ruhig, daß es wie Öl aussah. Boote schwammen
in der Ferne und die Fischer sangen. Die Kinder begannen
mit ihrem Spiel. Mimis hatte ein Schifflein. Er setzte es
sachte-sachte ins Meer, und es schwamm, ohne daß es unterging. Anna warf Steine und hörte, wie sie „plumps" machten.
Elli sammelte Kieselsteinchen. Lola spielte mit dem Sand.
Alle Kinder taten etwas.

> Unten am Strand, im Sand,
> da machen die Krebse Hochzeit.
> Sie luden mich zum Kommen ein,
> zum Tanzen und zum Essen fein.
> Es spielt die Maus die Violin',
> die Schildkröte spielt's Tamburin.
> Ein Vögelchen flog vorbei
> und rief uns zu: „Viel Freud"!

Erläuterungen

Hauptform + Vergangenheitsendung = Imperfekt

Will man sozusagen eine „Bildbeschreibung" eines vergangenen Zustands oder Verlaufs bringen bzw. ausdrücken,
daß dieser wiederholt vorgekommen ist, so verwendet man
die Hauptform (= Gegenwart) mit den Endungen der
Vergangenheit: -a, -es, -e ...

Beispiel: O ílios élambe = Die Sonne „war am Scheinen".
   Die Sonne schien (lange).

   To peðí épese = Das Kind war am Spielen (beim
   Spielen)
   Das Kind spielte (ständig).

Aber: To peðí épexe = Das Kind spielte (einmal).

Gegenwart:	péso spiele		Imperfekt		Aorist	
1. Sg.:	péso	παίζω	é-pesa	έπαιζα	é-pexa	έπαιξα
2. Sg.:	pésis	παίζεις	é-peses	έπαιζες	é-pexes	έπαιξες
3. Sg.:	pési	παίζει	é-pese	έπαιζε	é-pexe	έπαιξε
1. Pl.:	pésume	παίζουμε	pésame	παίζαμε	péxame	παίξαμε
2. Pl.:	pésete	παίζετε	pésate	παίζατε	péxate	παίξατε
3. Pl.:	pésun	παίζουν	pésane	παίζανε	péxane	παίξανε

Gegenwart: gráfo schreibe		Imperfekt		Aorist	
1. Sg.: gráfo	γράφω	é-grafa	έγραφα	é-grapsa	έγραψα
2. Sg.: gráfis	γράφεις	é-grafes	έγραφες	é-grapses	έγραψες
3. Sg.: gráfi	γράφει	é-grafe	έγραφε	é-grapse	έγραψε
1. Pl.: gráfume	γράφουμε	gráfame	γράφαμε	grápsame	γράψαμε
2. Pl.: gráfete	γράφετε	gráfate	γράφατε	grápsate	γράψατε
3. Pl.: gráfun	γράφουν	gráfane	γράφανε	grápsane	γράψανε

Beachte: Die Imperfekt-Form kommt in der Umgangssprache häufig vor. Sie ist z. B. auch nötig für die Bildung irrealer Bedingungssätze (Ich würde ..., wenn ...).

Das Imperfekt bei den endbetonten Verben

Bei den endbetonten Verben wird das Imperfekt anders gebildet. Diese Form ist dem Aorist sehr ähnlich und darf darum nicht mit ihm verwechselt werden.

Beispiel: miláo   ich spreche
         míli-sa ich sprach
         milú-sa ich war am Sprechen („sprach dauernd")

Gegenwart		Aorist		Imperfekt	
1. Sg.: miláo		mílisa	μίλησα	milúsa	μιλούσα
2. Sg.: milás		mílises	μίλησες	milúses	μιλούσες
3. Sg.: milái		mílise	μίλησε	milúse	μιλούσε
1. Pl.: miláme		milísame	μιλήσαμε	milúsame	μιλούσαμε
2. Pl.: miláte		milísate	μιλήσατε	milúsate	μιλούσατε
3. Pl.: miláne		milísane	μιλήσανε	milúsan(e)	μιλούσανε

Noch deutlicher wird der Unterschied bei dem Verb:

petáo ich werfe; pétaxa ich warf; petúsa ich war am Werfen („warf").

Dieses Verb wird auch rückbezüglich (intransitiv) gebraucht:

petáo = ich werfe mich in die Luft = ich fliege. Es heißt: petáo ich fliege; pétaxa ich flog; petúsa ich war im Flug („flog").

Regelmäßige und unregelmäßige Neutra

a) Regelmäßige Substantive auf -o und -i:

		to wunó der Berg		to máti das Auge
Sg.	Nom.:	to wunó το βουνό	to máti το μάτι
	Gen.:	tu wunú του βουνού	tu mati-ú του ματιού
	Dat.:	sto wunó στο βουνό	sto máti στο μάτι
	Akk.:	to wunó το βουνό	to máti το μάτι
Pl.	Nom.:	ta wuná τα βουνά	ta máti-a τα μάτια
	Gen.:	ton wunón των βουνών	ton mati-ón των ματιών
	Dat.:	sta wuná στα βουνά	sta mátia στα μάτια
	Akk.:	ta wuná τα βουνά	ta mátia τα μάτια

Genauso gehen:

to xílo	das Holz		to tragúði	das Lied
to síðero	das Eisen		to spíti	das Haus
to fteró	die Feder		to papútsi	der Schuh
to chorió	das Dorf		to tuféki	das Gewehr
to neró	das Wasser		to fríði	die Augenbraue
to ðáchtilo	der Finger			
to sínnefo	die Wolke		to xíði	der Essig
to chórto	das Gras		to psári	der Fisch
to ipójio	der Keller		to aiðóni	die Nachtigall
to kókkalo	der Knochen		to aláti	das Salz
to álogo	das Pferd		to wóði	der Ochse
to péfko	die Pinie		to ðónti	der Zahn
to prósopo	das Gesicht		to póði	der Fuß
to átomo	die Person		to potámi	der Fluß
to métopo	die Stirn		to potíri	das Glas
to θéatro	das Theater		to taxíði	die Reise
to órgano	das Organ		to chéri	die Hand
to chtírio	das Gebäude		to kefáli	der Kopf
to plío	das Schiff		to karáwi	das Schiff

Beachte: Es gibt auch eine Reihe von endbetonten Neutra:

to krasí Wein, pulí Vogel, mallí Haar, nisí Insel, peðí Kind, tirí Käse, psomí Brot, chartí Papier, kliðí Schlüssel ... Sie gehen alle nach dem Beispiel von „máti Auge".

b) Unregelmäßige Substantive auf -os und -ma/-mo

to láθos der Fehler to grámma der Brief

Sing. Nom.:
to láθ-os	το λάθος	to grámm-a	το γράμμα

Gen.:
tu láθ-us	του λάθους	tu grámm-atos	του γράμματος

Dat.:
sto láθos	στο λάθος	sto grámma	στο γράμμα

Akk.:
to láθos	το λάθος	to grámma	το γράμμα

Plur. Nom.:
ta láθi	τα λάθη	ta grámma-ta	τα γράμματα

Gen.:
ton laθón	των λαθών	ton grammáton	των γραμμάτων

Dat.:
sta láθi	στα λάθη	sta grámmata	στα γράμματα

Akk.:
ta laθi	τα λάθη	ta grámmata	τα γράμματα

Genauso gehen:

to stíθos	die Brust
to chílos	die Lippe
to skélos	der Schenkel
to méros	das Teil
to télos	das Ende
to wáθos	die Tiefe
to ípsos	die Höhe
to éθnos	die Nation

Genauso gehen:

to prágma	das Ding
to stóma	der Mund
to éma	das Blut
to ónoma	der Name
to gála	die Milch
to tréximo	das Laufen
to klápsimo	das Weinen
to gðísimo	das Ausziehen

Anmerkung: Mit der Endung -imo kann das Verbum substantiviert werden.

to grápsimo	das Schreiben	(von grápso schreibe)
to péximo	das Spielen	(von péxo spiele)

Lektion 19

Donnerstag, 19. August
Alles Gute!

Πέμπτη,
δεκαεννέα Αυγούστου.

Χρόνια πολλά!

Πριν φύγουμε για το νησί,
ο Γιώργος και η Μαρία μάς
είχανε καλέσει στη γιορτή. Στις
δεκαπέντε του μήνα (δηλαδή
Αυγούστου) όλες οι Μαρίες της
Ελλάδας γιορτάζουν. Αυτή τη
μέρα όλα τα τραίνα και τα
λεωφορεία της χώρας είναι
γεμάτα από κόσμο. Οι μεγάλες
οικογένειες μαζεύονται: έρχονται
τα αδέρφια και τα ξαδέρφια,

Pémpti,
ðekaennéa Awgústu.

Chrónia pollá!

Prin fígume já to nisí,
o Jórgos ke i María mas
íchane kalési sti jortí. Stis
ðekapénde tu mína (ðilaðí
Awgústu) óles i Maríes tis
Elláðas jortásun. Aftí ti
méra óla ta tréna ke ta
leoforía tis chóras íne
jemáta apó kósmo. I megáles
ikojénies maséwonde: érchonde
ta aðérfia ke ta xaðérfia,

τα παιδιά και τα εγγόνια,
οι θείες και οι θείοι από παντού
στο χωριό, όπου μένουν ο παππούς
και η γιαγιά τους.
Τους καλωσορίζει ο παππούς
μπροστά στο σπίτι του, γελάνε
χαρούμενα, αγκαλιάζονται,
φιλιούνται. Ο ένας ρωτάει τον
άλλο: Πώς είσαι, καλά; Έχω
πολύ καιρό να σε δω. Καλώς
ορίσατε στον τόπο μας. Χαίρω
πολύ.

Ευχαριστούμε, καλώς σας
βρήκαμε. Τι κάνουν στο χωριό;
Όλα πάνε καλά, δόξα τω θεώ.
Πώς είστε στη Γερμανία;
Πολύ καλά. Σας περιμένουμε να
κάνετε και εσείς ένα ταξίδι
στη Γερμανία. − Όχι, απο-
κλείεται. Εμείς είμαστε γέροι.
Δε μπορούμε πια να ταξιδέ-
ψουμε τόσο μακριά. Α, Μαρία,
εδώ είσαι! Χρόνια πολλά για τη
γιορτή σου. Έχουμε και ένα
μικρό δώρο για σένα ... άνοιξε
το κουτάκι! Τι έχει μέσα;
Για να δω ένα λεπτό πριν γυρίσω
στην κουζίνα. Μπράβο, τι ωραία
σκουλαρίκια. Πού τα βρήκατε
αυτά; Για να τα δοκιμάσω
αμέσως! Μου πάνε;

Η Μαρία ήταν πάρα πολύ
ευτυχισμένη με το δώρο μας.
Πήγε πάλι στην κουζίνα και
ετοίμαζε τα φαγητά. Την
βοηθούσαν και η πεθερά και η
φιλενάδα της, η Μυρτώ.
Έφτιαχναν (μαγείρευαν)
ένα νόστιμο μουσακά που
μύριζε κιόλας σ'όλο το σπίτι.
Ο Γεώργιος στο μεταξύ μας
σύστησε στην οικογενειά του.
Αφού ξέραμε τώρα καλύτερα τα

ta peðiá ke ta engónia,
i θíes ke i θíi apó pandú
sto chorió, ópu ménun o pappús
ke i jajá tus.
Tus kalosorísi o pappús
brostá sto spíti tu, jeláne
charúmena, angaliásonde,
filiúnde. O énas rotái ton
állo: Pos ise, kalá? 'Echo
polí keró na se ðó. Kalós
orísate ston tópo mas. Chéro
polí!

Efcharistúme, kalós sas
wríkame. Ti kánun sto chorió?
'Ola páne kalá, ðóxa to θeó.
Pos íste sti Jermanía?
Polí kalá. Sas periménume na
kánete ke esís éna taxíði
sti Jermanía. − 'Ochi, apo-
klíete. Emís ímaste jéri.
ðe borúme piá na taxiðé-
psume tóso makriá. A, María,
eðó íse. Chrónia pollá já ti
jortí su. 'Echume ke éna
mikró ðóro já séna ... ánixe
to kutáki! Ti échi mésa?
Já na ðó éna leptó prin jiríso
stin kusína. Bráwo! ti oréa
skularíkia. Pu ta wríkate
aftá? Já na ta ðokimáso
amésos! mu páne?

I María ítan pára polí
eftichisméni me to ðóro mas.
Píje páli stin kusína ke
etímase ta fajitá. Tin
woiθúsan ke i peθerá ke i
filenáðka tis, i Mirtó.
éftiachnan (majírewan)
éna nóstimo musaká pu
mírise kiólas s' ólo to spíti.
O Jórjos sto metaxí mas
sístise stin ikojénia tu.
Afú xerame tóra kalítera ta

165

ελληνικά, κουβεντιάζαμε με όλους: με τον παππού, που ήταν ογδόντα χρονών, αλλά πολύ γερός ακόμη. Λέγεται κυρ Μιχάλης, και στα νιάτα του ήταν ναύτης, μετά καπετάνιος σ'ένα καράβι και γύρισε όλο τον κόσμο. Η γριά νοικοκυρά, η κυρά Πηνελόπη, η σύζυγός του, ήτανε πάνω από εβδομήντα χρονών. Ήταν μια κοντή καλόκαρδη γυναικούλα με άσπρα μαλλιά που χαμογελούσε πάντα. Δεν έβλεπε πια καλά, φορούσε χοντρά γυαλιά και ήταν σχεδόν τυφλή. Είχε γεννήσει οχτώ παιδιά, πέντε αγόρια και τρία κορίτσια. Μία κόρη της πέθανε από καρκίνο, και δύο γιοί της πέσανε στον πόλεμο και στον εμφύλιο. Μας είπε χαμογελώντας: «Τι να έκανα; Ήταν η μοίρα τους. Τα παθήματα μαθήματα.» Με πολλές κουβέντες και χαρές πέρασε η ώρα. Γίναμε φίλοι με όλη την οικογένεια του Γιώργου. Την ανηψιά της Μαρίας, την Σοφία, την καλέσαμε του χρόνου στη Γερμανία να έρθει στην πόλη μας. Είναι ένα γλυκό κοριτσάκι δεκαεφτά χρονών και πρόκειται να σπουδάσει στη Γερμανία ιατρική, όταν θα έχει τελειώσει το λύκειο. Αργά τη νύχτα αποχαιρετήσαμε όλους, ευχαριστήσαμε για την ευχάριστη βραδιά και υποσχεθήκαμε να ξανάρθουμε σύντομα. Μας άρεσε πάρα πολύ. Ο Γιώργος μας συνόδεψε ως το ξενοδοχείο μας. Θα του τηλεφωνήσουμε αύριο.	elliniká, kuwendiásame me ólus: me ton pappú, pu ítan ogðónda chronón, allá polí jerós akómi. Léjete kir Michális, ke sta niáta tu ítan náftis, metá kapetánios s' éna karáwi ke jírise ólo ton kósmo. I griá nikokirá, i kirá Pinelópi, i sísigós tu, ítan páno apó ewðomínda chronón. Ítan miá kondí kalókarði jinekúla me áspra malliá, pu chamojelúse pánda. ðen éwlepe piá kalá, forúse chondrá jaliá ke ítan skeðón tiflí. Íche jennísi ochtó peðiá, pénde agória ke tría korítsia. Mía kóri tis péðane apó karkíno, ke ðío jí tis pésane ston pólemo ke ston emfílio. Mas ípe chamojelóndas: „Ti na ékana? Ítan i míra tus. Ta paðímata maðímata." Me pollés kuwéndes ke charés pérase i óra. Jíname fíli me óli tin ikojénia tu Jórgu. Tin anipsiá tis Marías, tin Sofía, tin kalésame tu chrónu sti Jermanía na érθi stin póli mas. Íne éna glikó koritsáki ðekaeftá chronón ke prókite na spuðási sti Jermanía iatrikí, ótan θa échi teliósi to líkio. Argá ti níchta apocheretísame ólus, efcharistísame ja tin efcháristi wraðiá ke iposcheθíkame na xanárθume síndoma. Mas árese pára polí. O Jórgos mas sinóðepse os to xenoðochío mas. θa tu tilefonísume áwrio.

Unser Wortschatz

Χρόνια πολλά!	chrónia pollá!	Alles Gute! („Viele Jahre")
ο χρόνος/τα χρόνια	o chrónos/ta chrónia	das Jahr/die Jahre
ο χρόνος/ο καιρός	o chrónos/o kerós	die Zeit/das Wetter
πώς είναι ο καιρός;	pos íne o kerós?	Wie ist das Wetter?
πριν φύγουμε ...	prin fígume ...	bevor wir fahren (fuhren)
για το νησί	ja to nisí	zu der Insel
είχαν καλέσει	íchan kalési	sie hatten eingeladen
η γιορτή	i jortí	das Fest (Namenstagsfest)
του μήνα	tu mína	des (laufenden) Monats
ο μήνας (-ες)	o mínas	der Monat
δηλαδή	ðiladí	nämlich, das heißt, also
γιορτάζω/γιόρτασα	jortáso/jórtasa	ich feiere/feierte
αυτή τη μέρα	aftí ti méra	an diesem Tag
η χώρα (-ες)	i chóra	das Land
γεμάτος, -η, -ο	jemátos, -i, -o	voll, gefüllt
από κόσμο	apó kósmo	von Leuten
η οικογένεια (-ες)	i ikojénia	die Familie
μαζεύονται	maséwonde	sie versammeln sich
μαζεύομαι/μαζεύτηκα	maséwome/maséftika	ich versammle mich/Verg.
έρχομαι/ήρθα	érchome/írθa	ich komme/kam
τα αδέρφια	ta aðérfia	die Geschwister
αδερφός – αδερφή	aðerfós – aðerfí	Bruder – Schwester
τα ξαδέρφια	ta xaðérfia	Vettern und Basen
το εγγόνι (-ια)	to engóni	der Enkel, Enkelkind
η θεία	i θía	die Tante
ο θείος	o θíos	der Onkel
απο παντού	apó pandú	von überall her
στό χωριό	sto chorió	im Dorf; ins Dorf
ο παππούς (-ούδες)	o pappús (-úðes)	der Großvater, Opa
η γιαγιά (-άδες)	i jajá (-áðes)	die Großmutter, Oma
τους καλωσορίζει	tus kalosorísi	er begrüßt sie
μπροστά στο σπίτι	brostá sto spíti	vor dem Haus
γελάω/γέλασα	jeláo/jélasa	ich lache/lachte
χαρούμενα	charúmena	fröhlich (Adverb)
αγκαλιάζονται	ankaliásonde	sie umarmen sich
φιλιούνται	filiúnde	sie küssen sich
ρωτάω/ρώτησα	rotáo/rótisa	ich frage/fragte

ο ένας ... τον άλλο	o énas ... ton állo	einander (der eine den anderen)
πώς πήγες;	pos píjes?	Wie geht es dir?
Να σε δω!	na se ðo!	Laß dich sehen!
Καλώς ωρίσατε!	kalós orísate!	Herzlich willkommen!
στον τόπο μας	ston tópo mas	in unserem Ort
ο τόπος (-οι)	o tópos	der Ort, Ortschaft
Χαίρω πολύ!	chéro polí!	Sehr erfreut!
ευχαριστούμε	efcharistúme	Wir danken, danke!
Καλώς σας βρήκαμε!	kalós sas wríkame!	Wir freuen uns, euch zu sehen.
όλα πάνε καλά	óla páne kalá	alles geht gut
Δόξα τω θεώ!	ðóxa to θeó!	Gottseidank!
πώς είστε;	pos íste?	Wie geht es euch?
περιμένω/περίμενα	periméno/perímena	ich erwarte/erwartete
αποκλείεται	apoklíete	(es ist) ausgeschlossen
ο γέρος	o jéros	der Alte, der Greis; alt
δεν μπορούμε πια	ðen borúme piá	wir können nicht mehr
τόσο μακριά	tóso makriá	so weit
το δώρο (-α)	to ðóro	das Geschenk
για σένα, για μένα	ja séna, ja ména	für dich, für mich
'Ανοιξε! – Ανοίξτε!	ánixe! – aníxte!	Öffne! Öffnet! Öffnen Sie!
το κουτάκι	to kutáki	das Schächtelchen
τι έχει μέσα;	ti échi mésa?	Was ist drinnen?
Για να δω!	ja na ðo!	Laß mich mal sehn!
'Ενα λεπτό!	éna leptó!	einen Moment!
πριν γυρίσω	prin jiríso	bevor ich zurückkehre
η κουζίνα	i kusína	die Küche
τα σκουλαρίκια	ta skularíkia	die Ohrringe
πού τα βρήκατε;	pu ta wríkate?	Wo habt ihr sie gefunden?
δοκιμάζω/δοκίμασα	ðokimáso/ðokímasa	ich probiere/probierte
αμέσως	amésos	sofort
μου πάνε;	mu páne?	stehen sie mir gut?
ευτυχισμένος, -η, -ο	eftichisménos, -i, -o	glücklich
τη βοηθούσαν	ti woiθúsan	ihr halfen ...
η πεθερά	i peθerá	die Schwiegermutter
μαγειρεύω/ μαγείρεψα	majirévo/ majírepsa	ich koche/ kochte
μύριζε – μύρισε	mírise – mírise	es duftete
κιόλας	kiólas	schon
σ'όλο το σπίτι	s'ólo to spíti	im ganzen Haus

στο μεταξύ	sto metaxí	inzwischen
μας σύστησε	mas sístise	sie stellte uns vor
συστήνω/συστήσω	sistíno/sistíso	ich stelle vor/Form II
αφού ... ξέραμε	afú ... xérame	da ... wir wußten
κουβεντιάζω	kuwendiáso	ich unterhalte mich
ογδόντα χρονών	ogðónda chronón	achtzig Jahre alt (Gen.!)
γερός, -ή, -ό	jerós, -í, -ó	rüstig, kräftig, gesund
κύριος – κυρ	kírios – kir ...	der Herr – Herr ...
κυρ – Μιχάλης	kir Michális	Herr Michael
στα νιάτα	sta niáta	in der Jugend
ο ναύτης (-ες)	o náftis	der Seemann, Matrose
ο καπετάνιος (-ιοι)	o kapetánios	der Kapitän
γυρίζω/γύρισα	jiríso/jírisa	ich fahre rundherum/ Verg.
η γριά (-ιές)	i griá	die Alte
η νοικοκυρά	i nikokirá	die Hausfrau
η κυρά Πηνελόπη	i kirá Penelópi	Frau Penelópi
ο, η σύζυγος	o, i sísigos	der Gatte, die Gattin
πάνω από εβδομήντα	páno apó ewðomínda	über siebzig (Jahre)
κοντός, -ή, -ό	kondós, -í, -ó	kurz, kleingewachsen
καλόκαρδος, -η, -ο	kalókarðos, -i, -o	gutherzig
η γυναικούλα	i jinekúla	das Weiblein
με άσπρα μαλλιά	me áspra malliá	mit weißen Haaren
που χαμογελούσε	pu chamojelúse	die lächelte
φορώ/φορούσα	foró/forúsa	ich trage/trug (bei Kleidern)
χοντρός, -ή, -ό	chondrós	dick
τα γυαλιά	ta jaliá	die Brille („Gläser")
σχεδόν	s^{che}ðón	fast
τυφλός, -ή, -ό	tiflós, -í, -ó	blind
είχε γεννήσει	íche jennísi	sie hatte geboren
το αγόρι (-ια)	to agóri	der Knabe, Junge
το κορίτσι (-ια)	to korítsi	das Mädchen
η κόρη	i kóri	die Tochter
πεθαίνω/πέθανα	peθéno/péθana	ich sterbe/starb
από καρκίνο	apó karkíno	an Krebs
ο γιος, οι γιοι	o jós, i jí	der Sohn, die Söhne
πέφτω/έπεσα	péfto/épesa	ich falle/fiel
ο πόλεμος	o pólemos	der Krieg
στον πόλεμο	ston pólemo	im Krieg
στον εμφύλιο	ston emfílio	im Bürgerkrieg
μας είπε	mas ípe	er sagte uns

χαμογελώντας	chamojelóndas	lächelnd
τι να έκανα;	ti na ékana?	Was hätte ich tun sollen?
η μοίρα	i míra	das Schicksal
παθήματα	paθímata	die Leiden
μαθήματα	maθímata	die Lehren
η κουβέντα (-ες)	i kuwénda	das Gespräch, Plauderei
η χαρά (-ές)	i chará	die Freude
γίναμε	jíname	wir wurden
η ανηψιά	i anipsiá	die Nichte
ο ανηψιός	o anipsiós	der Neffe
η Σοφία	i Sofía	Sophia (eig. „Weisheit")
την καλέσαμε	tin kalésame	wir luden sie ein
του χρόνου	tu chrónu	übers Jahr, nächstes Jahr
γλυκός, -ιά, -ό	glikós, -iá, -ó	süß
το κοριτσάκι	to koritsáki	das (liebe) Mädchen
πρόκειται να ...	prókite na ...	ich habe vor, zu (gehen)
σπουδάζω/σπούδασα	spuðáso/spúdasa	ich studiere/studierte
η ιατρική	i jatrikí	die Medizin (Studium)
όταν	ótan	wenn, als (zeitlich)
θα έχει τελειώσει	θa échi teliósi	sie wird beendet haben
τελειώνω/τελείωσα	telióno/telíosa	ich beende/beendete
το λύκειο	to líkio	das Lyzeum
αργά τη νύχτα	argá ti níchta	spät in der Nacht
ευχαριστήσαμε	efcharistísame	wir bedankten uns
ευχάριστος, -η, -ο	efcháristos, -i, -o	angenehm
η βραδιά	i wraðiá	der Abend
υποσχεθήκαμε	iposcheθíkame	wir versprachen
να ξανάρθουμε	na xanárθume	daß wir wiederkommen
σύντομα	síndoma	kurz, bald, in Kürze
σύντομος, -η, -ο	síndomos	kurz (von der Zeit)
συνοδεύω/συνόδεψα	sinoðéwo/sinóðepsa	ich begleite/begleitete

Donnerstag, neunzehnter August

Alles Gute!

Bevor wir zur Insel abfuhren, hatten uns Jórgos und Maria zum Fest eingeladen. Am fünfzehnten des Monats (also im August) feiern alle Marias von Griechenland Namenstag. An diesem Tag sind alle Züge und Busse des Landes voll von Leuten. Die großen Familien versammeln sich: Es kommen die Geschwister und die Vettern, Basen, die Kinder und Enkel, die Tanten und die Onkel von überall ins Dorf, wo der Großvater und die Großmutter wohnen. Sie fragen einander: Wie ging es dir, gut? Ich habe dich lange nicht mehr gesehen. Willkommen in unserem Ort! Freut mich sehr! Wir danken, danke für die Aufnahme! Wie geht es im Dorf? Alles geht gut, Gott sei Dank! Wie geht es euch in Deutschland? Sehr gut. Wir erwarten euch, daß auch ihr eine Reise nach Deutschland macht. — Nein, ausgeschlossen! Wir sind schon zu alt. Wir können nicht mehr soweit fort reisen. Ah, Maria, da bist du ja! Alles Gute zu Deinem Namenstag! Wir haben auch ein kleines Geschenk für dich ... öffne das Schächtelchen! Was ist drinnen? Ich will mal einen Moment sehen, bevor ich in die Küche zurückgehe. Bravo! Was für schöne Ohrringe! Wo habt ihr sie gefunden? Ich will sie gleich mal anprobieren. Passen sie mir? Maria war sehr glücklich über unser Geschenk. Sie ging wieder in die Küche und bereitete die Speisen zu. Ihre Schwiegermutter und ihre Freundin, die Myrtó, halfen ihr dabei. Sie machten (kochten) einen köstlichen Musaká, der schon im ganzen Haus duftete. Jórgos stellte uns inzwischen seiner Familie vor. Nachdem wir nun schon besser Griechisch konnten, unterhielten wir uns mit allen: mit dem Opa, der achtzig Jahre alt war, aber noch sehr rüstig. Er heißt Herr Michális, und in seiner Jugend war er Seemann, dann Kapitän auf einem Schiff und er befuhr die ganze Welt. Die alte Hausfrau, Frau Penelópi, seine Gattin, war über siebzig Jahre alt. Sie war ein kleines, gutherziges Weiblein mit weißem Haar, die ständig lächelte. Sie sah nicht mehr gut, trug eine dicke Brille und war fast blind. Sie hatte acht Kinder geboren, fünf Knaben und drei Mädchen. Eines ihrer Mädchen starb an Krebs, und zwei Söhne fielen im Krieg und Bürgerkrieg. Sie sagte uns lächelnd: ,,Was hätte ich tun sollen? Es war ihr Schicksal. Leiden machen weise!" Mit vielen Gesprächen und Freuden verging die Zeit. Wir wurden Freunde mit der ganzen Familie von Jórgos. Die Nichte von Maria, die Sophia, luden wir für nächstes Jahr nach Deutschland ein, in unsere Stadt zu kommen. Sie ist ein süßes Mädchen von siebzehn Jahren und sie hat vor, in Deutschland Medizin zu studieren, wenn sie das Lyzeum beendet hat. Spät in der Nacht nahmen wir Abschied von allen, bedankten uns für den angenehmen Abend und versprachen, bald wiederzukommen. Es gefiel uns sehr gut. Jórgos begleitete uns bis zu unserem Hotel. Wir werden ihn morgen anrufen ...

Erläuterungen

Von der Reflexivform zur Passiv-Nebenform

Wie aus der Reflexivform die Passivbedeutung abgeleitet wird, wurde am Beispiel von „gráfome" = „ich schreibe mich = ich werde geschrieben" aufgezeigt.

Auch von diesem Verb kann wie bei den Reflexivverben (skéftome ich denke; skeftó) eine Nebenform gebildet werden:

Hauptform	Nebenform (+ na)/(+ θa)		
1. Sg.: gráfome	graftó	γραφτώ	ich werde geschrieben
2. Sg.: gráfese	graftís	γραφτείς	du wirst geschrieben
3. Sg.: gráfete	graftí	γραφτεί	er wird geschrieben
1. Pl.: grafómaste	graftúme	γραφτούμε	wir werden geschrieben
2. Pl.: gráfeste	graftíte	γραφτείτε	ihr werdet geschrieben
3. Pl.: gráfonde	graftún	γραφτούν	sie werden geschrieben

Beachte: Die Passiv-Nebenform wird mit Aktivendungen gebildet: -tó, -tís, -tí oder -θó, -θís, -θí wie bei den **endbetonten Verben** (filó, -ís, -í küsse)

Anwendung:

To grámma **gráfete.**	Der Brief wird geschrieben.
To grámma prépi **na graftí.**	Der Brief muß geschrieben werden.
Na graftún ta grámmata.	Die Brief sollen geschrieben werden.
Na graftún ta grámmata?	Sollen die Briefe geschrieben werden?

Futur Passiv

Passiv-Nebenform + θa = Futur Passiv. Zum Vergleich wird im folgenden Beispiel die Aktivform des Futurs danebengestellt.

θa grápso   θa graftó
  ich werde schreiben: ich werde geschrieben werden

Futur Aktiv   Futur Passiv
                           (werde geschrieben werden)

1. Sg.: θa grápso   θa graftó   θα γραφτώ
2. Sg.: θa grápsis   θa graftís   θα γραφτείς
3. Sg.: θa grápsi   θa graftí   θα γραφτεί

1. Pl.: θa grápsume   θa graftúme   θα γραφτούμε
2. Pl.: θa grápsete   θa graftíte   θα γραφτείτε
3. Pl.: θa grápsun   θa graftún   θα γραφτούν

Merke: Das Futur Passiv ist stets endbetont (als Nebenform)!

Der Aorist des Passivs

Der Aorist des Passivs wird genauso gebildet wie die Vergangenheit der Reflexivverben: Der Stamm der Nebenform wird durch η + κ erweitert. Beispiel:
graftó/werde geschrieben: gráftika/wurde geschrieben.

Gegenwart/Zukunft (+ θa)   Aorist

1. Sg.: graftó   gráfti-ka   γράφτηκα
2. Sg.: graftís   gráfti-kes   γράφτηκες
3. Sg.: graftí   gráfti-ke   γράφτηκε

1. Pl.: graftúme   graftí-kame   γραφτήκαμε
2. Pl.: graftíte   graftí-kate   γραφτήκατε
3. Pl.: graftún   graftí-kane   γραφτήκανε

Anwendung:

Gráfo to grámma.	Ich schreibe den Brief (Gegenwart)
θa grápso to grámma.	Ich werde den Brief schreiben (Futur)
'Egrapsa to grámma.	Ich schrieb den Brief (Vergangenheit)
To grámma gráfete.	Der Brief wird geschrieben (Passiv Gegenwart)
To grámma θa graftí.	Der Brief wird geschrieben werden (Passiv Futur)
To grámma gráftike.	Der Brief wurde geschrieben (Passiv Vergangenheit)

Das Verbaladjektiv auf -ménos, -méni, -méno und -tós, -tí, -tó

Von jedem Verb kann wie im Deutschen ein Partizip Passiv gebildet werden: ge-macht, ge-tan, ge-schrieben usw.

Es endet im Griechischen auf die **Endung -ménos, -i, -o oder -tós, -ti, -tó** und wird wie ein normales Adjektiv behandelt:

To gramméno grámma.   Der geschriebene Brief.
Ta charúmena peðiá.   Die fröhlichen („erfreuten") Kinder.

Intransitiver Gebrauch von aktiven Verben

Im Griechischen steht oftmals die Aktivform, wo im Deutschen ein reflexiver Ausdruck nötig ist.

Intransitiv:

I pórta aníji.   Η πόρτα ανοίγει.
Die Tür öffnet **sich.**

Transitiv:

Anígo tin pórta.   Ανοίγω την πόρτα.
Ich öffne die Tür.

Passiv:

I pórta aníjete.   Η πόρτα ανοίγεται.
Die Tür wird geöffnet.

Transitiv:

Klíno to magasí.   Κλείνω το μαγαζί.
Ich schließe den Laden.

Intransitiv:

To magasí klíni.   Το μαγαζί κλείνει.
Der Laden schließt.

Passiv:

To magasí klínete.   Το μαγαζί κλείνεται.
Der Laden wird geschlossen.

Die Verbformen von klíno = ich schließe.

| klíno | κλείνω | klíso | κλείσω | éklisa | έκλεισα |
| klínome | κλείνομαι | klistó | κλειστώ | klístika | κλείστηκα |

I pórta íne anichtí.   Die Tür ist offen (auf).
I pórta íne klistí.   Die Tür ist geschlossen (zu).

Póte klínun ta magasiá?	Wann schließen die Geschäfte?
Póte anígun ta magasiá?	Wann öffnen die Geschäfte?
θa klíso tin pórta.	Ich werde die Tür schließen.
θa klísi i pórta.	Die Tür wird zugehen (schließen).
Na klíso to magasí?	Soll ich den Laden schließen?
Na klísi to magasí!	Das Geschäft soll schließen!
I pórta θa klistí.	Die Tür wird geschlossen werden.
I pórta klístike.	Die Tür wurde geschlossen.
Na klísis tin pórta!	Du sollst die Tür schließen!
Na min klísis tin pórta!	Du sollst die Tür schließen!
Mi klísis tin pórta!	Schließ die Tür nicht!
Klíse ti pórta!	Schließ die Tür!

Lektion 20

Ein Telefonanruf nach Deutschland

Freitag, 20. August

Παρασκευή,
είκοσι Αυγούστου.

Paraskewí,
íkosi Awgústu.

Ένα τηλεφώνημα στη Γερμανία

'Ena tilefónima sti Jermanía

Τώρα ταξιδεύουμε σχεδόν
τρεις εβδομάδες στην Ελλάδα.
Σιγά σιγά πρέπει να ετοιμαστού-
με για την επιστροφή. Οι γονείς
μας περιμένουν τηλεφώνημα, τι
μέρα θα φτάσουμε ξανά στο
Μόναχο. Τους τηλεφωνήσαμε
δύο φορές απ'το σπίτι τού
Γιώργου. Δεν είναι πια δύσκολο.

Tóra taxiðéwume scheðón
trís ewðomádes stin Elláða.
Sigá-sigá prépi na etimastú-
me já tin epistrofí. I gonís
mas periménun tilefónima, ti
méra θa ftásume xaná sto
Mónacho. Tus tilefonísame
ðío forés ap¹ to spíti tu
Jórgu. ðen íne piá ðískolo

να τηλεφωνήσεις από ένα ιδιωτικό τηλέφωνο στη Γερμανία.	na tilefonísis apó éna iðiotikó tiléfono sti Jermanía.
Μόνο πρέπει να ξέρεις τον αριθμό τής Γερμανίας, της πόλης και του παραλήπτη. Αλλά αν θέλει κανείς να τηλεφωνήσει από το ταχυδρομείο, πρέπει να πάει στον ΟΤΕ. Γιατί σ'ένα ταχυδρομείο δεν μπορεί κανείς να κάνει ένα τηλεφώνημα στο εξωτερικό. Το ίδιο γίνεται με τα τηλεγραφήματα. Πάλι στον ΟΤΕ πρέπει να πας.	Móno prépi na xéris ton ariθmó tis Jermanías, tis pólis ke tu paralípti. Allá an θéli kanís na tilefonísi apó to tachiðromío, prépi na pái ston ΟΤΕ. Jatí s' éna tachiðromío ðen borí kanís na káni éna tilefónima sto exoterikó. To íðio jínete me tá tilegrafímata. Páli ston ΟΤΕ prépi na pás.
Λοιπόν, ρωτήσαμε κάποιον στο δρόμο: Συγνώμη παρακαλώ, πού είναι ο ΟΤΕ; – Αυτός απάντησε: Να πάτε ευθεία, μέχρι το μεγάλο εμπορικό κατάστημα. Εκεί να στρίψετε αριστερά, και θα φτάσετε σε μια πλατεία που πουλάνε λουλούδια. Εκεί στο βάθος της πλατείας βρίσκεται ο ΟΤΕ. Θα δείτε την επιγραφή.	Lipón, rotísame kápion sto ðrómo: Signómi parakaló, pu íne o ΟΤΕ (Oté)? – Aftós apándise: Na páte efθía, méchri to megálo emborikó katástima. Ekí na strípsete aristerá, ke θa ftásete se miá platía, pu puláne lulúðia. Ekí sto wáθos tis platías wrískete o Oté (ΟΤΕ). θa ðite tin epigrafí.
Μπήκαμε μέσα στον ΟΤΕ.	Bíkame mésa ston Oté.
Βρήκαμε την θυρίδα και είπαμε στον υπάλληλο: Θέλουμε να τηλεφωνήσουμε στη Γερμανία. Αυτός αποκρίθηκε: Εντάξει, κύριοι. Περιμένετε ένα λεπτό. Το τηλεφώνημά σας θα είναι στην καμπίνα τέσσερα. Ξέρετε τον αριθμό;	Wríkame tin θiríða ke ípame ston ipállilo: θélume na tilefonísume sti Jermanía. Aftós apokríθike: Endáxi, kírii. Periménete éna leptó. To tilefónimá sas θa íne sti kabína téssera. Xérete ton ariθmó?
Την πρώτη φορά η γραμμή ήταν πιασμένη. Καλέσαμε δευτέρη φορά. Η μητέρα μου απάντησε. Της είπαμε εγκάρδιους χαιρετισμούς απ'την Ελλάδα. Πότε θα φτάναμε; Της ειπαμε την ημερομηνία τής επιστροφής και της άφιξής μας στο Μόναχο. Όλα πάνε καλά, γειά χαρά! Κλείσαμε το τηλέφωνο και	Tin próti forá i grammí ítan piasméni. Kalésame ðeftéri forá. I mitéra mu apándise. Tis ípame enkárðius cheretismús ap' tin Elláða. Póte θa ftáname? Tis ípame tin imerominía tis epistrofís ke tis áfixis mas sto Mónacho. 'Ola páne kalá, jiá chará! Klísame to tiléfono ke

πληρώσαμε στή θυρίδα. Φύγαμε.
Αχ, χρειάζομαι και μερικά
γραμματόσημα! Γυρίσαμε στον
υπάλληλο. Αλλά αυτός μας
απάντησε, πως δεν μπορούμε
να αγοράσουμε γραμματόσημα
στον ΟΤΕ. Να πάτε απέναντι,
εκεί που βλέπετε το μεγάλο
κίτρινο χτίριο, αυτό είναι
το ταχυδρομείο. Πήγα εκεί και
είπα: Δώστε μου παρακαλώ τρία
γραμματόσημα των οχτώ
δραχμών. Θέλω να στείλω
αυτό το γράμμα αεροπορικώς στη
Γερμανία. Πόσο κάνει;
Να το δώ! Κάνει οχτώ δραχμές.
Του δίνω ένα πενηντάρικο:
Ορίστε, πενήντα δραχμές.
Μήπως έχετε τέσσερεις δραχμές;
Δυστυχώς όχι, κύριε, δεν έχω
καθόλου ψιλά. Δεν πειράζει.
Ορίστε, τα ρέστα σας.
Μία ερώτηση ακόμα. Πού να
ρίξω το γράμμα; Εκεί πέρα στα
μεγάλα κίτρινα γραμματοκι-
βώτια λέει: Εξωτερικού, και το
άλλο: Αεροπορικώς. Εκεί μέσα
θα τα ρίξετε.
Το Πόστ-ρεστάντ πού είναι; –
Εκεί απέναντι. Δε διαβάζετε
ΠΟΣΤ ΡΕΣΤΑΝΤ;
Χρειαζεστε όμως το διαβατήριό
σας. Ευχαριστώ πολύ, χαίρετε. –
Το καταφεραμε και αυτό.

plirósame sti θirída. Fígame.
Ach, chriásome ke meriká
grammatósima! Jirísame ston
ipállilo. Allá aftós mas
apándise, pos ðen borúme
na agorásume grammatósima
ston Oté. Na páte apénandi,
ekí pu wlépete to megálo
kítrino chtírio, aftó íne
to tachiðromío. Píga ekí ke
ípa: ðóste mu parakaló tría
grammatósima ton ochtó
ðrachmón. θélo na stílo
aftó to grámma aeroporikós sti
Jermanía. Póso káni?
Na to ðó! Káni ochtó ðrachmés.
Tu ðíno éna penindáriko:
Oríste, penínda ðrachmés.
Mípos échete tésseris ðrachmés?
ðistichós óchi, kírie, ðen écho
kaθólu psilá. ðen pirási.
Oríste, ta résta sas.
Mía erótisi akóma. Pu na
ríxo to grámma? Ekí péra sta
megála kítrina grammatoki-
wótia léi: Exoterikú, ke to
állo: Aeroporikós. Ekí mésa
θa ta ríxete.
To Póst-restánd pu ine? –
Ekí apénandi. ðe ðiáwasete
POST RESTAND?
Chriáseste ómos to ðiawatírió
sas. Efcharistó polí, chérete. –
To kataférame ke aftó.

Unser Wortschatz

το τηλεφώνημα	to tilefónima	das Telefongespräch
το τηλέφωνο	to tiléfono	das Telefon (Apparat)
τηλεφωνώ/	tilefonó/	ich telefoniere/-te
τηλεφώνησα	tilefónisa	
σχεδόν	scheðón	fast

τρεις εβδομάδες	trís ewðomádes	seit drei Wochen
η εβδομάδα	i ewðomáda	die Woche
η επιστροφή	i epistrofí	die Rückfahrt
οι γονείς	i gonís	die Eltern
ιδιωτικός, -ή, -ό	iðiotikós, -í, -ó	privat, persönlich
ο ιδιώτης	o iðiótis	der Privatmann; der Idiot
ο αριθμός	o ariθmós	die Zahl, die Nummer
ο παραλήπτης	o paralíptis	der Empfänger
λόγου χάριν	lógu chárin	zum Beispiel
αν θέλει κανείς	an θéli kanís	wenn jemand (man) will
κανείς, κανένας	kanís, kanénas	jemand; man; (niemand)
το ταχυδρομείο	to tachiðromío	das Postamt
ο ταχυδρόμος	o tachiðrómos	der Postbote
ο ΟΤΕ	o Oté	der OTE (Telegraphenamt)
δεν μπορεί κανείς	ðen borí kanís	man kann nicht
στο εξωτερικό	sto exoterikó	ins Ausland
το ίδιο γίνεται	to íðio jínete	dasselbe geschieht
το τηλεγράφημα	to tilegráfima	das Telegramm
ρωτάω/ρώτησα	rotáo/rótisa	ich frage/fragte
κάποιος	kápios	irgendjemand
απαντώ/απάντησα	apandó/apándisa	ich antworte/antwortete
Να πάτε ευθεία!	na páte efθía!	Gehen Sie nach rechts!
το κατάστημα	to katástima	das Geschäft
εμπορικός, -ή, -ό	emborikós, -í, -ó	Handels-, Kauf-
στρίβω/στρίψω/ έστριψα	stríwo/strípso/ éstripsa	ich wende mich/II/ Verg.
(να) στρίψετε!	(na) strípsete!	Wenden Sie sich nach ...!
Αριστερά!	aristerá!	links!
η πλατεία	i platía	der Platz
πουλάω/πούλησα	puláo/púlisa	ich verkaufe/verkaufte
το λουλούδι	to lulúði	die Blume
στο βάθος	sto wáθos	im Hintergrund
το βάθος	to wáθos	der (Hinter)Grund, Tiefe
βρίσκεται	wrískete	befindet sich
θα δείτε	θa ðíte	Sie werden sehen
η επιγραφή	i epigrafí	die Aufschrift
μπήκαμε μέσα	bíkame mésa	wir gingen hinein
η θυρίδα	i θiríða	der Schalter

ο υπάλληλος	o ipállilos	der Beamte; Angestellte
αποκρίθηκε	apokríthike	er antwortete
η καμπίνα	i kabína	die Kabine
η γραμμή	i grammí	die Linie; Leitung; Gleis
πιασμένος, -η, -ο	piasménos, -i, -o	belegt, besetzt
πιάνω/πιάσω/έπιασα	piáno/piáso/épiasa	ich fasse/II/faßte
καλέσαμε	kalésame	wir wählten (aus)
καλώ/κάλεσα	kaló/kálesa	ich wähle/wählte
πρώτη φορά	próti forá	das erste Mal
δευτέρη φορά	deftéri forá	das zweite Mal
της είπαμε	tis ípame	wir sagten ihr
εγκάρδιους χαιρετισμούς	engarðius cheretismús	herzliche Grüße
ο χαιρετισμός	o cheretismós	der Gruß
χαιρετώ	cheretó	ich grüße
η εξήγηση	i exíjisi	die Erklärung
η ημερομηνία	i imerominía	das Datum („Monatstag")
η άφιξη	i áfixi	die Ankunft
Γεια χαρά!	já chará!	Mach's gut! Alles Gute!
Μια χαρά!	miá chará!	Blendend! Bestens!
κλείσαμε το τηλέφωνο	klísame to tiléfono	wir beendeten das Gespräch
πληρώνω/πλήρωσα	pliróno/plírosa	ich zahle/zahlte
φύγαμε	fígame	wir gingen; geh'n wir!
φεύγω/φύγω/έφυγα	féwgo/fígo/éfiga	ich gehe/II/ging
χρειάζομαι/ χρειάστηκα	chriásome/ chriástika	ich brauche/ brauchte
το γραμματόσημο	to grammatósimo	die Briefmarke
μερικοί, -ές, -ά	merikí, -és, -á	einige, ein paar
το χτίριο	to chtírio	das Gebäude
κίτρινος, -η, -ο	kítrinos, -i, -o	gelb
Δώστε μου!	ðóste mu!	Geben Sie mir!
Δως μου!	ðós mu!	Gib mir!
των οχτώ δραχμών	ton ochtó ðrachmón	zu acht Drachmen (Gen.)
στέλνω/στείλω/ έστειλα	stélno/stílo/éstila	ich schicke/schickte
αεροπορικώς	aeroporikós	per Luftpost
Να το δω!	na to ðó!	Ich will ihn mal seh'n!
του δίνω	tu ðíno	ich gebe ihm
το πενηντάρικο	to penindáriko	den Fünfziger(schein)
μήπως έχετε ...;	mípos échete?	Haben Sie vielleicht?

τα ψιλά	ta psilá	das Kleingeld
δεν έχω ψιλά	ðen écho psilá	ich habe kein Kleingeld
δεν έχω λεφτά	ðen écho leftá	ich habe kein Geld
δεν πειράζει!	ðen pirási!	Macht nichts!
τα ρέστα σας	ta résta sas	Ihr Rückgeld, Wechselgeld
η ερώτηση	i erótisi	die Frage
πού να ρίξω	pu na ríxo?	wohin soll ich werfen?
εκεί πέρα	ekí péra	dort drüben
το γραμματοκιβώτιο	to grammatokiwótio	der Briefkasten
εξωτερικού	exoterikú	(ins) Ausland (Gen.)
θα τα ρίξετε	θa ta ríxete	Sie werden sie werfen
το Ποστ-ρεστάντ	to Post-restánd	postlagernd (franz.: poste restante)
το διαβατήριο	to ðiawatírio	der Reisepaß
καταφέρνω/κατάφερα	kataférno/katáfera	ich schaffe es/Verg.
το καταφέραμε!	to kataférame!	Wir haben's geschafft!

Freitag, zwanzigster August

Ein Telefonanruf nach Deutschland

Nun reisen wir fast seit drei Wochen in Griechenland. Allmählich aber müssen wir uns fertig machen für die Rückkehr. Unsere Eltern erwarten einen Anruf, an welchem Tag wir wieder in München ankommen werden. Wir riefen sie zweimal vom Haus des Jórgos an. Es ist nicht mehr schwierig, von einem Privattelefon aus nach Deutschland zu telefonieren. Man muß nur die Nummer von Deutschland wissen, von der Stadt und von dem Empfänger. Aber wenn man vom Postamt aus telefonieren will, muß man zum OTE (Oté) gehen. Denn von einem Postamt aus kann man kein Telefongespräch ins Ausland führen. Dasselbe geschieht mit den Telegrammen. Man muß wieder zum Oté gehen. Also, wir fragten jemand auf der Straße: Verzeihung bitte, wo ist der Oté? Der antwortete: Gehen Sie geradeaus, bis zu dem großen Kaufhaus. Dort wenden Sie sich nach links, und Sie kommen zu einem Platz, wo man Blumen verkauft. Dort, im Hintergrund des Platzes befindet sich der Oté. Sie sehen schon die Aufschrift ... Wir gingen in den Oté. Wir fanden den Schalter und sagten zu dem Beamten: Wir möchten nach Deutschland telefonieren. Er antwortete: In Ordnung, Herrschaften. Warten Sie einen Moment. Ihr Telefongespräch wird in Kabine vier sein. Wissen Sie die Nummer? Das erste Mal war die Leitung belegt. Wir wählten zum zweiten Mal. Meine Mutter antwortete. Wir sagten ihr herzliche Grüße von Griechenland. Wann wir ankämen? Wir erklärten ihr das Datum unserer Rückreise und der Ankunft in München. Alles geht gut, tschüß, alles Gute! Wir beendeten das Gespräch und bezahlten am Schalter. Wir gingen. Ach, ich brauche noch ein paar Briefmarken! Wir kehrten zu dem Beamten zurück. Aber dieser antwortete uns, daß wir im Oté keine Briefmarken kaufen könnten. Gehen Sie nach gegenüber, dort wo Sie das große gelbe Gebäude sehen, das ist das Postamt. Ich ging hin und sagte: Geben Sie mir bitte drei Briefmarken zu acht Drachmen. Diesen Brief hier will ich per Luftpost nach Deutschland schicken. Was macht das? Lassen Sie mal sehen! Es macht acht Drachmen. Ich gebe ihm einen Fünfziger(-schein): Bitte sehr, fünfzig Drachmen! Haben Sie vielleicht vier Drachmen? Leider nein, mein Herr, ich habe überhaupt kein Kleingeld. Macht nichts. Bitte sehr, Ihr Rückgeld. Eine Frage noch: Wo muß ich den Brief einwerfen? Dort drüben in die großen, gelben Briefkästen. Es heißt: AUSLAND, und der andere: LUFTPOST. Dort werfen Sie sie hinein. Und wo ist POSTLAGERND? — Dort gegenüber. Können Sie nicht lesen POSTE RESTANTE? Sie brauchen aber Ihren Paß. Vielen Dank, auf Wiedersehen! — Auch das hätten wir geschafft!

Erläuterungen

Zusammenstellung der wichtigsten Verbformen und -zeiten
Beim Lernen der Verben ist es günstig, sich zusammen mit der Grundform (Hauptform) zugleich die Nebenformen und

die wichtigsten Zeitstufen einzuprägen. Dadurch ergibt sich folgende Übersicht (A = Aktiv; P = Passiv):

Präsens	Nebenform	Aorist
A: gráfo (schreibe)	grápso	égrapsa
P: gráfome	graftó	gráftika
A: kríwo (verstecke)	krípso	ékripsa
P: kríwome (verstecke mich)	kriftó	kríftika
A: anígo (öffne)	aníxo	ánixa
P: anígome	anichtó	aníchtika
A: ríchno (werfe)	ríxo	érixa
P: ríchnome	richtó	ríchtika
A: akúo (höre)	akúso	ákusa
P: akúgome	akustó	akústika
A: agoráso (kaufe)	agoráso	agórasa
P: agorásome	agorastó	agorástika
A: diawáso (lese)	diawáso	diáwasa
P: diawásome	diawastó	diawástika
A: ðíchno (zeige)	ðíxo	éðixa
P: ðíchnome	ðichtó	ðíchtika
A: filó (küsse)	filíso	fílisa
P: filiéme	filiθó	filíθika

Die unregelmäßigen Verben: Übersicht

Es wäre unmöglich, in diesem Rahmen alle unregelmäßigen Verben zusammenzustellen. Es sollen hier nur die wesentlichsten und häufigsten Verben genannt werden:

anewéno (steige ein, steige hinauf): Anéwa! steig ein!

| anewéno | anewó | anéwika |

katewéno (steige aus, komme herunter): Katéwa! steig aus!

| katewéno | katewó | katéwika |

béno (gehe hinein): Bes! geh hinein!

| béno | bó | bíka |

wjéno (gehe hinaus, heraus): Wges! komm heraus!

| wjéno | wgó | wjíka |

wáso (setze, stelle, lege): wále! setze! stelle! lege!
| wáso | éwala | éwala |

wgáso (nehme heraus, lege ab, ziehe aus): wgále! leg ab!
| wgáso | wgálo | éwgala |
| wgásome | wgalθó | wgálθika |

afíno (lasse, lasse zu, lasse gehen): áfise! laß!
| afíno | afíso | áfisa |

wlépo (sehe) ðés! sieh! ðéste! seht!
| wlépo | ðó | íða |
| wlépome | iðoθó | iðóθika |

wrísko (finde) wrés! finde!
| wrísko | wró | wríka |
| wriskome | wreθó | wréθika |

jínome (werde) jíne! werde!
| jínome | jíno | éjina |

ðérno (schlage, prügle): ðíre! schlag!
| ðérno | ðíro | éðira |
| ðérnome | ðarθó | ðárθika |

ðiðásko (lehre, belehre): ðíðaxe! lehre!
| ðiðásko | ðiðáxo | ðíðaxa |
| ðiðáskome | ðiðachtó | ðiðáchtika |

ðíno (gebe) ðóse! gib!
| ðíno | ðóso | éðosa |
| ðínome | ðoθó | ðóθika |

érchome (komme) éla! komm! eláte! kommt!
| érchome | érθo | írθa |

léo/légo (sage) pés sag! péste! sagt!
| léo | po | ípa |
| légome | ipoθó | ípóθika |

káθome (sitze, setze mich) kátse! setz dich!
| káθome | kaθíso | káθisa |

kéo (brenne, verbrenne) kápsu! brenne!
| kéo | kápso | ékapsa |
| kégome | kaó | káika |

káno (machte, tue) káne! mach!

| káno | káno | ékana |

katalawéno (verstehe) katálawe! versteh!

| katalawéno | kataláwo | katálawa |

kléo (weine) klápse! weine! min klápsis! weine nicht!

| kléo | klápso | éklapsa |

maθéno (lerne, lehre) máθe! lerne!

| maθéno | máθo | émaθa |

méno (bleibe, wohne) míne! bleibe!

| méno | míno | émina |

drépome (schäme mich) dropí su! schäme dich!

| drépome | drapó | drápika |

paθéno (erdulden, erleiden) páθe! leide!

| paθéno | páθo | épaθa |

parangélno (bestelle) parángile! bestelle!

| parangélno | parangílo | parángila |
| parangélnome | parangelθó | parangélθika |

píno (trinke) piés! trinke! piíte! trinkt!

| píno | pió | ípia |
| pínome | pioθó | pióθika |

péfto (falle) pése! falle! min pésis! fall nicht!

| péfto | péso | épesa |

pijéno (gehe, fahre) píjene! geh! pijénete! geht!

| pijéno | páo | píga |

pléno (wasche) plíne! wasch! plínte! wascht!

| pléno | plíno | éplina |
| plénome | pliθó | plíθika |

sérno (ziehe) síre! zieh! sírte! zieht!

| sérno | síro | ésira |
| sérnome | sirθó | sírθika |

stéko, stékome (stehe) stásu! steh! staθíte! bleibt stehen!

| stékome | staθó | státhika |

185

stélno (schicke) stíle! schicke! stílte! schickt!

stélno	stílo	éstila
stélnome	stalθó	stalθika

trógo (esse) fáe! iß! fáte! eßt

trógo, tróo	fáo	éfaga
trógome	fagoθó	fagóθika

fénome (scheine)

| fénome | fanó | fánika |

féwgo (fahre ab, gehe fort) fíje! geh fort! fíjete! geht fort!

| féwgo | fígo | éfiga |

chérome (freue mich)

| chérome | charó | chárika |

Lektion 21

Samstag, 21. August
Welche Arbeit machst du?

Σάββατο,
εικοσιμία Αυγούστου.

Τι δουλειά κάνεις;

Ο μικρός Αλέξανδρος είναι ο γιος
τού Γιώργου και της Μαρίας.
Φέτος θα γίνει εννιά χρονών.
Πάει στην τρίτη τάξη του δημοτικού σχολείου και είναι πολύ
έξυπνος, φρόνιμος και επιμελής.
Μια φορά, όταν κάναμε επίσκεψη
στου Γιώργου, τον ρωτήσαμε:
Αλέκο, άκου! Τι δουλειά θέλεις
να κάνεις μετά το σχολείο;
Εγώ τώρα είμαι ακόμη
στο δημοτικό. Θα μείνω μέχρι
την έκτη τάξη εκεί. Μετά θα πάω

Sáwwato,
ikosimía Awgústu.

Ti ðuliá kánis?

O mikrós Aléxanðros íne o jiós
tu Jórgu ke tis Marías.
Fétos θa jíni enniá chronón.
Pái stin tríti táxi tu ðimotikú scholíu ke íne polí
éxipnos, frónimos ke epimelís.
Miá forá, ótan káname epískepsi
stu Jórgu, ton rotísame:
Aléko, áku! Ti ðuliá θélis
na kánis metá to scholío?
Egó tóra íme akómi
sto ðimotikó. θa míno méchri
tin ékti táxi ekí. Metá θa páo

στο γερμανικό γυμνάσιο, μετά
στο λύκειο, και θα τελειώσω
το λύκειο. Με τα γερμανικά που
θα μάθω, θα πάω στη Γερμανία,
στο Μόναχο, σαν φοιτητής. Τι να
σπουδάσω; Όπως το σκέφτομαι
τώρα, θέλω να σπουδάσω ιατρική
για να γίνω γιατρός. Θα βγάζω
πολλά λεφτά. Ή να γίνω
δάσκαλος ή καθηγητής σαν τον
πατέρα μου. Το βλέπω πως
έχουνε πολλές διακοπές. Αλλά
μου αρέσουν και άλλα επαγγέλματα: διερμηνέας, μηχανικός,
χημικός, δικηγόρος, αρχιτέκτονας, νομικός, διευθυντής,
υπουργός, επίσκοπος όχι, γιατί
έτσι δεν επιτρέπεται να παντρευτώ ... ίσως, αν δεν έχω
όρεξη να σπουδάσω τόσο πολύ,
θα γίνω και μάστορας, χτίστης,
ηλεκτρολόγος, τσαγγάρης,
φούρναρης, υπάλληλος, στρατιώτης ή αστυνόμος. Θα δω τι
θα γίνει, έχω καιρό. Ο Αλέκος
σηκώνεται, πηγαίνει στό δωμάτιό του και γυρίζει με το
(σχολικό) τετράδιό του. Μας το
δείχνει. Στο σχολείο χτες
γράψαμε την εξής έκθεση:

Επαγγέλματα και καταστήματα

Ο φούρναρης εργάζεται
στο φούρνο. Ο μανάβης
πουλάει τα λαχανικά του στο
μανάβικο. Ο τσαγγάρης φτιάχνει
παπούτσια στο τσαγγαράδικο.
Τα τσιγάρα και οι εφημερίδες
αγοράζονται στο περίπτερο.
Ο ζαχαροπλάστης μάς εξυπηρετεί
στο ζαχαροπλαστείο. Ο καφετζής
μάς φέρνει τον καφέ στο καφενείο
του. Ο φαρμακοποιός μάς δίνει
τα χάπια στο φαρμακείο.

sto jermanikó jimnásio, metá
sto líkio ke θa telióso
ti líkio. Me ta jermaniká pu
θa máθo, θa páo sti Jermanía,
sto Mónacho, san fititís. Ti na
spuðáso? 'Opos to skéftome
tóra, θélo na spuðáso jatrikí
ja na jíno jatrós. θa wgáso
pollá leftá. I na jíno
ðáskalos i kaθijitís san ton
patéra mu. To wlépo pos
échune pollés ðiakopés. Allá
mu arésun ke álla epangélmata: ðierminéas, michanikós,
chimikós, ðikigóros, architéktonas, nomikós, ðiefθindís,
ipurgós, epískopos óchi, jatí
étsi ðen epitrépete na pandreftó ... ísos, an ðen écho
órexi na spuðáso tóso polí,
θa jíno ke mástoras, chtístis,
ilektrológos, tsangáris,
fúrnaris, ipállilos, stratiótis i astinómos. θa ðó ti
θa jíni, écho keró. O Alékos
sikónete, pijeni sto ðomátio tu ke jirísi me to
(scholikó) tetráðio tu. Mas to
ðíchni. Sto scholió chtes
grápsame tin exís ékθesi:

Epangélmata ke katastímata

O fúrnaris ergásete
sto fúrno. O manáwis
pulái ta lachaniká tu sto
manáwiko. O tsangáris ftiáchni
papútsia sto tsangáraðiko.
Ta tsigára ke i efimerídes
agorásonde sto períptero.
O sacharoplástis mas exipiretí
sto sacharoplastió. O kafetsís
mas férni ton kafé sto kafenío
tu. O farmakopiós mas ðíni
ta chápia sto farmakío.

Το παντελόνι το φέρνουμε ή
στο ράφτη ή στο πλυντήριο ή
στο καθαριστήριο. Το φαγητό
μας το τρώμε στο εστιατόριο ή
στην ταβέρνα. Ο χασάπης μάς
πουλάει το κρέας στο χασάπικο
(κρεωπωλείο). Ο ταχυδρόμος
μάς δίνει τα γραμματα απ'το
ταχυδρομείο. Ο κουρέας κόβει
τα μαλλιά και τα γένεια στο
κουρείο. Ο κομμωτής και η
κομμώτρια δουλεύουν στο κομ-
μωτήριο. Ο δάσκαλος διδάσκει
τους μαθητές στο σχολείο.
Ο καθηγητής διδάσκει ή στο
γυμνάσιο ή στο πανεπιστήμιο.
Ο αστυνόμος έχει μια στολή και
σνήκει στην αστυνομία. Ο στρα-
τιώτης και ο στρατηγός
ανήκουν στο στρατό μας. Ο δι-
κηγόρος, ο υπάλληλος και η
γραμματέας πηγαίνουν κάθε
πρωί στο γραφείο τους και γρά-
φουν. Έτσι όλα τα επαγγέλματα
έχουν ένα ορισμένο χώρο
εργασίας.

To pandelóni to férnume i
sto ráfti i sto plindírio i
sto kaθaristírio. To fajitó
mas to tróme sto estiatório i
stin tawérna. O chasápis mas
pulái to kréas sto chasápiko
(kreopolío). O tachiðrómos
mas ðíni ta grámmata ap' to
tachiðromío. O kuréas kówi
ta malliá ke ta jénia sto
kurío. O kommotís ke i
kommótria ðuléwun sto kom-
motírio. O ðáskalos ðiðáski
tus maθités sto scholío.
O kaθijitís ðiðáski i sto
jimnásio i sto panepistímio.
O astinómos échi miá stolí ke
aníki stin astrinomía. O stra-
tiótis ke o stratigós
aníkun sto stretó mas. O ði-
kigóros, o ipállilos ke i
grammatéas pijénun káθe
proí sto gráfio tus ke grá-
fun. 'Etsi óla ta epangélmata
échun éna orisméno chóro
ergasías.

Unser Wortschatz

η δουλειά	i ðuliá	die Arbeit
τι δουλειά;	ti ðuliá?	was für eine Arbeit?
τι δουλειά κάνεις;	ti ðuliá kánis?	Was für eine Arbeit machst du?
ο Αλέξανδρος	o Aléxanðros	Alexander (gr. Name)
φέτος	fétos	heuer
η τάξη	i táxi	die Klasse; die Ordnung
δημοτικός, -ή, -ό	ðimotikós, -í, -ó	Volks-
δημοτικό σχολείο	ðimotikó scholío	Volksschule
έξυπνος, -η, -ο	éxipnos, -i, -o	gescheit („aufge-weckt"); klug
φρόνιμος, -η, -ο	frónimos, -i, -o	brav
επιμελής, -ής, -ές	epimelís, -ís, -és	tüchtig, fleißig
μια φορά	miá forá	einmal

κάνω επίσκεψη	káno epískepsi	ich mache einen Besuch
στου Γιώργου	stu Jórgu	bei Jorgos (Genitiv!)
ο Αλέκος	o Alékos	Alekos: Alexander
Άκου! – Άκουσε!	áku! ákuse!	Höre! (Kurzform)
η έκτη τάξη	i ékti táxi	die sechste Klasse
μετά θα πάω	metá θa páo	danach gehe ich
τελειώνω	telióno	ich beende
μαθαίνω/έμαθα	maθéno/émaθa	ich lerne/lernte
σαν φοιτητής	san fititís	als Student
τι να σπουδάσω;	ti na spudáso?	Was soll ich studieren?
η ιατρική	i jatrikí	das Medizinstudium
ο γιατρός	o jatrós	der Arzt
για να γίνω	ja na jíno	damit ich werde, um zu werden
θα βγάζω λεφτά	θa wgáso leftá	ich verdiene Geld
ο καθηγητής	o kaθijitís	der Professor
σαν τον πατέρα	san ton patéra	wie der Vater (mit Akk.)
πως	pos	daß
οι διακοπές	i diakopés	die Ferien
το επάγγελμα (-ατα)	to epángelma (-ata)	der Beruf
ο διερμηνέας	o dierminéas	der Dolmetscher
ο μηχανικός	o michanikós	der Mechaniker, Ingenieur
ο χημικός	o chimikós	der Chemiker
ο δικηγόρος	o dikigóros	der Anwalt
ο αρχιτέκτονας	o architéktonas	der Architekt
ο νομικός	o nomikós	der Jurist
ο διευθυντής	o diefθindís	der Direktor
ο υπουργός	o ipurgós	der Minister
ο επίσκοπος	o epískopos	der Bischof
(δεν) επιτρέπεται	(den) epitrépete	es ist (nicht) erlaubt
επιτρέπεται;	epitrépete?	Ist es gestattet?
να παντρευτώ	na pandreftó	daß ich heirate
παντρεύομαι	pandréwome	ich heirate
παντρεμένος	pandreménos	verheiratet
δεν έχω όρεξη	den écho órexi	ich habe keine Lust
ο μάστορας	o mástoras	der Meister
ο χτίστης	o chtístis	der Maurer
ο ηλεκτρολόγος	o ilektrológos	der Elektriker
ο τσαγγάρης (-ηδες)	o tsangáris	der Schuster
ο φούρναρης	o fúrnaris	der Bäcker
ο υπάλληλος	o ipállilos	der Beamte; Angestellte

ο στρατιώτης (-ες)	o stratiótis	der Soldat
ο αστυνόμος	o astinómos	der Polizist
θα δω	θa ðó	ich werde sehen
τι θα γίνει	ti θa jíni	was wird geschehen
έχω καιρό	écho keró	ich habe Zeit
σχολικός, -ή, -ό	scholikós, -í, -ó	schulisch, Schul-
το τετράδιο	to tetrádio	das Heft
μας το δείχνει	mas to ðíchni	er zeigt es uns
η έκθεση	i ékθesi	der Aufsatz; die Aufstellung
το κατάστημα (-ατα)	to katástima	das Geschäft
ο φούρναρης (-ηδες)	o fúrnarís (-iðes)	der Bäcker
ο φούρνος	o fúrnos	der Backofen, Bäckerei
ο μανάβης	o manáwis	der Gemüsehändler
πουλάω/πούλησα	puláo/púlisa	ich verkaufe/verkaufte
τα λαχανικά	ta lachaniká	das Gemüse
το μανάβικο	to manáwiko	der Gemüseladen
το παπούτσι	to papútsi	der Schuh
το τσαγγαράδικο	to tsangaráðiko	der Schusterladen
το τσιγάρο (-α)	to tsigáro	die Zigarette
το πούρο	to púro	die Zigarre
η εφημερίδα (-ες)	i efimerída	die Zeitung
αγοράζονται	agorásonde	sie werden verkauft
τό περίπτερο	to períptero	der Kiosk
ο ζαχαροπλάστης	o sacharoplástis	der Konditor
μας εξυπηρετεί	mas exipiretí	er bedient uns
το ζαχαροπλαστείο	to sacharoplastío	die Konditorei, das Café
ο καφετζής	o kafedzís	der Kaffeehauswirt
μας φέρνει	mas férni	er bringt uns
το καφενείο	to kafenío	das Kaffeehaus
ο φαρμακοποιός	o farmakopiós	der Apotheker
δίνω/έδωσα	ðíno/éðosa	ich gebe/gab
το φαρμακείο	to farmakío	die Apotheke
το παντελόνι	to pandelóni	die Hose
ο ράφτης	o ráftis	der Schneider
το πλυντήριο	to plindírio	die Wäscherei
το καθαριστήριο	to kaθaristírio	die Reinigung(sanstalt)
ο χασάπης	o chasápis	der Metzger, Fleischer
το χασάπικο	to chasápiko	die Metzgerei
το κρεωπωλείο	to kreopolío	der Metzgerladen
ο κουρέας	o kuréas	der Barbier, Friseur
κόβω/έκοψα	kówo / ékopsa	ich schneide / schnitt

Κόψε! Κόψτε!	kópse! kópste!	Schneide! Schneidet!
τα γένεια	ta jénia	der Bart
το κουρείο	to kurío	Herrenfriseur (Laden)
ο κομμωτής	o kommotís	der Damenfriseur
η κομμώτρια	i kommótria	die Friseuse
το κομμωτήριο	to kommotírio	der Damensalon
διδάσκω/δίδαξα	ðiðásko / ðíðaxa	ich lehre / lehrte
το πανεπιστήμιο	to panepistímio	die Universität
η στολή	i stolí	die Uniform
ανήκω, -εις	aníko, -is	ich gehöre (zu)
ο στρατός	o stratós	das Heer, die Armee
η αστυνομία	i astinomía	die Polizei
ο στρατηγός	o stratigós	der General
η γραμματέας	i grammatéas	die Sekretärin
η δακτυλογράφος	i ðaktilográfos	die Stenotypistin
κάθε πρωί	káthe proí	jeden Morgen
το γραφείο	to grafío	das (Schreib)Büro
ορισμένος, -η, -ο	orisménos, -i, -o	bestimmt, festgesetzt
ο χώρος εργασίας	o chóros ergasías	der Arbeitsplatz
η εργασία	i ergasía	die Arbeit
ο χώρος	o chóros	der Raum
ο χορός	o chorós	der Tanz

Samstag, einundzwanzigster August

Welche Arbeit machst du?

Der kleine Aléxandros ist der Sohn von Jórgos und Maria. Heuer wird er neun Jahre alt. Er geht in die dritte Klasse der Volksschule und ist sehr gescheit, brav und tüchtig. Als wir einmal einen Besuch bei Jórgos machten, fragten wir ihn: Alékos, hör mal! Welchen Beruf willst du nach der Schule ergreifen? Pah, ich bin jetzt noch in der Volksschule. Da werde ich bis zur sechsten Klasse bleiben. Danach gehe ich aufs Deutsche Gymnasium, dann aufs Lyzeum, und ich beende das Lyzeum. Mit meinem Deutsch, das ich gelernt habe, werde ich nach Deutschland gehen, nach München, als Student. Was soll ich studieren? So wie ich jetzt denke, will ich Medizin studieren, um Arzt zu werden. Ich werde viel Geld verdienen. Oder ich werde Lehrer, oder Professor, wie mein Vater. Ich sehe, daß sie viele Ferien haben. Aber mir gefallen auch andere Berufe: Dolmetscher, Mechaniker, Chemiker, Anwalt, Architekt, Jurist, Direktor, Minister, Bischof nicht, weil ich so nicht heiraten darf ... Vielleicht, wenn ich keine Lust habe, soviel zu studieren, werde ich Meister, Maurer. Elektriker, Schuster, Bäcker, Beamter, Soldat oder Polizist, Ich werde sehen, was geschieht, ich habe ja Zeit. Alékos steht auf, geht in sein Zimmer und kommt mit seinem Schulheft zurück. Er zeigt es uns. In der Schule schrieben sie gestern folgenden Aufsatz:

Berufe und Geschäfte:

Der Bäcker arbeitet in der Bäckerei. Der Gemüsemann verkauft sein Gemüse im Gemüseladen. Der Schuster macht Schuhe im Schusterladen. Die Zigaretten und Zeitungen werden am Kiosk verkauft. Der Konditor bedient uns in der Konditorei (Café). Der Kaffeehaus-Wirt bringt uns den Kaffee in seinem Kaffeehaus. Der Apotheker gibt uns die Tabletten in der Apotheke. Die Hose bringen wir entweder zum Schneider oder zur Wäscherei oder zur Reinigung. Unser Essen essen wir im Restaurant oder in der Taverne. Der Metzger verkauft uns das Fleisch in der Metzgerei. Der Postbote gibt uns die Briefe von der Post. Der Friseur schneidet die Haare und den Bart im Friseurladen. Der Damenfriseur und die Friseuse arbeiten im Damensalon. Der Lehrer lehrt die Schüler in der Schule. Der Professor lehrt entweder am Gymnasium oder an der Universität. Der Polizist hat eine Uniform und gehört zur Polizei. Der Soldat und der General gehören zu unserer Armee. Der Anwalt, der Beamte und die Sekretärin gehen jeden Morgen zu ihrem Büro und schreiben. So haben alle Berufe auch einen bestimmten Arbeitsplatz.

Erläuterungen

Der Konditionalsatz in der Wirklichkeit (Wenn-Satz)

Der Konditionalsatz (Bedingungssatz oder Wenn-Satz) wird eingeleitet durch die Konjugation ,,an" αν (wenn). Es folgt zumeist die Nebenform des Verbs.

Da sich die Folge der Bedingung, die im Hauptsatz erscheint, vor allem im Futur abspielt, braucht man die Futurpartikel ,,θa" + Nebenform (= Futur).

Beispiele:

An páris to tréno, **θa ftásis** stis ochtó to wráði.
Wenn du den Zug **nimmst, kommst** du um acht Uhr an.

An psáxis kalá, ... θa wrís.
Wenn du gut suchst, wirst du es finden. Αν ψάξεις ..., θα βρείς.
Wenn du gut suchst, findest du es.

An íme megálos, ... θa jíno jatrós. Αν είμαι ..., θα γίνω ...
Wenn ich groß bin, werden ich Arzt.

An boró, ... θa érθo. Αν μπορώ, θα έρθω.
Wenn ich kann, komme ich.

Beachte: Wichtig ist, daß im griechischen Hauptsatz stets das Futur mit „tha" erscheint. Im Deutschen genügt die Gegenwart (Wenn ..., dann komme ich).

Der Konditionalsatz in der Unwirklichkeit (irrealer Wenn-Satz)

Auch die deutsche Sprache verwendet hier den Konjunktiv der Vergangenheit:

„Wenn ich Geld **hätte** ...", „Wenn ich Zeit **gehabt hätte** ..."
Im Griechischen steht der Irrealis der Gegenwart im Imperfekt.

Beispiele:

An éperna to tréno, ... **θa éftana** stis ochtó.
Wenn ich den Zug **nähme, käme** ich um acht Uhr an.

An épsachna kalá, ... **θa éwriska.** Αν έψαχνα ..., θα έβρισκα.
Wenn ich gut suchte, fände ich es.

An δe **trógame, ... δa peδéname.** Αν δέ ..., θα πεθαίναμε. Wenn wir nicht äßen, würden wir sterben („stürben wir").

Beachte: Auch hier wird die Folge der unwirklichen (bloß gedachten) Bedingung als etwas Futurisches verstanden. Aus diesem Grund ist die Futurpartikel „θα" auch in diesem Fall im Hauptsatz nötig. Das Verb aber erscheint im Imperfekt.

An **ícha** keró, ... **θa píjena** sto nisí.
Wenn ich Zeit hätte, ginge ich auf die Insel.

An **íchame** leftá, ... **θa agorásame** pollá.
Wenn wir Geld hätten, würden wir viel kaufen.

An **ímun** jatrós, ... **θa woiθúsa** tus arróstus.
Wenn ich Arzt wäre, würde ich den Kranken helfen.

Besonderheit:
Für den Griechen ist es gleichgültig, ob der unwirkliche Bedingungssatz in der Gegenwart oder in der Vergangenheit spielt: Unwirklich und gedacht ist er auf jeden Fall.

Er unterschiedet nicht, wie der Deutsche:

a) Wenn ich den Zug genommen hätte, wäre ich um acht Uhr angekommen (unwirklicher Vergangenheitsfall).
b) Wenn ich den Zug nähme, käme ich um acht Uhr an (unwirklicher Gegenwartsfall).

Für den Griechen gilt in beiden Fällen derselbe Satz:

An éperna to tréno, ... θa éftana stis ochtó.
Wenn ich den Zug nähme, ... käme ich um acht Uhr an.
Wenn ich den Zug genommen hätte, wäre ich um acht angekommen.

An épsachna kalá, ... θa éwriska.
Wenn ich gut suchte, ... fände ich es.
Wenn ich gut gesucht hätte, hätte ich es gefunden.
(Hätte ich gut gesucht, so hätte ich es gefunden.)

Die wichtigsten Suffixe (Endsilben) in der griechischen Wortbildung

Die griechische Sprache hat eine Fülle von verschiedenen Endsilben, um ein neues Wort von einem Grundwort abzuleiten. Was im Deutschen meist mit Zusammensetzungen erreicht wird (Bahn-hof), geschieht im Griechischen durch eine bestimmte Endung (staθ-mós).

Verkleinerungssilbe -áki:

Die Verkleinerungssilbe -áki kann nahezu an jedes Substantiv angehängt werden. Sie bedeutet Verkleinerung oder eine Form der Zärtlichkeit:

neró	– neráki	(Wässerchen)	spíti – spitáki	(Häuschen)
úso	– usáki	(„Ouzo-lein")	pulí – puláki	(Vögelchen)
chéri	– cheráki	(Händchen)	korítsi – koritsáki	(kleines Mädchen)
skilí	– skiláki	(Hündchen)	agóri – agoráki	(Bübchen)
peðí	– peðáki	(Kindchen)	krasí – krasáki	(„Weinchen")

Verkleinerungssilben -ákis und -úla und -ítsa:

Eléni – Elenítsa (Helenchen) karðiá – karðúla (Herzchen)
mánna – mannúla (Mütterlein) gáta – gatúla (Kätzlein)

Die Silben -ákis, -úla, -ítsa bedeuten eine besondere Zärtlichkeit oder Vertrautheit!

Die Endung -áris/-aris/-άρης bedeutet eine Zugehörigkeit:

o fúrnos	der Backofen	i wárka	Boot
o fúrn-aris	der Bäcker	o wark-áris	Boots-mann
i sília	die Eifersucht	kawalláo	ich reite
o siliáris	der Eifersüchtige	o kawalláris	der Reiter

In der Mehrzahl enden diese Wörter auf -áriðes:
Furnáriðes, warkáriðes, siliáriðes, kawalláriðes ...

Die Endung -ío, -río drückt meist den **Ort** aus, wo eine Tätigkeit (Arbeit) stattfindet (manchmal auch das Gerät):

o kuréas	Frisör	i ergasía	Arbeit
to kurío	Frisörstube	to ergast- írio	Werkstatt
to érgo	Werk	puló to wiwlío	ich verkaufe das Buch
to ergalío	Werk-zeug	to wiwlio- polío	die Buchhandlung

Die Endung -polío (Laden) kann an viele Substantive angehängt werden: kreo-polío (Fleisch-Laden)
 wiwlio-polío (Buch-Laden)

Die Endung -ikós, -í, -ó bildet eine Ableitung zu einem Substantiv. Hierher gehören vor allem:

o 'Ellinas	Grieche		o Jermanós	Deutscher
ellini-kós	griechisch		jermanikós	deutsch
o 'Anglos	Engländer		o Gállos	Franzose
angli-kós	englisch		galli-kós	französisch
o Italós	Italiener		o Róssos	Russe
itali-kós	italienisch		rossikós	russisch
o Túrkos	Türke		i Ewrópi	Europa
turki-kós	türkisch		o Ewropéos	Europäer
			ewropa-ikós	europäisch
o kósmos	Welt		i michaní	Maschine
kosmi-kós	weltlich; mondän		michani-kós	mechanisch
			o michanikós	Mechaniker

So werden auch deutsche Zusammensetzungen „aufgelöst":
Reise-eindruck = taxiðiotikí endíposi

Hierher gehört auch die Endung -iko; sie bezeichnet den Ort, wo ein Geschäft abgewickelt wird:

o manáwis	Gemüsehändler	o bakális	Krämer
to manáwiko	Gemüseladen	to bakáliko	Krämerladen
o fúrnaris	Bäcker	o tsangáris	Schuster
to fúrnos	Bäckerei	to tsangáraðiko	Schusterladen
o galatás	Milchmann	o chasápis	Metzger
to galatáðiko	Milchladen	to chasápiko	Metzgerei

Die wichtigsten Verb-Endungen sind:

-áso/-áso/áxo (Haupt-/Nebenform):

agoráso/agoráso (kaufe)
kitáso/kitáxo (schaue an)
stenáso/stenáxo (stöhne)

-éno/-áno:

treléno/treláno (mache verrückt)
maréno/maráno (welken)

-óno/-óso:

stróno/stróso (breite aus)
sikóno/sikóso (erhebe)
pliróno/pliróso (bezahle)

-áo/-íso: (A-Verben)

agapáo/agapíso (liebe)
puláo/pulíso (verkaufe)

-íso/-íso (-íxo):

jiríso/jiríso (kehre zurück)
xiríso/xiríso (rasiere)
wríso/wríso (beschimpfe)

-éwo/-épso:

ðuléwo/ðulépso (arbeite)

taxiðéwo/texiðépso (reise)

-áno/-áso:

ftáno/ftáso (komme an)
spáo/spáso (zerbreche)
cháno/cháso (verliere)

-ó/-íso

filó/filíso (küsse)
efcharistó/efcharistíso (danke)

Lektion 22

Sonntag, 22. August
Wir haben den Paß verloren

Κυριακή,
εικοσιδύο Αυγούστου.

Kiriakí,
ikosiðío Awgústu.

Χάσαμε το διαβατήριο

Chásame to ðiawatírio

Τι κακό που μας βρήκε! Λίγες μέρες πριν φύγουμε, έχασα το διαβατήριό μου. Πώς συνέβη αυτό το ατύχημα; Να σας το πω: Πήγαμε στην τράπεζα, για να αλλάξουμε χρήματα. Στην οδό Πανεπιστημίου, απέναντι από το Πανεπιστήμιο, βρίσκεται η «Τράπεζα τῆς Ελλάδος». Μπήκαμε μέσα και αλλάξαμε διακόσια πενήντα μάρκα και ένα

Ti kakó pu mas wríke! Líjes méres prin fígume, échasa to ðiawatírió mu. Pos sinéwi aftó to atíchima? Na sas to po: Pígame stin trápesa, ja na alláxume chrímata. Stin oðó Panepistimíu, apénandi apó to panepistímio, wrískete i „Trápesa tis Elláðos". Bíkame mésa ke alláxame ðiakósia penínda márka ke éna

τράβελλερ-τσέκ. Πήραμε τα
λεφτά μας και βγήκαμε έξω.
Όταν καθίσαμε σ'ένα καφενείο
στο Σύνταγμα, ξαφνικά
κατάλαβα πως είχα χάσει το
διαβατήριό μου. Τι κρίμα! Στο
διάβολο! Έψαξα παντού:
στο πορτοφόλι μου, στην
τσάντα, στη σακκούλα, στις
τσέπες ... πουθενά. Έψαξα ανά-
μεσα στα χαρτιά, δίπλα στο
τραπέζι μας, απάνω στο τρα-
πέζι, κάτω απ'το τραπέζι, πίσω
απ'την καρέκλα. Το έψαξα
μπροστά στο καφενείο στο
πεζοδρόμιο, μέσα στην τουαλέττα
που πήγα προηγουμένος ...
τίποτα, απολύτως τίποτα. Εξαφα-
νίστηκε το διαβατήριο, χάθηκε.
Τι να κάνουμε τώρα; Χωρίς
να πληρώσουμε στο καφενείο
τρέξαμε έξω, από 'κεί όπου
είχαμε περάσει, ήρθαμε κοντά
στην τράπεζα ... πάλι τίποτα.
Ήτανε κατά το μεσημέρι, και η
τράπεζα έκλεινε. Ο υπάλληλος
της τράπεζας μάς είπε πως δε
βρέθηκε τό αντικείμενο.
Παρ'όλες τις δυσκολίες βρήκαμε
μια λύση: Πήραμε τηλέφωνο το
γερμανικό προξενείο. Ήταν μια
καλή ιδέα. Μας απάντησε
ο γερμανός υπάλληλος ότι
κάποιος διαβάτης το έχει βρεί
και έχει τηλεφωνήσει στο προξε-
νείο.

Εκείνος ο άγνωστος το έχει
δώσει στο αστυνομικό τμήμα
στην πλατεία Ομονοιας. Να
πάμε να το πάρουμε. Τι
ευτυχία! Σκέφτηκα: Ο Έλληνας
φίλος μας έχει δίκιο λέγοντας
«Οι περισσότεροι Έλληνες είναι

tráweller-tsék. Pírame ta
leftá mas ke wjíkame éxo.
'Otan kathísame s' éna kafenío
sto Síndagma, xafniká
katálawa pos ícha chási to
ðiawatirió mu. Ti kríma! Sto
ðiáwolo! 'Epsaxa pandú:
sto portofóli mu, stin
tsánda, sti sakkúla, stis
tsépes ... puthená. 'Epsaxa aná-
mesa sta chartiá, ðípla sto
trapési mas, apáno sto tra-
pési, káto ap' to trapési, píso
ap' tin karékla. To épsaxa
brostá sto kafenió sto
pesoðrómio, mésa stin tualétta
pu píga proiguménos ...
típota, apolítos típota. Exafa-
nístike to ðiawatírio, cháthike.
Ti na kánume tóra? Chorís
na plirósume sto kafenío
tréxame éxo, apo 'ki ópu
íchame perási, írthame kondá
stin trápesa ... páli típota.
'Itane katá to mesiméri, ke i
trápesa ékline. O ipállilos
tis trápesas mas ípe pos ðe
wréthike to andikímeno.
Par' óles tis ðiskolíes wríkame
mia lísi: Pírame tiléfono to
jermanikó proxenío. 'Itan miá
kalí iðéa. Mas apándise
o jermanós ipállilos, óti
kápios ðiawátis to échi wrí
ke échi tilefonísi sto proxe-
nío.

Ekínos o ágnostos to échi
ðósi sto astinomikó tmíma
stin platía Omonías. Na
páme na to párume. Ti
eftichía. Skéftika: O 'Ellinas
fílos mas échi ðíkio légondas
„I perissóteri 'Ellines íne

τίμιοι και δεν κλέβουν». tímii ke ðen kléwun".
Παναγία μου, τι θα κάναμε Panajía mu, ti θa káname
χωρίς τό διαβατήριο στα σύνορα; chorís to ðiawatírio sta sínora?
Θα έπρεπε να μείνω στην θa éprepe na míno stin
Ελλάδα ... Elláða ...

Unser Wortschatz

χάσαμε	chásame	wir verloren
χάνω/έχασα	cháno / échasa	ich verliere / verlor
ξέχασα	xéchasa	ich habe vergessen
το διαβατήριο	to ðiawatírio	der Reisepaß
Τι κακό!	ti kakó!	Was für ein Übel!
κακός, -ή, -ό	kakós, -í, -ó	schlecht, bös, übel
που μας βρήκε	pu mas wríke	das uns zustieß („fand")
πριν φύγουμε	prin fígume	bevor wir fahren (fuhren)
πώς συνέβη αυτό;	pos sinéwi aftó?	Wie ist das passiert?
συμβαίνει	simweni	es passiert
τι συνέβη;	ti sinéwi?	Was ist geschehen?
το ατύχημα (-ατα)	to atíchima	das Unglück
να σας το πω	na sas to po	ich will es euch (Ihnen) sagen
η τράπεζα	i trápesa	die Bank (Geldinstitut)
το τραπέζι	to trapési	der Tisch
για να αλλάξουμε	ja na alláxume	damit wir wechseln, um zu ...
αλλάζω/άλλαξα	alláso / állaxa	ich wechsle / wechselte
αλλάζω χρήματα	alláso chrímata	ich wechsle Geld
τα χρήματα	ta chrímata	das Geld (Mehrzahl)
στην οδό ...	stin oðó ...	in der Straße ... (Name)
η οδός Πανεπιστημίου	i oðós Panepistimíu	Universitätsstraße
η οδός Σταδίου	i oðós Staðíu	die Stadionstraße
Τράπεζα της Ελλάδος	Trápesa tis Elládos	Bank von Griechenland
διακόσια μάρκα	ðiakósia márka	zweihundert Mark
το μάρκο (-α)	to márko	die Mark (deutsche Mark)
το τράβελλερ-τσεκ	to tráweller-tsek	der Reise-Scheck
βγήκαμε έξω	wjíkame éxo	wir gingen hinaus
βγαίνω/βγήκα	wjéno / wjíka	ich gehe ging / hinaus
βγες – βγείτε	wges! wjíte!	Geh hinaus! Geht hinaus!
στο Σύνταγμα	sto Síndagma	am Verfassungsplatz

ξαφνικά	xafniká	plötzlich
κατάλαβα	katálawa	ich begriff, verstand
καταλαβαίνω	katalawéno	ich verstehe
πως είχα χάσει	pos ícha chási	daß ich verloren hatte
Τι κρίμα	ti kríma!	Wie schade! Pech!
Στο διάβολο!	sto ðiáwolo!	zum Teufel!
ο διάβολος	o ðiáwolos	der Teufel
ψάχνω/έψαξα	psáchno/épsaxa	ich suche/suchte
Ψάξε! Ψάξτε!	psáxe! psáxte!	Suche! Sucht!
παντού	pandú	überall (hin)
το πορτοφόλι	to portofóli	die Brieftasche
η τσάντα	i tsánda	die Handtasche
η σακκούλα	i sakkúla	die Tüte (Plastiktüte)
η τσέπη	i tsépi	die Tasche
πουθενά	puθená	(n)irgendwo(hin)
ανάμεσα στα ...	anámesa sta ...	zwischen den ...
το χαρτί (-ιά)	to chartí	das Papier
η κάρτα	i kárta	die Postkarte
δίπλα στο ...	dípla sto ...	neben dem ...
απάνω στο ...	apáno sto ...	auf dem ...
κάτω απ'το ...	káto ap' to ...	unter dem ...
πίσω απ'τη ...	píso ap' ti ...	hinter der ...
η καρέκλα	i karékla	der Stuhl
μπροστά στο ...	brostá sto ...	vor dem ...
το πεζοδρόμιο	to pesoðrómio	der Gehweg
μέσα στη(ν) ...	mésa sti(n) ...	in der ...
προηγουμένως	proiguménos	zuvor, vorher (Adverb)
απολύτως τίποτα	apolítos típota	überhaupt nichts
εξαφανίστηκε	exafanístike	sie war verschwunden
χάθηκε	cháθike	sie war verloren, fort
χάνομαι/χάθηκα	chánome / cháθika	ich gehe verloren / ging ...
τι να κάνουμε;	ti na kánume?	Was sollen wir tun?
χωρίς να ...	chorís na ...	ohne zu ...
τρέξαμε έξω	tréxame éxo	wir rannten hinaus
από 'κει που	apó kí pu	dort(hin), wo
είχαμε περάσει	íchame perási	wir waren vorbeigegangen
κοντά στη(ν) ...	kondá sti(n) ...	in der Nähe der ...
κατά το μεσημέρι	katá to mesiméri	gegen Mittag
έκλεινε – έκλεισε	ékline — éklise	sie schloß
πως δε βρέθηκε	pos θe wréθike	sie war nicht gefunden

βρίσκομαι/βρέθηκα	wrískome/wréθika	ich (be)finde mich/fand ...
το αντικείμενο	to andikímeno	die Sache, das Ding
παρά	pará	trotz
παρά τις δυσκολίες	pará tis ðiskolíes	trotz der Schwierigkeiten
η δυσκολία	i ðiskolía	die Schwierigkeit
η λύση (-εις)	i lísi (-is)	die Lösung
πήραμε τηλέφωνο	pírame tiléfono	wir telefonierten
το προξενείο	to proxenío	das Konsulat
παίρνω τηλέφωνο	pérno tiléfono	ich rufe an
η ιδέα	i iðéa	die Idee
μας απαντούσε	mas apandúse	er antwortete uns
ότι, πως, που	óti, pos, pu	..., daß (Behauptungssatz)
ο διαβάτης	o ðiawátis	der Passant
κάποιος διαβάτης	kápios ðiawátis	irgendein Passant
το έχει βρει	to échi wri	er hat es gefunden
έχει τηλεφωνήσει	échi tilefonísí	er hat telefoniert
ο άγνωστος, -η, -ο	o ágnostos, -i, -o	unbekannt; der Unbekannte
ο γνωστός, -ή, -ό	o gnostós, -í, -ó	bekannt; der Bekannte
το έχει δώσει	to échi ðósi	er hat es abgegeben
το τμήμα	to tmíma	Revier
αστυνομικό τμήμα	astinomikó tmíma	Polizeirevier
η Ομόνοια	i Omónia	der Omónia-Platz (Eintracht)
να πάμε	na páme	wir sollen gehen
να το πάρουμε	na to párume	um es zu holen (wir)
Τι ευτυχία!	ti eftichía	Was für ein Glück!
η ευτυχία	i eftichía	das Glück
ευτυχισμένος, -η, -ο	eftichisménos, -í, -o	glücklich, zufrieden
σκέφτηκα	skéftika	ich dachte
η σκέψη (-εις)	isképsi (-is)	der Gedanke
ο Έλληνας φίλος	o 'Ellinas fílos	der griechische Freund
έχει δίκιο	échi ðíkio	er hat Recht
λέγοντας	légondas	sagend (Partizip)
οι περισσότεροι	i perissóteri	die meisten
τίμιος, -ια, -ιο	tímios, -ia, -io	ehrlich
κλέβω/έκλεψα	kléwo/eklepsa	ich stehle/stahl
ο κλέφτης	o kléftis	der Dieb

Παναγία μου!	panajía mu!	Oh Muttergottes! (Ausruf)
άγιος, -ια, -ιο	ájios, -ia, -io	heilig
τι θά κάναμε;	ti θa káname?	Was hätten wir getan?
χωρίς το ...	chorís to ...	ohne den ... (das)
τα σύνορα	ta sínora	die Grenze (Mehrzahl)
θα έπρεπε να μείνω	θa éprepe na míno	ich hätte bleiben müssen

Sonntag, zweiundzwanzigster August

Wir haben den Paß verloren

Was für ein Übel ist uns zugestoßen! Wenige Tage, bevor wir abreisten, verlor ich meinen Paß. Wie ist dieses Mißgeschick passiert? Ich will es Ihnen sagen: Wir gingen zur Bank, um Geld zu wechseln. In der Universitätsstraße, gegenüber von der Universität, befindet sich die ,,Bank von Griechenland". Wir gingen hinein und wechselten zweihundertfünfzig Mark und einen Traveller-Scheck. Wir nahmen unser Geld und gingen hinaus. Als wir uns in ein Café am ,,Verfassungsplatz" setzten, merkte ich plötzlich, daß ich meinen Paß verloren hatte. Was für ein Pech! Zum Teufel! Ich suchte überall: in der Brieftasche, in meiner Tasche, in der Tüte, in den Rocktaschen ... nirgends! Ich suchte zwischen den Papieren, neben unserem Tisch, oben auf dem Tisch, unter dem Tisch, hinter dem Stuhl. Ich suchte ihn vor dem Café auf dem Gehweg, in der Toilette, wo ich vorher gegangen war ... nichts, überhaupt nichts. Der Paß war verschwunden, verloren. Was sollen wir tun nun? Ohne zu bezahlen im Café liefen wir hinaus, dorthin, wo wir gegangen waren, kamen in die Nähe der Bank ... wieder nichts. Es war gegen Mittag, und die Bank schloß gerade. Der Beamte von der Bank sagte uns, daß die Sache nicht gefunden worden sei. Trotz aller Schwierigkeiten fanden wir eine Lösung: Wir riefen das Deutsche Konsulat an. Es war eine gute Idee. Der deutsche Angestellte antwortete uns, daß ein Passant ihn gefunden hatte und das Konsulat angerufen hatte. Jener Unbekannte hatte ihn am Polizeirevier am ,,Omónia-Platz" abgegeben. Wir sollten dorthin gehen und ihn abholen. Was für ein Glück! Ich dachte: Unser griechischer Freund hat doch Recht, wenn er sagt: ,,Die meisten Griechen sind ehrlich und stehlen nicht." Muttergottes, was hätten wir ohne den Paß an der Grenze getan? Ich hätte in Griechenland bleiben müssen ...

Erläuterungen

Die Hauptpräpositionen

Alle wesentlichen Präpositionen sind mit dem Akkusativ verbunden.

a) Kurzpräposition „s" σ' bzw. „se" σε:

Wie schon behandelt, hat „s/se" eine Fülle von Bedeutungen. Man könnte sie als Sammelpräposition des Orts betrachten: in, an, auf, zu, nach, bei, um, am (räumlich und zeitlich) ...

stin póli	in die Stadt: in der Stadt
stin Athína	nach Athen: in Athen
sto neró	ins Wasser: im Wasser
sto trapési	auf den Tisch: auf dem Tisch
	zu Tisch: bei Tisch
sto théatro	zum Theater: im Theater
s'éna mína	in einem Monat, innerhalb eines ...
stis ochtó	um acht Uhr
stis ochtó Awgústu	am achten August

b) Präposition der Herkunft: apó απó = aus, von, durch, seit ... (Abstand)

apo tin póli	aus der Stadt
apó ti Rómi stin Athína	**über** Rom nach Athen
θa páo apó ti Jugoslawía	ich fahre **über** Jugoslawien
apó makriá – apó kondá	von der Ferne – aus der Nähe
apó to proí ós to wráδi	vom Morgen bis zum Abend
apó síδero, apó xílo	aus Holz, aus Eisen (Stoff)

c) Präposition des Zieles: já για = nach, für, über, zu, wegen ...

já tin Athína – já pú?	nach Athen – wohin?
já tría chrónia	für drei Jahre
to píra já krewáti	ich nahm es als Bett (für ein Bett)
to δóro íne ja séna	das Geschenk ist für dich
ja ton ponokéfalo	gegen (= für) den Kopfschmerz

d) Die Präposition des Mittels: me με = mit, bei, „trotz"

me ti mitéra mu	mit meiner Mutter
sografíso me to molíwi	ich zeichne mit dem Bleistift
me ton ílio, me to fengári	bei Sonnenschein, beim Mondschein
me óles tis ðiskolíes	trotz (= bei) all der Schwierigkeiten

e) metá μετά = nach (zeitlich)

metá pénde méres θa jiríso   nach fünf Tagen kehre ich zurück

f) méchri μέχρι = bis (zeitlich und räumlich)

méchri tin Aθína	μέχρι την Αθήνα	bis (nach) Athen
méchri to Páscha	μέχρι το Πάσχα	bis Ostern

ós ως = bis (zeitlich und räumlich)

ós tin Aθína	ως την Αθήνα	bis (nach) Athen
ós to wráði	ως το βράδυ	bis zum Abend

g) chorís χωρίς = ohne

chorís ton patéra: chorís to peðí   ohne den Vater (das Kind)

h) katá κατά = ungefähr nach (zu); etwa um (gegen); gemäß

katá tis ochtó	κατά τις οχτώ	gegen acht Uhr
páo katá to wunó	πάω κατά το βουνό	ich gehe zum Berg hin
katá ti gnómi mu	κατά τη γνώμη μου	nach (gemäß) meiner Meinung

i) pará παρά trotz, gegen (Widerspruch)

par' óles tis ðiskolíes	παρ'όλες τις δυσκολίες	trotz aller Schwierigkeiten

Die Nebenpräpositionen

Die griechischen Nebenpräpositionen sind eigentlich nur Verdeutlichungen der beiden Hauptpräpositionen „s/se" und „apó". Durch Vorsetzen von bestimmten Adverbien soll der Standort oder der Abstand genauer bezeichnet werden.

Die vorangesetzten Adverbien + „s/se"

kondá	κοντά ...	: in der Nähe, nahe
kondá	**sto** xenoðochío	in der Nähe **des** Hotels

mésa	μέσα ...	:	drinnen
mésa	**sto** xenoðochío		im Hotel (drinnen)
ðípla	δίπλα ...	:	daneben, nebenan
ðípla	**sto** xenodochío		neben **dem** Hotel
brostá	μπροστά ...	:	davor, vorne
brostá	**sto** xenoðochío		vor **dem** Hotel
jíro	γύρω ...	:	ringsum, ringsherum, rundum
jíro	**sto** xenoðochío		um das Hotel herum
káto	κάτω ...	:	drunten, unten
káto	**sto** xenoðochío		unten **im** Hotel
(a)páno	(α)πάνω ...	:	oben, droben, hinauf
páno	**sto** xenoðochío		**auf** dem Hotel (oben)
anámesa	ανάμεσα ...	:	zwischendrinnen
anámesa	**sta** xenoðochía		zwischen den Hotels

Die vorangesetzten Adverbien + „apó" από (von)

In der Zusammensetzung mit apó (von) wird mehr der Abstand **von etwas** (auch nach oben!) ins Auge gefaßt.

jíro ...	**apó** to xenoðochío:	rings um das Hotel (herum)
káto ...	**apó** to xenoðochío:	**unter** dem Hotel (wo?)
		unter das Hotel (wohin?)
mésa ...	**apó** to xenoðochío:	(mitten) aus dem Hotel (heraus)
		(mitten) **durch** das Hotel
páno ...	**apó** to xenoðochío:	**über** dem Hotel (wo?)
		über das Hotel (wohin?)
píso	πίσω ...	: hinten
píso	**apó** to xenoðochío:	hinter dem Hotel (wo?)
		hinter das Hotel (wohin?)
péra	πέρα ...	: drüben
péra	**apó** to xenoðochío:	jenseits des Hotels (wo?)
		über das Hotel hinweg (wohin?)
éxo	έξω ...	: draußen, hinaus
éxo	**apó** to xenoðochío:	draußen vor dem Hotel
		außerhalb des Hotels
prin	πρίν ...	: zuvor (nur zeitlich!)
prin	**apó** to Páscha	: vor Ostern (zeitlich!)

Adverb + „me" με

masí	μαζί ...	:	zusammen
masí **mé** to fílo mu		:	(zusammen) mit meinem Freund

Lektion 23

Montag, 23. August
Das Auto ist kaputt!

Δευτέρα,
εικοσιτρείς Αυγούστου.

Χάλασε το αυτοκίνητο

Χτες το βράδυ μάς πήραν τηλέφωνο ο Πέτρος και η Ρενάτα. Έχουν περάσει την άδειά τους στη Θάσο, κοντά στην Καβάλα. Τώρα γυρίσανε στη Θεσσαλονίκη με το αυτοκίνητό τους. Αλλά στο δρόμο είχανε ένα ατύχημα, δηλαδή μια σύγκρουση μ' ένα φορτηγό. Δεν φταίγανε αυτοί, έφταιγε ο οδηγός τού φορτηγού. Ευτυχώς κανένας δεν τραυματίστηκε. Μόνο η μηχανή χάλασε. Το ατύχημα έγινε δέκα

ðeftéra,
ikositrís Awgústu.

Chálase to aftokínito

Chtes to wráði mas píran tiléfono o Pétros ke i Renáta. 'Echun perási tin aðiá tus sti θáso, kondá stin Kawála. Tóra jirísane sti θessaloníki me to aftokínitó tus. Allá sto ðrómo íchane éna atíchima, ðilaðí miá síngrusi m' éna fortigó. ðen ftégane aftí, éfteje o oðigós tu fortigú. Eftichós kanénas ðen trawmatístike. Móno i michaní chálase. To atíchima éjine ðéka χιλιόμετρα έξω από τη Σαλονίκη. Ρυμουλκήσανε το χαλασμένο αμάξι και το φέρανε σ'ένα γκαράζ (συνεργείο) μέσα στην πόλη. Το αφήσανε εκεί για να κάνουν μόνο τις απαραίτητες επισκευές. Πότε θα είναι έτοιμο; Αύριο, είπε ο τεχνίτης. Θα ελέγξω και θα διορθώσω μόνο τα πιο αναγκαία.

Την άλλη μέρα ο Πέτρος πέρασε στο συνεργείο και ρώτησε, αν είναι έτοιμο το αμάξι. Αύριο, είπαν. Για σήμερα βρήκαμε πολλά, που δεν ήταν εντάξει: Η μπαταρία άδειασε και πρέπει να γεμιστεί. Τα φρένα δεν είναι καθόλου εντάξει. Είναι χαλαρά. Οι ταχύτητες βγαίνουν έξω, αλλά αυτό δεν πειράζει πολύ. Μα απ'το κιβώτιο στάζει λάδι. Ούτε αυτό είναι επικίνδυνο.

Και το ψυγείο τρέχει. Αυτό διορθώθηκε κιόλας. Το δυναμό δε δίνει ρεύμα. Χρειάζεται άλλο. Εντάξει, θα σας βάλουμε ένα πολύ φτηνό, μεταχειρισμένο. Η μηχανή όμως δεν τραβάει καλά. Πάντως μου φαίνεται πως είναι αρκετά παλιά. Δεν είναι έτσι; Η μηχανή ζεσταίνεται, χτυπάει και σταματάει ξαφνικά. Εκτός αυτού και το καρμπυρατέρ πρέπει να καθαριστεί, και να αλλάξουμε τα μπουζιά. Σύμφωνοι; Χάλασε και μια ασφάλεια, αλλά αυτό δεν είναι τίποτα. Το τιμόνι είναι εντάξει, ο άξωνας, η μίζα, η εξάτμηση, ο δείκτης, τα φώτα φρένων, το γκάζι, η θέρμανση, ο ιμάς, η συμπίεση, οι λάμπες, ο κινητήρας, οι τέσσερεις τροχοί,

chiliómetra éxo apó ti Saloníki. Rimulkísane to chalasméno amáxi ke to férane s' éna garás (sinerjío) mésa stin póli. To afísane ekí ja na kánun móno tis aparétites episkewés. Póte θa íne étimo? 'Awrio, ípe o technítis. θa elénxo ke θa diorθóso móno ta pió anangéa.

Tin álli méra o Pétros pérase sto sinerjío ke rótise, an íne étimo to amáxi. 'Awrio, ípan. Ja símera wríkame pollá, pu ðen ítan endáxi: I battaría áðiase ke prépi na jemistí. Ta fréna ðen íne kaθólu endáxi. 'Ine chalará. I tachítites wjénun écho, allá aftó ðen pirási polí. Ma ap' to kiwótio stási láði. 'Ute aftó íne epikínðino.

Ke to psijío tréchi, aftó ðiorθóθike kiólas. To ðinamó ðe ðíni réwma. Chriásete állo. Endáxi, θa sas wálume éna polí ftinó, metachirisméno. I michaní ómos ðen trawái kalá. Pándos mu fénete pos íne arketá paliá. ðen íne étsi? I michaní sesténete, chtipái ke stamatái xafniká. Ektós aftú ke to karbiratér prépi na kaθaristí, ke na alláxume ta busiá. Símfoni? Chálase ke miá asfália, allá aftó ðen íne típota. To timóni íne endáxi, o áchonas, i mísa, i exátmisi, o ðíktis, ta fóta frénon, to gási, i θérmansi, o imás, i simpíesi, i lámbes, o kinitíras, i tésseris trochí,

ο καθρέφτης, το αμορτισέρ ...
όλ'αυτά είναι καλά. Να ξαναπεράσετε αύριο το απόγευμα και
τότε μπορείτε να πάρετε το
«καινούργιο» αμάξι σας. Αντίο
σας, έχω δουλειά. Στο καλό!
Με όλ'αυτά που είπε ο τεχνίτης
φοβήθηκε πάρα πολύ ο Πέτρος,
μην τυχόν πρέπει να πληρώσει
πολλά λεφτά για το αυτοκίνητό
του. Την άλλη μέρα πήγε πολύ
λυπημένος στο γκαράζ. Ο τεχνίτης γέλασε, του έδειξε το
«καινούργιο» αμάξι του, έβαλε
τη μίζα ... και να το! Τρέχει
πάλι!

Πόσο στοιχίζει, μάστορα;
ρώτησε ο Πέτρος με φόβο.
Μη φοβάσαι. 'Ακου, όλ'αυτά
που κάνω εδώ, τα έμαθα απ'τους
Γερμανούς στρατιώτες μέσ'στον
πόλεμο. Δως μου ένα χιλιάρικο
για τη δουλειά μου, και θα είμαι
ευχαριστημένος. Τζάμπα είναι,
δεν πειράζει. Γερμανός είσαι
εσύ, και εγώ αγαπώ τους
Γερμανούς. 'Αντε, γεια σου, ώρα
καλή! Εγώ δουλεύω μέρα-νύχτα
και είμαι φουκαράς ... και αυτοί
κάνουν τους πλούσιους και ταξιδεύουν γύρω στον κόσμο. Γεια
σας και χαρά σας. Καλή αντάμωση ... στην κόλαση. (Μουρμουρίζοντας ο γέρο-μάστορας
συνεχίζει τη δουλειά του ...)
Παρά τα επεισόδια είχαμε
όλοι μας ωραίες διακοπές.
Λίγο μετά την επιστροφή
μας συναντήσαμε τον Πέτρο
και τη Ρενάτα στο Μόναχο.
Δείξαμε ο ένας στον άλλο τις

o kaθréftis, to amortisér ...
ól' aftá íne kalá. Na xanaperásete áwrio to apójewma ke
tóte boríte na párete to
„kenúrjo" amáxi sas. Addío
sas, écho ðuliá. Sto kaló!
Me ól 'aftá, pu ípe o technítis,
fowíθike pára polí o Pétros,
min tichón prépi na plirósi
pollá leftá ja to aftokínitó
tu. Tin álli méra píje polí
lipiménos sto garás. O technítis jélase, tu éðixe to
„kenúrjo" amáxi tu, éwale
ti mísa ... ke na to! Tréchi
páli!

Póso stichísi, mástora?
rótise o Pétros me fówo.
Mi fowáse! 'Aku, ól' aftá
pu káno eðó, ta émaθa ap¹ tus
Jermanús stratiótes més¹ ston
pólemo. ðos mu éna chiliáriko
ja ti ðuliá mu, ke θa íme
efcharisiménos. Tsaba íne,
ðen pirási! Jermanós íse
esí, ke egó agapó tus
Jermanús. 'Ande, já-su, óra
kalí! Egó ðuléwo mera-níchta
ke íme fukarás ... ke aftí
kánun tus plúsius ke taxi
ðéwun jíro ston kósmo. Jásas ke chará sas! Kalí andámosi ... stin kólasi ... (Murmurísondas o jéro-mástoras
sinechísi ti ðulía tu ...)
Pará ta episoðía íchame
óli mas orées ðiakopés.
Lígo metá tin epistrofí
mas sinandísame ton Pétro
ke ti Renáta sto Mónacho.
Díxame o énas ston állo tis

φωτογραφίες των διακοπών μας. fotografíes ton ðiakopón mas.
Του χρόνου πηγαίνουμε ξανά Tu chrónu pijénume xaná
στην Ελλάδα. stin Elláða.

Unser Wortschatz

χάλασε	chálase	es ging kaputt
χαλασμένος, -η, -ο	chalasménos, -i, -o	kaputt (gegangen)
έχω περάσει	écho perási	ich habe verbracht
η Θάσος	i Θásos	die Insel Thasos (bei Kawala)
η Καβάλα	i Kawála	die Stadt Kawala (Mazed.)
η Θεσσαλονίκη	i Θessaloníki	Thessaloniki (in Mazed.)
το ατύχημα (-ατα)	to atíchima	das Unglück, der Unfall
η σύγκρουση	i síngrusi	der Zusammenstoß
το φορτηγό	to fortigó	der Lastwagen
δε φταίγανε	ðe ftégane	sie waren nicht schuld
φταίω/έφταιγα	ftéo/éftega	ich bin schuld/war schuld
ο οδηγός	o oðigós	der Fahrer (eines Wagens)
τραυματίζω	trawmatíso	ich verletze
κανένας (δε ...)	kanénas (ðe ...)	jemand (niemand ...)
τραυματίστηκε	trawmatístike	wurde verletzt
η μηχανή	i michaní	die Maschine; der Motor
το χιλιόμετρο	to chiliómetro	der Kilometer
έξω από τη Σαλ.	éxo apó ti Sal.	außerhalb von Saloniki
ρυμουλκήσανε	rimulkísane	man schleppte ab (sie ...)
Ρυμουλκήστε!	rimulkíste!	Schleppen Sie ab!
το αμάξι	to amáxi	der Wagen
το γκαράζ	to garás	die Garage; Werkstatt
το συνεργείο	to sinerjío	die Autowerkstatt
απαραίτητος, -η, -ο	aparétitos, -i, -o	notwendig
η επισκευή (-ές)	i episkewí (-és)	die Reparatur
έτοιμος, -η, -ο	étimos, -i, -o	bereit, fertig
ο τεχνίτης	o technítis	der Handwerker; Techniker
ελέγχω	eléncho	ich prüfe
διορθώνω	ðiorθóno	ich repariere
αναγκαίος, -α, -ο	anangéos, -a, -o	notwendig, nötig
η ανάγκη	i anángi	die Not

ρώτησε, αν είναι	rotise, an ine ...	er fragte, ob ... ist
η μπαταρία	i bataría	die Batterie
αδειάζω/άδειασα	aðiáso / áðiasa	ich leere / leerte
άδειασε	áðiase	wurde leer / war leer
γεμίζω/γέμισα	jemíso / jémisa	ich fülle / füllte
γεμίζομαι/γεμιστώ	jemísome / jemistó	ich werde gefüllt / Form II
να γεμιστεί	na jemistí	sie muß gefüllt werden
τα φρένα	ta fréna	die Bremsen
χαλαρός, -ή, -ό	chalarós, -í, -ó	locker, schlaff
η ταχύτητα	i tachítita	die Geschwindigkeit; der Gang
βγαίνω έξω	wjéno éxo	ich gehe heraus
το κιβώτιο	to kiwótio	das Gehäuse; Getriebe
στάζει λάδι	stási láði	es tropft Öl
ούτε αυτό	úte aftó	auch das nicht; nicht mal ...
επικίνδυνος, -η, -ο	epikínðinos, -i, -o	gefährlich
ο κίνδυνος	o kínðinos	die Gefahr
το ψυγείο	to psijío	Kühlschrank; Autokühler
διορθώθηκε	diorθóθike	es wurde repariert
κιόλας	kiólas	schon, bereits
το δυναμό	to ðinamó	die Lichtmaschine
το ρεύμα	to réwma	der (elektr.) Strom
χρειάζεται	chriásete	man braucht
φτηνός, -ή, -ό	ftinós, -í, -ó	billig
μεταχειρισμένος	metachirisménos	gebraucht
τραβάω/τράβηξα	trawáo / tráwixa	ich ziehe / zog
πάντως – πάντα	pándos – pánda	jedenfalls – immer
μου φαίνεται πως	mu fenete, pos ...	mir scheint, daß ...
φαίνεται/φάνηκε	fenete / fánike	es scheint / schien
αρκετά	arketá	ziemlich, genug
αρκετός, -ή, -ό	arketós, -í, -ó	genug, genügend (Adjektiv)
παλιός, -ιά, -ιό	paliós, -iá, -ió	alt (von Dingen)
δεν είναι έτσι;	ðen íne étsi?	Nicht wahr?
ζεσταίνομαι	sesténome	ich werde warm, erwärme mich
χτυπάω/χτύπησα	chtipáo / chtípisa	ich klopfe / klopfte
σταματάω/σταμάτησα	stamatáo/stamátisa	ich halte an/hielt an
εκτός αυτού	ektós aftú	außerdem

το καρμπυρατέρ	to karbiratér	der Vergaser
να καθαριστεί	na kaθaristí	er muß gereinigt werden
καθαρίζω/καθάρισα	kaθaríso / kaθárisa	ich reinige / reinigte
τα μπουζιά	ta busiá	die Zündkerzen
σύμφωνοι;	símfoni?	einverstanden?
η ασφάλεια	i asfália	die Sicherheit; Sicherung
δεν είναι τίποτα	ðen íne típota	das ist nichts
το τιμόνι	to timóni	das Lenkrad
ο άξωνας	o áxonas	die Achse
η μίζα	i mísa	die Zündung; Anlasser
η εξάτμηση	i exátmisi	der Auspuff
ο δείκτης	o ðíktis	der Blinker
τα φώτα φρένων	ta fóta frénon	die Bremslichter
το γκάζι	to gási	das Gas; Gaspedal
η θέρμανση	i θérmansi	die Heizung
ο ιμάς	o imás	der Keilriemen
η συμπίεση	i simbíesi	die Kompression
οι λάμπες	i lámbes	die Lampen; Birnen
ο κινητήρας	o kinitíras	der Motor
οι τροχοί	i trochí	die Räder
ο καθρέφτης	o kaθréftis	der Spiegel
το αμορτισέρ	to amortisér	der Stoßdämpfer
να ξαναπεράσετε	na xanaperásete	Kommen Sie wieder vorbei!
το απόγευμα	to apójewma	am Nachmittag; der ...
τότε μπορείτε	tóte boríte	dann können Sie
καινούργιος, -ια, -ιο	kenúrjos, -ia, -io	neu (von Dingen)
Αντίο σας!	addío sas!	Adieu! Tschüß!
έχω δουλειά	écho ðuliá	ich habe Arbeit
Στό καλό!	sto kaló!	Machs gut!
φοβάμαι/φοβήθηκα	fowáme/fowíθika	ich befürchte; (fürchte mich) ...
μην (τυχόν) ...	min (tichón) ...	... daß (etwa) ...
λυπημένος, -η, -ο	lipiménos, -oi, -o	betrübt, traurig
η λύπη	i lípi	Betrübnis, Traurigkeit
γελάω/γέλασα	jeláo/jélasa	ich lache/lachte
του έδειξε	to éðixe	er zeigte ihm
έβαλε τη μίζα	éwale ti mísa	er betätigte die Zündung
Και να το!	ke na to!	Und siehe da!
πόσο στοιχίζει;	póso stichísi?	Wieviel kostet?
ο μάστορας	o mástoras	der Meister

ο φόβος	o fówos	die Angst, Furcht
μη φοβάσαι	mi fowáse!	Keine Angst!
το παλικάρι	to palikári	der (tüchtige) Kerl
καλό παιδί	kaló peðí	ein guter Junge (Lob)
'Ακου! – Ακούστε!	akú! – akúste!	Hör zu! – Hört!
μές'στον πόλεμο	mes' ston pólemo	im Krieg
μου τα μάθανε	mu ta máthane	sie lehrten mich
το χιλιάρικο	to chiliáriko	der Tausender
τζάμπα! – δωρεάν!	tsába! – ðoreán	umsonst! – gratis!
άντε! – 'Αντε!	ánde! – áinde!	also los! auf! wohlan!
'ορα καλή!	óra kalí!	Laß dir's gut gehn!
μέρα-νύχτα	mera-níchta	Tag und Nacht
ο φουκαράς	o fukarás	der (arme) Kerl
κάνω τον πλούσιο	káno ton plúsio	ich spiele den Reichen
ο πλούσιος, -ια, -ιο	o plúsios, -ia, -io	der Reiche; reich
ο πλούτος	o plútos	der Reichtum
γύρω στον κόσμο	jíro ston kósmo	rund um die Welt
παρ'όλο που ...	par'ólo pu ...	obwohl ...
χάνω/έχασα	cháno/échasa	ich verliere/verlor
φύγε απο δω!	fíje apó ðo!	Verschwinde von hier! Hau ab!
γεια σας και	ja-sas ke ...	Alles Gute und ...
χαρά σας	chará sas!	viel Spaß!
Καλή αντάμωση!	kalí andámosi!	Aufwiedersehn! (Beim Abschied)
η κόλαση	i kólasi	die Hölle
μουρμουρίζω	murmuríso	ich murmle, brumme
μουρμουρίζοντας	murmurísondas	murmelnd, brummend (Part.)
ο γερο-μάστορας	o jero-mástoras	der alte Meister
συνεχίζω/συνέχισα	sinechíso / sinéchisa	ich setze fort/setzte fort
η συνέχεια	i sinéchia	die Fortsetzung
η δουλειά του	í ðuliá tu	seine Arbeit

Montag, dreiundzwanzigster August

Das Auto ist kaputt!

Gestern Abend riefen uns Peter und Renate an. Sie haben ihren Urlaub auf Tharsos verbracht, in der Nähe von Kawalla. Jetzt sind sie mit ihrem Auto nach Thessaloniki zurückgekehrt. Aber unterwegs hatten sie einen Unfall, näm-

lich einen Zusammenstoß mit einem Lastwagen. Sie waren
selbst nicht schuld, der Lastwagenfahrer war schuld. Zum
Glück wurde niemand verletzt. Nur (das Auto) ging kaputt.
Der Unfall ereignete sich zehn Kilometer außerhalb von
Saloniki. Man schleppte das kaputte Fahrzeug ab und man
brachte es in eine Werkstatt in der Stadt. Sie ließen es dort,
um nur die nötigsten Reparaturen ausführen zu lassen.
Wann wird es fertig sein? Morgen, sagte der Handwerker.
Ich prüfe und repariere nur das Allernötigste. Am nächsten
Tag kam Peter zu der Werkstatt und fragte, ob der Wagen
fertig sei. Morgen, sagten sie. Für heute haben wir vieles ge-
funden, was nicht in Ordnung ist: Die Batterie ist leer und
muß gefüllt werden. Die Bremsen sind überhaupt nicht in
Ordnung. Sie sind locker. Die Gänge springen heraus, aber
das macht nicht viel aus. Doch aus dem Getriebe tropft Öl.
Auch das ist nicht gefährlich. Auch der Kühler rinnt. Das
wurde schon repariert. Die Lichtmaschine gibt keinen Strom.
Sie brauchen eine neue. In Ordnung, wir setzen Ihnen eine
billige ein, eine gebrauchte. Der Motor zieht nicht gut.
Jedenfalls scheint er mir schon sehr alt zu sein. Nicht wahr?
Der Motor wird heiß, klopft und bleibt plötzlich stehen.
Außerdem muß auch der Vergaser gereinigt werden, und wir
müssen die Zündkerzen wechseln. Einverstanden? Auch eine
Sicherung war kaputt, aber das ist nichts. Das Lenkrad ist
in Ordnung, die Achse, das Zündschloß, der Auspuff, der
Blinker, die Bremslichter, das Gas, die Heizung, der Keil-
riemen, die Kompression, die Lampen, der Motor, die vier
Räder, der Spiegel, der Stoßdämpfer ... all das ist gut. Kom-
men Sie morgen nachmittags wieder vorbei und dann können
Sie Ihren „neuen" Wagen mitnehmen. Auf Wiedersehen, ich
habe Arbeit. Machen Sie's gut! Bei alledem, was der Hand-
werker sagte, fürchtete (sich) Peter sehr, daß er wohl viel
Geld für sein Auto bezahlen müsse. Am andern Tag ging er
sehr bedrückt zu der Werkstatt. Der Handwerker lachte, er
zeigte ihm seinen „neuen" Wagen, betätigte die Zündung ...
und siehe da! Er läuft wieder! Wieviel kostet's, Meister?
fragte Peter voll Angst. Keine Angst! Hör, alles was ich da
mache, das habe ich von den deutschen Soldaten im Krieg
gelernt. Gib mir 1000 Drachmen für meine Arbeit, und ich bin

zufrieden. Das ist geschenkt, aber es macht nichts! Ein Deutscher bist du, und ich liebe die Deutschen. Los, und alles Gute, viel Glück! Zum Teufel mit mir, ich schufte Tag und Nacht und bin ein armer Schlucker ... und die spielen die Reichen und reisen rund um die Welt. Viel Glück, viel Spaß! Auf Wiedersehen ... in der Hölle. (Brummend setzt der alte Meister seine Arbeit fort ...)

Trotz der Zwischenfälle hatten wir alle schöne Ferien. Bald nach unserer Rückkehr trafen wir Peter und Renate in München. Wir zeigten uns gegenseitig unsere Ferienfotos. Nächstes Jahr fahren wir wieder nach Griechenland.

Erläuterungen

Die Bildung des Nebensatzes

Der Nebensatz wird durch besondere Partikel, zumeist Konjunktionen eingeleitet.

a) Der Relativsatz mit „pu" που

To spíti ... Pu méno?	Das Haus ... Wo wohne ich?
To spíti, ... pu méno.	Das Haus, ... wo ich wohne.
To spíti, ... Pu íne?	Das Haus, ... Wo ist es?
To spíti, ... **pu** íne stin Aθína.	Das Haus, **das** in Athen ist.
O fílos, ... **pu** íne sto spíti.	Der Freund, der zuhause ist.
To nisí, ... pu ine oréo.	Die Insel, die schön ist.

Beachte: Der Relativsatz wird mit der Fragepartikel που (= der, die, das) eingeleitet. Im Gegensatz zum Fragepronomen „πού" (= wo?, wohin?) bekommt „που" im Relativsatz keinen Akzent!

b) Der Bedingungssatz mit „an" αν (wenn)

An échis leftá, borís na agorásis ta pánda.
Wenn du Geld hast, kannst du alles kaufen.

An rotísis, θa páris miá apándisi.
Wenn du fragst, wirst du Antwort erhalten.

c) Der zeitliche Folgesatz mit „ótan" όταν (wenn)

Hier ist im Unterschied zum Bedingungssatz die zeitliche Folge im Sinne von: „dann, wenn" bzw. „wenn, dann" gemeint:

'Otan ðís ton fílo mu, pés tu cheretismús.
Wenn du meinen Freund siehst, sag ihm Grüße. (Dann, wenn)
'Otan páro áðia, θa páo stin Elláða.
Wenn ich Urlaub nehme, fahre ich nach Griechenland.

Die zeitliche Folge kann sich auch in der Vergangenheit abspielen. Man verwendet ebenfalls „ótan" όταν (= als).

'Otan ftásame stin Aθína, ítan piá argá ti níchta.
Als wir in Athen ankamen, war es schon spät nachts.
'Otan ftásame sti Santoríni, ðen wríkame spíti.
Als wir in Santorin angekommen **waren**, fanden wir kein Haus.

Merke: Auch hier wird im Griechischen kein Unterschied gemacht zwischen einfacher Vergangenheit und Plusquamperfekt.

Anstelle von „ótan" kann man auch noch andere Konjuntionen gleichbedeutend gebrauchen:

Afú ftásame stin Aθína, ...   Αφού φτάσαμε ...
Nachdem wir in Athen angekommen waren, ...

Mólis ftásame stin Aθína, ...   Μόλις φτάσαμε ...
Sobald wir in Athen angekommen waren, ...

'**Ama** ftásame stin Aθína, ...   Άμα φτάσαμε ...
Sobald wir in Athen angekommen waren, ...

San ftásame stin Aθína, ...   Σαν φτάσαμε ...
Als wir in Athen ankamen, ...

d) Der begründende Nebensatz mit „jatí" γιατί (weil, da)

ðen boró na érθo, jatí íme árrostos.
Ich kann nicht kommen, weil ich krank bin.

I fíli ðen írθan, jatí to aftokínito tus chálase.
Die Freunde kamen nicht, weil ihr Auto kaputt ging.

Anstelle von „jatí" (weil) kann man auch gleichbedeutend „epiðí" επειδή oder „afú" αφού verwenden:

ðen θa páo sto nisí, **epiðí** íme árrostos.
Ich fahre nicht zur Insel, weil ich krank bin.

Θa páo sti Sandoríni, **afú** mu arési ekí.
Ich fahre nach Santorin, weil es mir dort gefällt.

Merke: Als Fragewort heißt „jatí" Warum?
Jatí ðen írθes chtés? ðen írθa, **jatí** ímun árrostos.
Warum kamst du gestern nicht? Ich kam nicht, weil ich krank war.

e) Der gegensätzlich-einräumende Nebensatz:

To ípa, **enó** ðen íθela na to pó.   ενώ ...
Ich sagte es, **während** ich es nicht sagen wollte.

To ípa, **molonóti** ðen íθela na to pó.   μολονότι
Ich sagte es, **obwohl** ich es nicht sagen wollte.

To ípa, **an ke** ðen íθela na to pó.   αν και ...
Ich sagte es, **auch wenn** ich es nicht sagen wollte.

Θa páro to aeropláno, **andí na** páro to tréno.   αντί να ...
Ich nehme das Flugzeug, **anstatt daß** ich den Zug nehme.

'Imastan stin Aθína, **chorís na** échume leftá.
Wir waren in Athen, **ohne daß** wir Geld hatten. χωρίς να ...

Die Bindewörter im Hauptsatz

Es gibt eine Fülle von differenzierenden Bindewörtern, die im Hauptsatz stehen. Die wesentlichen sollen hier zusammengestellt werden:

ke	und
ke ... ke	sowohl ... als auch
i	oder
i ... i	entweder ... oder
úte	auch nicht
úte ... úte	weder ... noch
allá	aber, sondern
ma	aber, sondern
óchi móno ... allá ke	nicht nur ... sondern auch
ómos	aber, jedoch
ostóso	dennoch, jedoch
alliós	sonst, andernfalls
lipón	also
Lipón, páme?	Also, geh'n wir?
étsi	so (nur beim Verb)
ðilaðí	nämlich, das heißt ...

Lektion 24

Ein Märchen
Dienstag, 24. August

Τρίτη,
εικοσιτέσσερεις Αυγούστου.

Να σας πω ένα ελληνικό
παραμύθι; Ναι, θέλετε;
Λοιπόν, παιδιά, ακούστε:

Ένα παραμύθι

Μια φορά κι έναν καιρό,
ο κόκκορας κι ο σκύλος ήταν
φίλοι, ήταν πολύ καλοί φίλοι.
Τα δύο ζώα αποφάσισαν κάποτε
να κάνουν ένα μεγάλο ταξίδι,
για να γνωρίσουν τον κόσμο.
Ξεκίνησαν λοιπόν και τα δυό
κι έφτασαν το βράδυ στο δάσος.
Ο σκύλος ρώτησε τον κόκκορα:

Tríti,
ikositésseris Awgústu.

Na sas po éna ellinikó
paramíthi? Ne, θélete?
Lipón, peðiá, akúste!

Ena paramíthi

Miá forá ki énan keró,
o kókkoras ki o skílos ítan
fíli, ítan polí kalí fíli.
Ta ðío sóa apofásisan kápote
na kánun éna megálo taxíði,
ja na gnorísun ton kósmo.
Xekínisan lipón ke ta ðió
ki éftasan to wráði sto ðásos.
O skílos rótise ton kókkora:

– Πού θα κοιμηθούμε απόψε;
Ο κόκκορας απάντησε στο
σκύλο:
– Εγώ θα κοιμηθώ εκεί ψηλά,
κι έδειξε τα κλαδιά τού
δέντρου.
– Εγώ θα κοιμηθώ στην
κουφάλα του, είπε ο σκύλος.
Τα ζώα ευχήθηκαν «καληνύχτα»
κι έπεσαν να κοιμηθούν.
Σε λίγο τα είχε πάρει ο ύπνος.
Πρωί-πρωί ξύπνησε ο κόκκορας
κι άρχισε να φωνάζει:
«Κικιρίκου!»
Τον ακούει μια πονηρή αλεπού
και τρέχει κάτω από το δέντρο.
– Καλημέρα, φίλε μου, λέει.
Δεν έρχεσαι στη φωλιά μου
να σε περιποιηθώ λίγο;
– Έρχομαι, λέει ο κόκκορας.
Ρώτα όμως πρώτα το φίλο μου,
που κοιμάται μέσα στην
κουφάλα.
Μπορεί να έρθει και αυτός ...
Η αλεπού νόμισε
πως ήταν και δεύτερος κόκκορας
και πλησίασε στο δέντρο.
Αντί όμως να δει κόκκορα,
βλέπει ξαφνικά το σκύλο.
Τότε η αλεπού τρόμαξε
κι έφυγε τρεχάτη.
Έτσι οι δύο φίλοι έμειναν ήσυχοι
και συνέχισαν τό ταξίδι ...

– Pu θa kimiθúme apópse?
O kókkoras apándise sto
skílo:
– Eγó θa kimiθó ekí psilá,
ki éðixe ta klaðiá tu
ðéndru.
– Eγó θa kimiθó stin
kufála tu, ípe o skílos.
Ta sóa efchíθikan „kaliníchta"
ki épesan na kimiθún.
Se líγo ta íche pári o ípnos.
Proí-proí xípbise o kókkoras
ki árchise na fonási:
„Kikiríku"!
Ton akúi miá ponirí alepú
ke tréchi káto apó to ðéndro.
– Kaliméra, fíle mu, léi.
ðen érchese sti foliá mu,
na se peripiiθó líγo?
– 'Erchome, léi o kókkoras.
Róta ómos próta to fílo mu,
pu kimáte mésa stin
kufála.
Borí na érθi ke aftós ...
I alepú nómise
pos ítan ke ðéfteros kókkoras
ke plisíase sto ðéndro.
Andí ómos na ðí kókora,
wlépi xafniká to skílo.
Tóte i alepú trómaxe
ki éfije trecháti.
'Etsi i ðió fíli éminan ísichi
ki sinéchisan to taxíði ...

Unser Wortschatz

Να σας πω	na sas po	soll ich euch (Ihnen) sagen?
το παραμύθι (-ια)	to paramíθi	das Märchen
μια φορά κι έναν καιρό	miá forá ki énan keró	Es war einmal (Anfang eines Märchens)
ο κόκκορας	o kókkoras	der Hahn, Gockel
ο σκύλος	o skílos	der Hund

το ζώο	to sóo	das Tier
αποφασίζω/ αποφάσισα	apofasíso/ apofásisa	ich entschließe mich/ entschloß mich
κάποτε	kápote	einmal, irgendeinmal
να κάνω	na káno	daß ich mache
γνωρίζω	gnoríso	ich lerne kennen / kenne
για να γνωρίσουν	ja na gnorísun	um kennenzulernen (sie)
ξεκινώ/ξεκίνησα	xekinó / xekínisa	ich breche auf / brach auf
και τα δυό	ke ta ðió	die beiden
το δάσος	to ðásos	der Wald
θα κοιμηθούμε	θa kimiθúme	wir werden schlafen
απόψε	apópse	heute abend
απαντώ/απάντησα	apandó / apándisa	ich antworte / antwortete
εκεί ψηλά	ekí psilá	dort oben
το κλαδί (-ιά)	to klaðí	der Zweig
η κουφάλα	i kufála	die Höhle
ευχήθηκαν	efchíθikan	sie wünschten
εύχομαι/ευχήθηκα	éfchome / efchíθika	ich wünsche / wünschte (jemandem etwas)
πέφτω/έπεσα	péfto / épesa	ich falle / fiel
έπεσαν να κοιμηθούν	épesan na kimiθún	sie legten sich schlafen
σε λίγο	se lígo	bald darauf
ο ύπνος	o ípnos	der Schlaf
τα είχε πάρει ο ύπνος	ta íche pári o ípnos	sie waren eingeschlafen
πρωί-πρωί	proí-proí	in aller Früh (Verdoppl.)
ξυπνάω/ξύπνησα	xipnáo / xípnisa	ich wache auf / wachte auf
αρχίζω/άρχισα	archíso / árchisa	ich fange an / fing an
φωνάζω/φώναξα	fonáso / fónaxa	ich schreie / schrie
κικιρίκου	kikiríku!	kikerikí!
τον ακούει	ton akúi	ihn hört
πονηρός, -ή, -ό	ponirós, -í, -ó	schlau, listig
η αλεπού (-ούδες)	i alepú (-úðes)	der Fuchs („Füchsin")
τρέχω/έτρεξα	trécho / étrexa	ich laufe / lief
κάτω από το δέντρο	káto apó to ðéndro	unter den (dem) Baum
Φίλε μου!	fíle mu!	mein Freund!
έρχομαι/ήρθα	érchome / írθa	ich komme / kam
η φωλιά	i foliá	das Nest, der Bau
να σε περιποιηθώ	na se peripiiθó	daß ich dich pflege
περιποιούμαι	peripiúme	ich pflege (jmd.)

Ρώτα! Ρώτησε!	róta! rótise!	frage!
πρώτα	próta	zuerst
που κοιμάται	pu kimáte	der schläft
κοιμάμαι/κοιμήθηκα	kimáme/kimíθika	ich schlafe/schlief
μέσα στην κουφάλα	mésa stin kufála	in der Höhle
μπορεί να ...	borí na ...	vielleicht ... (kommt er)
μπορεί να έρθει	borí na érθi	vielleicht kommt er
μπορεί να έρθω	borí na érθo	vielleicht komme ich
και αυτός	ke aftós	auch er; auch der (dieser)
νομίζω/νόμισα	nomíso/nómisa	ich meine/meinte
νομίζω πως ...	nomíso pos ...	ich meine, daß ...
δεύτερος κόκκορας	δéfteros kókkoras	ein zweiter Hahn
πλησιάζω/πλησίασα	plisiáso/plisíasa	ich nähere mich/ näherte mich
αντί να δει	andí na δí	anstatt daß er ... sah
ξαφνικά	xafniká	plötzlich
τότε	tóte	da, dann (zeitlich)
τρομάζω/τρόμαξα	tromáso/trómaxa	ich erschrecke/erschrak
έφυγε τρεχάτη	éfije trecháti	sie lief schnell weg
έμειναν ήσυχοι	éminan ísichi	sie blieben ohne Störungen
Μείνετε ήσυχος!	mínete ísichos!	Bleiben Sie ruhig!
συνέχισαν	sinéchisan	sie setzten fort
συνεχίζω	sinechíso	ich setze (etwas) fort

Dienstag, vierundzwanzigster August

Soll ich Euch ein griechisches Märchen erzählen? Ja, wollt Ihr es? Also, dann hört mal zu, Kinder!

Ein Märchen

„Es war einmal ein Hahn und ein Hund, und die waren Freunde; sie waren sehr gute Freunde. Die beiden Tiere beschlossen einmal, eine große Reise zu machen, um die Welt kennenzulernen. Sie brachen also auf, die beiden, und gelangten abends in den Wald.

Der Hund fragte den Hahn: — Wo werden wir heute abend schlafen? Der Hahn antwortete dem Hund: — Ich werde dort oben schlafen, und er zeigte auf die Zweige des Baumes. — Ich werde in der Baumhöhle schlafen, sagte der Hund."

Die Tiere wünschten sich „Gute Nacht" und legten sich zum schlafen nieder. Bald darauf hatte sie der Schlaf erfaßt. In aller Früh erwachte der Hahn und begann zu rufen: „Kikeriki!" Ihn hört ein schlauer Fuchs und läuft unter den Baum. — Guten Morgen, mein Freund! sagt er. Willst du nicht in meinen Bau kommen, damit ich dich ein wenig bewirte? — Ich komme! sagte der Hahn. Frage aber du zuerst meinen Freund, der in der Baumhöhle schläft. Vielleicht kommt auch er mit. Der Fuchs glaubte, daß es noch ein zweiter Hahn sei und näherte sich dem Baum. Anstatt aber einen Hahn zu erblicken, sieht er plötzlich den Hund. Da erschrak der Fuchs und lief schnell weg. So blieben die zwei Freunde ungestört und setzten ihre Reise fort ...

Erläuterungen

Besonderheiten beim Relativsatz

Um Mißverständnissen vorzubeugen wird im Genitiv, Dativ und Akkusativ zumeist noch der Artikel hinzugefügt. Es heißt also:

Singular				Plural		
Nom.:	pu	der, die, das	που	pu	die	που
Gen.:	pu tu	dessen	που του	pu tus deren		που τους
	pu tis	deren	που της			
Dat.:	pu tu	dem	που του	pu tus denen		που τους
	pu tis	der	που της			
Akk.:	pu ton	den	που τον	pu tus die		που τους
	pu tin	die	που την	pu tis die		που τις
	pu to	das	που το	pu ta die		που τα

Beispiele:

O fílos, pu tu chálase to aftokínito.	I fíli, pu tis ...
Der Freund, dessen Auto kaputtging.	Die Freundin, deren ...
O fílos, pu tu grápsame to grámma.	I fíli, pu tis ...

Der Freund, dem wir den Brief schrieben.	Die Freundin, der ...
O fílos, pu íðame stin Aθína.	I fíli, pu íðame ...
Der Freund, den wir in Athen sahen.	Die Freundin, die wir ...

To peðí, pu íðame sto chorió.
Das Kind, das wir im Dorf sahen.

I fíli mas, pu ménun stin Aθína.	I fíles mas, pu ménun ...
Unsere Freunde, die in Athen wohnen.	Die Freundinnen, die ...
I fíli, pu íðame stin Aθína.	I fíles, pu íðame ...
Die Freunde, die wir in Athen sahen.	Die Freundinnen, die wir ...

Ta peðiá, pu íðame sta choriá.
Die Kinder, die wir in den Dörfern sahen.

Beachte: Allgemeines Relativpronomen ist die Partikel „pu". Zur Verdeutlichung wird fast immer das entsprechende Personalpronomen hinzugefügt.

Beispiele für weitere Relativsätze:

I fíli.   Tus íðame stin Aθína.
I fíli, pu   tus íðame stin Aθína.
O fílos.   Tu grápsame to grámma.
O fílos, pu tu grápsame to grámma.
O fílos.   Pígame me aftón sto sinemá.
O fílos, pu pígame me aftón sto sinemá.
Der Freund, mit dem wir ins Kino gingen.
I fíli ... taxiðépsame me aftí sto nisí.
I fíli, pu taxiðépsame me aftí sto nisí.
Die Freundin, mit der wir zur Insel fuhren.

Das Perfekt

Ähnlich wie im Deutschen gibt es auch im Griechischen eine zusammengesetzte Vergangenheit (Perfekt). Nur wird diese seltener gebraucht:

Aorist			Perfekt	
1. Sg.:	égrapsa	έγραψα	écho grápsi	έχω γράψει
	ich schrieb		ich habe geschrieben	
2. Sg.:	égrapses	έγραψες	échis grápsi	έχεις γράψει
	du schriebst		du hast geschrieben	
3. Sg.:	égrapse	έγραψε	échi grápsi	έχει γράψει
	er schrieb		er hat geschrieben	
1. Pl.:	grápsame	γράψαμε	échume grápsi	έχουμε γράψει
	wir schrieben		wir haben geschrieben	
2. Pl.:	grápsate	γράψατε	échete grápsi	έχετε γράψει
	ihr schriebt		ihr habt geschrieben	
3. Pl.:	grápsane	γράψανε	échun grápsi	έχουν γράψει
	sie schrieben		sie haben geschrieben	

Merke: Diese Form wird immer mit écho/„ich habe" gebildet, auch da, wo der Deutsche sagt: „ich bin gefahren"(!)

1. Sg.:	écho pái ich bin gefahren		1. Pl.:	échume pái wir sind gefahren
2. Sg.:	échis pái du bist gefahren		2. Pl.:	échete pái ihr seid gefahren
3. Sg.:	échi pái er ist gefahren		3. Pl.:	échun pái sie sind gefahren

Zur Bildung der Form: Sie ist identisch mit der 3. Person Singular der **Nebenform**, also: écho ... δόsi (gegeben), akúsi (gehört), écho ... pári (genommen), fái (gegessen), pií (getrunken), écho ... agapísi (geliebt), filísi (geküßt), jirísi (zurückgekehrt), écho ... taxiδépsi (gereist), kimiθí (geschlafen), δí (gesehen) ...

Auch das (deutsche) **Plusquamperfekt** läßt sich auf diese Weise ausdrücken: ícha ... ich hatte ...

Aorist		Perfekt	
1. Sg.:	ícha grápsi	είχα γράψει	ich hatte geschrieben
2. Sg.:	íches grápsi	είχες γράψει	du hattest geschrieben
3. Sg.:	íche grápsi	είχε γράψει	er hatte geschrieben
1. Pl.:	íchame grápsi	είχαμε γράψει	wir hatten geschrieben
2. Pl.:	íchate grápsi	είχατε γράψει	ihr hattet geschrieben
3. Pl.:	íchan grápsi	είχαν γράψει	sie hatten geschrieben

Ebenso kann das Futur II gebildet werden: mit „θa" écho ..."

1. Sg.: θa écho grápsi — ich werde geschrieben haben
2. Sg.: θa échis grápsi — du wirst geschrieben haben
3. Sg.: θa échi grápsi — er wird geschrieben haben

1. Pl.: θa échume grápsi — wir werden geschrieben haben
2. Pl.: θa échete grápsi — ihr werdet geschrieben haben
3. Pl.: θa échun grápsi — sie werden geschrieben haben

Anmerkung: Auch das Passiv läßt sich so umschreiben:

écho graftí – ich bin geschrieben worden
ícha graftí – ich war geschrieben worden
θa écho graftí – ich werde geschrieben worden sein

Unterschied zwischen „na" und „pos/pu/óti"

Die Konjunktion „na" leitet stets einen Nebensatz ein, in dem ein Wunsch, Wille oder Zweck zum Ausdruck kommt:

θélume na páme stin ekklisía.   Θέλουμε να πάμε ...
Wir wollen in die Kirche gehen.
(Eigentlich: Wir wollen, daß wir in die Kirche gehen.)
Prépi na pas spíti.   Πρέπει να πας σπίτι.
Du mußt heimgehen.
(Eigentlich: Es ist nötig, daß du heimgehst.)

Die Konjunktionen „pos, pu, óti" (πως, που, ότι) leiten jedoch einen Nebensatz ein, der eine Behauptung oder eine allgemeine Aussage beinhaltet (Tatbestand):

Lé-i, pos (pu, óti) íne árrostos.   Λεέι, πως είναι ...
Er sagt, daß er krank ist (sei).

'Emaθa, pos (pu, óti) íse árrostos   'Εμαθα, πως (που, ότι) ...
Ich erfuhr, daß du krank bist (seist).

Pistéwo, pos (pu, óti) éfije.   Πιστεύω, πως ...
Ich glaube, daß er fort ist.

Kríma, pu (pos, óti) prépi na   Κρίμα, που πρεπει ...
fígume.
Schade, daß wir fort müssen.

Chéro, pu ... ich freue mich, daß   Χαίρω, που ...
Lipáme, pu ... es tut mir leid, daß   Λυπάμαι, που ...

Die Zahlen über 1000 und allgemeine Zeitangaben

Für das Zählen von Tausendern wird der Begriff „i chiliáđa"
„die Tausendereinheit" verwendet: η χιλιάδα/χιλιάδες

1 000	chílii, -es, -a	χίλια
2 000	dío chiliáđes	δύο χιλιάδες
3 000	trís chiliáđes	τρείς χιλιάδες
4 000	tésseris chiliáđes	τέσσερεις χιλιάδες
5 000	pénde chiliáđes	πέντε χιλιάδες
6 000	éxi chiliáđes	έξι χιλιάδες
7 000	eftá chiliáđes	εφτά χιλιάδες
8 000	ochtó chiliáđes	οχτώ χιλιάδες
9 000	enniá chiliáđes	εννιά χιλιάδες
10 000	đéka chiliáđes	δέκα χιλιάδες
100 000	ekató chiliáđes	εκατό χιλιάδες
200 000	điakósies chiliáđes	διακόσιες χιλιάδες
300 000	triakósies chiliáđes	τριακόσιες χιλιάδες
400 000	tetrakósies chiliáđes	τετρακόσιες χιλιάδες
500 000	pendakósies chiliáđes	πεντακόσιες χιλιάδες
1 000 000	éna ekatomírio	ένα εκατομύριο
2 000 000	đío ekatomíria	δύο εκατομύρια

Allgemeine Zeitangaben (Jahreszahlen)

to chília enniakósia ewđomínda enniá	το χίλια εννιακόσια εβδομήντα εννιά	Im Jahr 1979
Genníthika to chília enniakósia saránda eftá	Γεννήθηκα τό χίλια εννιακόσια σαράντα εφτά	Ich wurde im Jahr 1947 geboren
stis pénde Awgústu chília enniakósia ewđomínda enniá	στις πέντε Αυγούστου χίλια εννιακόσια εβδομήντα εννιά	Am 5. August 1979

Merke: Vor die Jahreszahl setzt man den Artikel „to"
(ergänze: chróno Jahr)!

Die Monatsnamen

Januários	Ιανουάριος (Γενάρης)	Januar
Fewruários	Φεβρουάριος (Φλεβάρης)	Februar
Mártios	Μάρτιος (Μάρτης)	März
Aprílios	Απρίλιος (Απρίλης)	April
Máios	Μάιος (Μάης)	Mai
Júnios	Ιούνιος (Ιούνης)	Juni
Júlios	Ιούλιος (Ιούλης)	Juli
'Awgustos	Αύγουστος	August
Septémwrios	Σεπτέμβριος (Σεπτέμβρης)	September
Októwrios	Οκτώβριος (Οκτώβρης)	Oktober
Noémwrios	Νοέμβριος (Νοέμβρης)	November
ðekémwrios	Δεκέμβριος (Δεκέμβρης)	Dezember

Beachte: Bei Datumsangaben erscheint stets der Genitiv des Monatsnamens: Januaríu, Fewruaríu, Martíu, Apriliu, Maíu, Juníu, Julíu, Awgústu, Septemwríu, Oktowríu, Noemwríu, ðekemwríu.

Die wichtigsten Feste in Griechenland

ta Christújenna	τα Χριστούγεννα	Weihnachten
i Protochroniá	η Πρωτοχρονιά	Neujahr
i Apokriés	οι Αποκριές	Fasching, Karneval
i Kaθari ðeftéra	η Καθαρή Δευτέρα	Rosenmontag
i Eθnikí Jortí (25. März)	Η Εθνική Γιορτή	Nationalfeiertag (25. März)
i Megáli Paraskewi	η Μεγάλη Παρασκευή	Karfreitag
i Anástasi	Η Ανάσταση	Auferstehung
to Páscha	το Πάσχα	Ostern
i Protomajá	η Πρωτομαγιά	Erster Mai
i Pendikostí	η Πεντηκοστή	Pfingsten

Schlüssel zu den Übungen

Lektion 1

1. i kiriakí, o 'Awgustos, i níchta, i Elláða, to Mónacho, to taxíði, to aeropláno, i Aθína, i ptísi, to wunó, to potámi, i θálassa, o ílios, to kalokéri, o kerós, to aeroðrómio.

2. miá kiriakí, miá níchta, éna taxíði, éna aeropláno, éna aeroðrómio, miá ptísi, éna wunó, éna potámi, miá θálassa, éna kalokéri, éna kerós.

3. i kiriakés, i níchtes, ta taxíðia, ta aeropláma, to wuná, ta potámia, i θálasses, ta aeroðrómia.

4. Es ist Sonntag. Ich mache eine Reise nach München. Ich bleibe in Athen. Wie geht es Ihnen? Danke, sehr gut. Wie geht es dir? Danke, gut. Gute Reise! Gute Nacht, Helga! Guten Tag, Gerd! Guten Abend, Georg! Sieh, hier ist München! Hier ist der Fluß! Hier ist das Meer! Das Meer ist sehr schön. Mir gefällt das Meer. Mir gefällt Athen.

6. O ílios lámbi. Ine kalokéri. O kerós íne kalós. Mu arési stin Aθína. Kitáso ti θálassa. Pérno to aeropláno. Méno sto Mónacho. Káno éna taxíði stin Aθína.

Lektion 2

1. i oréa kiriakí, i oréa Elláða, to oréo Mónacho, to oréo taxíði, to oréo aeropláno, i oréa Aθína, i oréa ptísi, to oréo wunó, to oréo potámi, o oréos ílios, o oréos kerós, to oréo kalokéri, to oréo aeroðrómio.

2. i kiriakí íne oréa, i Elláða íne oréa, to Mónacho íne oréo, to taxíði íne oréo, to aeropláno íne oréo, i Aθína íne oréa, i ptísi íne oréa, to wunó íne oréo, to potámi íne oréo, o ílios íne oréos, o kerós íne oréos, to kalokéri íne oréo, to aeroðrómio íne oréo.

3. i orées kiriakés, ta oréa taxíðia, ta oréa aeropláma, i orées ptíses, ta oréa wuná, ta oréa potámia, i oréi kerí, ta oréa kalokéria, ta oréa aeroðrómia.

4. O ðáskalos íne kalós. I daskála íne oréa. To scholío íne edó. 'Ime sto scholío. 'Echo áðia. 'Ime sto tréno. Miá kalí méra. Na, ðéndra, wuná, potámia, choriá, choráfia. Na, to Mónacho! Na, i Aθíni! 'Ime kurasménos. Na, polís kósmos. Na, énas xénos!

5. Heute ist Sonntag. Ich heiße Georg. Wo ist der Lehrer? Die Lehrerin ist sehr schön. Wir haben Urlaub. Der Zug kommt in Athen an. Das Dorf hat viele Bäume. Der Fluß ist schön. Die Reise ermüdet mich.

Lektion 3

1. 'Imaste sto kéndro, sto ðomátio, sto xenoðochío, sti tualétta, sto paráθiro, stin akrópoli, sti póli, sto leoforío, stin Elláða, sto Mónacho, sto aeropláno, sto wunó, sto potámi, sti θálassa, sto aeroðromío, sto scholío, sto tréno, sto ðéndro, sto chorió, sto choráfi.

2. 'Ine sta ðomátia, sta xenoðochía, stis tualéttes, sta paráθira, stis póles, sta leoforía, stá aeroplána, sta wuná, sta potámia, stis θálasses, sta aeroðrómia, sta scholía, sta tréna, sta ðéndra, sta choriá, sta choráfia.

3. I fíli íne kalí. Ta potámia íne oréa. Ta tréna íne kalá. Ta peðiá íne oréa.

4. ðen ímaste sti póli. ðen méno sto xenoðochío. I poli ðen íne megáli. ðen échi pollá ðomátia. ðen íne éna kaló xenoðochío. To proinó mu ðen arési. ðen píno tsái me lemóni. Eðó ðen íne i tualétta. ðen páo stin Akrópoli. ðen íne polí makriá.

Sto patéra, sto maθití, sto fílo, sti fíli, sto peðí.

6. Stus ðáskalus, stus patéres, stus maθités, stus fílus, stis fíles, sta peðiá.

Lektion 4

1.
écho	wlépo	páo	kitáso
échis	wlépis	pás	kitásis
échi	wlépi	pái	kitási
échume	wlépume	páme	kitásume
échete	wlépete	páte	kitásete
échun	wlépun	páne	kitásun

taxiðéwo	ftáno	léo	tróo
taxiðéwis	ftánis	lés	trós
taxiðéwi	ftáni	léi	trói
taxiðéwume	ftánume	léme	tróme
taxiðéwete	ftánete	léte	tróte
taxiðéwun	ftánun	léne	tróne

2. θέlo na écho, θέlo na wlépo, θέlo na páo, θέlo na kitáso, θέlo na taxiδéwo, θέlo na ftáno, θelo na léo, θelo na tróo.

3. δen θέlo na écho, δen θέlo na wlépo, δen θέlo na páo, δen θέlo na kitáso, δen θέlo na taxiδéwo, δen θέlo na ftáno, δen θέlo na léo, δen θέlo na tróo.

4. θa écho, θa wlépo, θa páo, θa kitáso, θa taxiδéwo, θa ftáno, θa léo, θa tróo.

5. Heute ist Sonntag (Montag, Dienstag, Mittwoch). Heute ist der zweite (dritte, vierte) August. Die Stadt ist schön. Die Stadt ist nicht klein, die Stadt ist groß. Wollt ihr auf die Akropolis gehen? Heute nicht, morgen werden wir dorthin gehen. Wo ist die Burg? Siehst du sie nicht? Die Burg ist oben auf dem Berg! Gehen wir hinauf? Nein, ich habe keine Lust! Grüß dich, Freund!

Verzeichnis zur Sprachlehre

Adjektiv 26 34 115
Adverb 48 116
Akkusativ 49
Aorist 105 106 114 173
Artikel 19
Aussprache 11 12 134
Bindewörter 217
Datum 57
Demonstrativpronomen 71
Fragewörter 34 80
Futur 43 97
Genitiv 63
   des bestimmten Artikels 64
   des Personalpronomens 65
   des Possessivpronomens 65
Grundzahlen 56
   von 1 bis 10 56
   bis tausend 81
   über tausend 226
Hauptpräpositionen 204
Höflichkeitsform 49
Imperativ 50
Imperfekt 72 160
Konditionalsatz 193
Konjunktionen 217
Monatsnamen 226
Nebenpräpositionen 205
Nebensatz 215
Neutra 162
Passiv 133 172
Perfekt 223
Personalpronomen 65 66

Plural 73 82
Possessivpronomen 65
Prädikat 34
Präpositionen 90 204
Präsens 28
Reflexivform 124 127 133
   141ff. 152 172
Satz, einfacher 33
   Nebensatz 215
   Relativsatz 222
Schrift 11 12 134
Steigerung 115 116
Substantiv 20 162
Suffixe 195
Uhrzeit 57 88
Unpersönliche Ausdrücke 55
Verb 28 72
   Einteilung der Verben 41
   1. Verbgruppe 42
   2. Verbgruppe 50
   Haupt- und
   Nebenform 104, 141
   Intransitiver Gebrauch 174
   Übersicht über un-
   regelmäßige Verben 183
   Übersicht über Verbfor-
   men und -zeiten 182
Verbal-Adjektiv 173
Verneinung 34 87
Vokativ 83
Zeitangaben 226

Zu Lektion 9: Wortschatz (Fortsetzung von Seite 79)

το φώς ανάβει	to fos anáwi	das Licht geht an
δέ λειτουργεί	ðe liturgí	funktioniert nicht
η λάμπα	i lámpa	die Birne, Lampe
χάλασε (χαλάω)	chálase	ging kaputt
ταιριάζει	teriási	paßt
η βρύση	i wrísi	der Wasserhahn
στάζει	stási	tropft, tröpfelt

Notizen

Notizen

Kompaß
Pfeiferle

Notizen

Direkt-Flüge jede Woche	Kykladen-Jet Santorin Mykonos
Athen Kreta Rhodos Korfu Kos	Samos Zakynthos Lesbos Saloniki Zypern

DER GRIECHENLAND SPEZIALIST & ZYPERN

SEIT 25 JAHREN INTERCONTINENTAL

DER Griechenland-Spezialist 25 Jahre

Über 310 Hotels am Festland und auf 48 Inseln erwarten Sie als Gast! Umfangreiches Studienreisen-Programm!

Nützen Sie die Erfahrung des größten deutschen Spezialveranstalters für Griechenland-Reisen und fordern Sie das Griechenland-Spezialprogramm an!

Intercontinental

Seit 25 Jahren   8000 München 40 Türkenstraße 71

ISTS REISEN 089 **2 37 27-0**

humboldt-taschenbücher

Praktische Ratgeber

Haushalt
Partybuch (231)
Küchenkräuter-Garten (476)
Küche und gesunde Ernährung (482)
Advent u. Weihn. feiern (511)

Getränke
Mixgetränke (218)
Deutsche Weine (361)
Alkoholfreie Mixgetränke (396)

Kind und Erziehung
Vornamen (210/505)
Unser Baby (233)
Schwangerschaft/Geburt (392)
Schwangerschafts-Gymnastik (468)

Tips für Kinder
Kinderspiele (47)
Was Kinder basteln (172)
Was Kinder raten (193)

Gesundheit
Erste Hilfe (207)
Kneippkur (238)
Autogenes Training (336)
Rückenschmerzen (339)
Heilpflanzen (342)
Guter Schlaf (354)
Heilmassage (355)
Rheuma (364)
Allergien (365)
Hautkrankheiten (388)
Sauna (406)
Heilfasten (407)
Kopfschmerzen (408)
Naturheilkunde (410)
Entspannungs-Training (430)
Depressionen (431)
Bandscheibenbeschwerd. (442)
Schluß mit dem Streß! (452)
Frauenkrankheiten (455)
Selbsthilfe durch Autogenes Training (466)
Elektro-Akupunktur (480)
Kranke Seele (484)
Biorhythmus (494)
Gesund+fit (501)
Massage-ABC (507)
Autogenes Training und Meditation (510)

Häusliche Krankenpflege (516)
Hämorrhoiden+Darmleiden (518)
Chinesische Atem- und Heilgymnastik (534)
Homöopathie (553)
Haus- und Heilmittel (562)
Erfolgsgeheimnis Selbsthypnose (571)
Schluß mit dem Rauchen! (572)
Ratgeber Wechseljahre (589)

Schönheit
Schönheitstips (203)
Schönheitspflege (343)
Welche Farben stehen mir? (577)

Praktische Lebenshilfe
Leichter lernen (191)
Traumbuch (226)
Reden f. jeden Anlaß (247)
Handschriften deuten (274)
Angst erkennen (276)
Gästebuch (287)
Gutes Benehmen (303)
Partnerwahl (312)
Gedächtnis-Training (313)
Superlearning (491)
Alkohol – das Problem (497)
Testament und Nachlaß (514)
Unterhalt zahlen (515)
Hochzeitsratgeber (529)
Prüfe Deine Menschenkenntnis (531)
Mietrecht knapp+klar (532)
Schlankwerden (550)
Ernährungsratgeber (586)
Yoga für Frauen (588)

Computer
Datenverarbeitung (200)
Mikroprozessoren (338)
Tischcomputer (415)
BASIC Anfänger (456)
Bildschirmtext (457)
Schachcomputer (495)
BASIC Fortgeschrittene (496)
BASIC-Dialekte (524)
Lernen mit dem Homecomputer (525)
Spielend Programmieren (526)
Programmiersprache PASCAL (551)
Richtiger Computer (564)

Briefe schreiben
Geschäftsbriefe (229)
Komma-Lexikon (259)
Briefe besser schreiben (301)
Liebesbriefe schreiben (377)
An Behörden schreiben (409)
Gutes Deutsch – der Schlüssel zum Erfolg! (535)
Musterbriefe für den persönlichen Bereich (538)
Dichten und Reimen (545)

Beruf
Buchführung (211)
So bewirbt man sich (255)
Eignungstests (463)
Existenzgründung (498)
Sich bewerben und vorstellen (537)
Eignungs- und Persönlichkeitstests (548)
Arbeitszeugnisse (573)
Prüfungen – mit Erfolg! (582)

Fotografieren
Fotolexikon (308)

Zimmerpflanzen/Blumen
Zimmerpflanzen (270)
Kakteen (271)
100 schönste Kakteen (370)
Die schönsten Zimmerpfl. (428)
Wenn Zimmerpflanzen nicht gedeihen (549)
Zimmerpflanzen selbst ziehen (585)

Haustiere
Katzen (212)
Dackel (224)
Wellensittiche (285)
Goldhamster, Meerschweinchen u. a. (289)
Schäferhunde (298)
Wie erziehe ich m. Hund (371)
Aquarienfische (447)
Katzenrassen (506)
Welcher Hundetyp (512)
Meine Wohnungskatze (536)
Was will meine Katze mir sagen? (557)

Kochen

Küchentips
Schnellkochtopf (251)
Milch, Quark, Joghurt (440)
Vegetarische Küche (503)
Vollwertkost (504)
Kinderkost (519)
Wildpflanzen-Gerichte (523)
Plätzchen, Pralinen, Salzgebäck (544)
Brotbacken (576)

Diät/Leichte Kost
Diät f. Diabetiker (257)
Diätkost f. Leber/Gallenkr. (260)
Schlankheitsküche (316)
Diabetiker-Backbuch (570)

Kalte Küche
Salate (286)

Fleisch- u. Fischgerichte
Fondue (294)

Tontopfgerichte (367)

Nachspeisen
Eisspezialitäten (554)

Ausländische Küche
Ital. Küche (328)
Chines. Küche (366)
Franz. Küche (405)

Freizeit-Hobby-Quiz

Mein liebstes Hobby
Zierfische (171)
Mikroskopieren (249)
Modelleisenbahn (266)
Mein Aquarium (272)
Pfeiferauchen (318)
Deutsche Volks- und Wanderlieder (331)
Tanzen (362)

Gitarrenschule (390)
100 Volkslieder aus aller Welt (400)
Elektron. Bauelemente (414)
Kegelspiele (487)
Folkgitarre (555)
Elektron. Basteln (560)

Handarbeiten
Stricken (315)
Schönste Strickmuster (492)
Weben (513)
Häkelmuster (521)
Wir stricken und häkeln für Kinder (542)
Patchwork (559)
Puppenkleider selbst nähen (569)

humboldt-taschenbücher

Künstlerisches Gestalten
Zeichnen (268)
Malen (381)
Töpfern (384)
Trockenblumen (385)
Glasmalerei (402)
Aquarellmalerei (426)
Porzellan/Keramik bemal. (429)
Ölmalerei (450)
Salzteig modellieren (490)
Schöne Schriften (508)
Seidenmalerei (509)
Modellieren (543)
Schmuck gestalten (568)

Fotografieren/Filmen
Fotolexikon (308)
Filmen – Technik, Motive (330)
Fotokurs für Einsteiger (475)
Spaß mit Fototricks (478)
Pflanzen fotografieren (502)
Blitz- und Kunstlicht (540)
Gute Porträtfotos (558)
Fotolabor (563)
Bessere Urlaubsfotos (583)

Garten
Garten im Jahreslauf (202)
Balkon – Terrasse (350)
Hydrokultur (413)
Gartenteich (448)
Die 100 schönst. Gartenbl. (470)
Freude am Biogarten (474)
Laubbäume+Ziersträucher (527)
Rasen – Wiese –
  Bodendecker (537)
Mein Gewächshaus (575)

Schach
Schach f. Anfänger (85)
Schach o. Partner f. Anf. (299)
Schachtaktik (363)
Eröffnungsspiele (386)
Schach ohne Partner
  für Könner (432)
Bauer im Schachspiel (433)
Schachcomputer (465)
Spaß mit Schach (479)

Kartenspiele
Kartenspiele (199)
Skat (248)
Bridge (273)
Patiencen (293)
Schafkopf/Doppelkopf (481)
Kartenspiele –
  einmal anders (541)
Tarot (546)
Skatkurs für Aufsteiger (587)

Gesellschaftsspiele
Spielen Sie mit (190)
Mit Zahlen spielen (237)
Brettspiele/Denkspiele (282)
Schreibspiele/
  Streichholzspiele (352)
200 Spiele (401)
Würfelspiele (412)
Zahlenspiele (443)
Domino (522)
Was spielen wir
  in netter Runde (556)
Humboldt-Zauberbuch (567)

Quiz
Frag mich – ich antworte (23)
Wer weiß es (68)
Frag noch was (79)
Frag noch was (83)
Frag weiter (90)
Kreuzworträtsel-Lexikon (91)
Quiz i. Wort u. Bild (174)
Rätsel, leicht gelöst (263)

Tests
Spaß mit Tests (195)
Teste Deine Intelligenz (225)
Trimm dich geistig fit! (520)
Teste Dein Musikwissen (533)

Sport

Allgemein
Taschenlexikon d. Sports (302)

Fitness/Gymnastik/Yoga/Laufen
Yoga (82)
Gymnastik (228)
Yoga+Gymnastik (333)
Lauf dich fit (382)
Radfahren (421)
Vital durch Gymnastik (495)
Fit durch Bodybuilding (528)

Ballsportarten
Volleyball (436)
Fußball (451)
Das ist Golf (584)

Judo/Karate
Selbstverteidigung (178)
Judo/Karate/Taekwon-Do (372)
Judo für Jugendliche (391)
Judo – mein Freizeitsport (454)
Karate (493)

Sportschießen
Sportschießen (300)

Wassersport/Angeln
Angeln und Fischen (206)
Windsurfen (305)
Kanu (326)
Schwimmen (477)
Surfschein (499)
Segelführerschein A (500)

Skisport
Skilanglauf (241)
Ski-Gymnastik (460)
Ski alpin (488)
Skibuch für Kinder u. Eltern (539)

Tennis/Squash
Tennis-Regeln (253)
Squash (360)
Tennis-Training (374)
Tennis: Schlagtechnik (420)

Reiten
Moderne Reitlehre (205)
Pferde u. Reiten (323)
Pferd f. Freizeit u. Sport (380)
Mit Pferden umgehen (427)
Reiten lernen (444)

Kegeln/Bowling/Billard
Kegeln (243)
Billard (419)
Kegelspiele (487)

Sprachen

Englisch
Englisch in 30 Tagen (11)*
Englisch f. Fortgeschr. (61)
Englisch – Bild f. Bild (296)
Englischer Basis-Wortschatz (574)
Englisch – jetzt in Comics (578)

Französisch
Französisch in 30 Tagen (40)*
Französisch f. Fortgeschr. (109)
Französisch – Bild f. Bild (297)
Französisch – jetzt in Comics (579)

Spanisch
Spanisch in 30 Tagen (57)*
Spanisch – Bild für Bild (345)
Spanisch – jetzt in Comics (581)

Italienisch
Italienisch in 30 Tagen (55)*
Italienisch f. Fortgeschr. (108)
Italienisch – Bild f. Bild (344)
Italienisch – jetzt in Comics (580)

Weitere Sprachen
Russisch in 20 Lekt. (81)
Dänisch in 30 Tagen (124)
Griechisch f. d. Urlaub (373)

Die mit * versehenen Sprachentitel gibt es auch als Buch **mit Übungscassette**: Englisch (800), Französisch (801), Italienisch (802), Spanisch (803).

Moderne Information

Kultur+Kunst
Baustile (351)
Was Kinder fragen (565)

Wirtschaft
Wirtschaftslexikon (24)
Betriebswirtschaft (153)

Philosophie
Wörterbuch d. Philosophie (485)

Geschichte
Staatsbürgerkunde (438)

Technik/Elektronik
Elektrotechnik (163)
Datenverarbeitung (200)
Mikroprozessoren (338)

Aktuelle Information
Weltatlas (227)
Astrologie (284)
Fremdwörterlexikon (446)
Handlesen (483)
Vornamenbuch (210/505)
Mein praktischer
  Geburtstagskalender (530)
Sternzeichen (547)
Horoskopberechnung (561)
Musiklexikon (566)

Psychologie
Psychoanalyse (168)
Psychologie (238)
Psi – Rätselhafte Kräfte (244)
Erkenne dich (283)
Wörterbuch
  der Psychologie (416)

Medizin
Taschenlexikon Medizin (462)